Ake Beckérus · Anders Edström

Wirtschafts-Wikinger

Ake Beckérus · Anders Edström

Wirtschafts-Wikinger

Neue Erfolgsstrategien
schwedischer Unternehmer

Deutsch von Romeo Baumbach

ECON Verlag
Düsseldorf · Wien · New York

Titel der schwedischen Originalausgabe:
»Doktrinskiftet. Nya ideal i Svenskt ledarshap«
Original-Verlag: Svenska Dagbladet

CIP-Titelaufnahme der Deutschen Bibliothek
Beckérus, Ake:
Wirtschafts-Wikinger: Neue Erfolgsstrategien schwedischer Unternehmer/Ake Beckérus; Anders Edström. – Düsseldorf; Wien; New York: ECON Verl., 1990
ISBN 3-430-11252-4
NE: Edström, Anders

Lektorat: H. Dieter Wirtz, Mönchengladbach
Gesetzt aus der Times, Linotype
Satz: Lichtsatz Heinrich Fanslau, Düsseldorf
Papier: Papierfabrik Schleipen GmbH, Bad Dürkheim
Druck und Bindearbeiten: Bercker Graphischer Betrieb GmbH, Kevelaer
Printed in Germany
ISBN 3-430-11252-4

Inhaltsübersicht

Vorwort

Das vorliegende Buch behandelt die Leitung schwedischer Unternehmen – ein aktuelles und wichtiges Thema, das viele Menschen betrifft, ob sie nun Unternehmen leiten, darin arbeiten oder in ihrer Umgebung tätig sind.
Die ständige Aktualität dieses Themas ist natürlich Grund genug, ein Buch über Führungsqualität zu schreiben, aber in unserem Fall nicht allein ausreichend. Forschung impliziert nämlich die Verantwortung, anderen gegenüber Rechenschaft über die Ergebnisse der Arbeit abzulegen. Am besten geschieht dies auf eine Art und Weise, die das Resultat sowohl für die Forscher als auch für die Praktiker von Nutzen sein läßt.
Wir hoffen, andere Forscher dazu anzuregen, unsere Schlußfolgerungen in bezug auf neue Forschungsansätze kritisch zu durchleuchten.
Unsere Studien betreffen aktive Personen. Wir haben den Wunsch nach Anonymität gewahrt – und deshalb gibt es in diesem Buch sowohl anonyme als auch offene Unternehmensanalysen. An dieser Stelle danken wir allen Unternehmen, gewerkschaftlichen Organisationen und Angestellten für ihr Engagement und ihr Mitwirken.
Das Buch wurde von sechs Forschern innerhalb des Führungsprogramms des FA-Rates (Rat für Unternehmensleitungs- und Arbeitslebensfragen) geschrieben, wobei sie sowohl als Hauptverfasser als auch als Koordinierer der Schreibarbeiten des Buches tätig waren. Sven-Erik Sjöstrand, Professor an der Handelshochschule in Stockholm und Vorsitzender des wissenschaftlichen Komitees des FA-Rates, hat mit seinen kreativen Vorschlägen kontinuierlich zu unserer Arbeit beigetragen und war stark am Zustandekommen des Buches beteiligt. Auch haben Kollegen im FA-Rat wertvolle und

wichtige Beiträge geliefert, und unsere Sekretärin Tina Fagerström hat bei der umfangreichen Manuskriptbearbeitung hingebungsvolle und kompetente Arbeit geleistet.
Die Planung und Fertigstellung des Buches wurde vom FA-Rat finanziert. Der Fonds »Umwelt am Arbeitsplatz« hat im Rahmen der Studie ›Det nya ledarskapet‹ (Die neue Führungsschaft) Beiträge zur Finanzierung geleistet und eine Reihe der Forschungsprojekte finanziert, auf denen dieses Buch basiert.
Wir wünschen dem Leser eine angenehme und bereichernde Lektüre.

Stockholm, im April 1988
Ake Beckérus, Anders Edström

Verfasser

*Ake Beckérus**
Verhaltensforscher und Betriebswirtschaftler, Autor des Kap. 8, »Geschäfte als Lebensstil«

Claes Edlund
Dr. phil., Dozent für Psychologie an der Universität zu Lund, Autor des Kap. 9, »Der Chef – das Unternehmen und die Familie«

*Anders Edström**
Dr. rer. pol., Dozent für Betriebswirtschaft an der Handelshochschule in Göteborg, Autor des Kap. 2, »Veränderung des Firmendenkens« und des Kap. 4, »Die ideengesteuerte Leitung«

Göran Ekvall
Dr. phil., beigeordneter Professor für Organisationspsychologie an der Universität zu Lund, Autor des Kap. 6, »Beteiligung als Motivationskraft«

Jan Forslin
Dr. phil. für Psychologie, Autor des Kap. 3, »Produktion in neuem Zusammenhang«

Jan Erik Rendahl
staatlich anerkannter Psychologe, Autor des Kap. 5, »Die produktiven Wertungen«

* Als Hauptverfasser sind Ake Beckérus und Anders Edström gemeinsam verantwortlich für Kap. 1, Kap. 7, Kap. 10 und Kap. 11.

Kapitel 1

These eines Doktrinwandels

1

Der fast hundert Jahre alte Chemiekonzern ist kein Großunternehmen, sondern ein traditionsreiches und gut geführtes Unternehmen. Die Philosophie der Firmenleitung ist es, effektiv und qualitativ hochwertige Produkte zu produzieren. Kontinuierlich setzt man neue Produktionsanlagen ein und wendet neue Produktionsprozesse an. Einige wenige sehr lohnende Produkte halten den Erfolg aufrecht. Vom technologischen Standpunkt her ist das Unternehmen stark, und seine Ingenieure sind seine Elite. Kraft und Energie schöpft das Unternehmen aus dem Produktionsprozeß, dessen Effektivität in der Regel eine hierarchische Verteilung der Verantwortung und einen zentral gesteuerten Entscheidungsprozeß erfordert. Die Einstellung zum Menschen wird von produktionstechnischen Voraussetzungen gesteuert.
Trotz der hohen Qualität der Produkte hat der Konzern Probleme auf dem Markt. Die Wirtschaftlichkeit sinkt langsam. Nicht in alarmierender Weise, aber innerhalb des Konzerns verstärkt sich die Meinung, daß etwas mit der vorherrschenden Philosophie der Leitung nicht stimmt. Ohne sich direkt in einer Krise zu befinden, beginnt man Anfang der siebziger Jahre, die Grundlage der Philosophie zu untersuchen. Der Prozeß geht sehr langsam vonstatten. Die vorherrschenden Wertungen sind fest verwurzelt, und die Produktion steuert weiterhin das Geschäftsdenken, die Führungsschicht übt den Befehlsweg aus, und die Mitarbeiter werden von oben her gelenkt. Es dauert fast zehn Jahre, bis man zu der generellen Einsicht gelangt, daß man eine neue Führungsphilosophie benötigt.
Anfang der achtziger Jahre wird die neue Führungsphilosophie expliziter ausgedrückt. Neue Ideale überlagern jedoch eher die alten, als diese zu ersetzen. Das Unternehmen wird aufgeteilt, und

die Beschluß- und Verantwortungsgebiete werden dezentralisiert. Das Geschäftsdenken geht vom Kunden- und Marktbedarf aus, und die Bedeutung der Mitarbeiter für das Resultat wird im Verhältnis zu den physischen Produktionsressourcen gestärkt. Entwicklung, Erneuerung und Flexibilität werden zu Schlagwörtern. Der Erneuerungsprozeß, der vom leitenden Direktor und von seiner Energie, diese neuen Ideen voranzutreiben, ausgeht, betrifft nicht nur die Teile, die für die Wirtschaftlichkeit und Effektivität verantwortlich sind, sondern das ganze Unternehmen. Die Führungsphilosophie wird deutlich zum Ausdruck gebracht – nicht in erster Linie durch Anweisungen, sondern vielmehr durch Ideen und Dogmen für Organisation, Personalpolitik, Arbeitsklima, Personenführung und so weiter. Die neue Führungsphilosophie bildet somit ein zusammenhängendes System von Ideen, mit einem Potential für Lehre und Entwicklung in vielen Bereichen, wobei die Wertungen zum einen vom Geschäftsdenken ausgehen, zum anderen von einem Menschenverständnis, in dem die Mitarbeiter selbständig und verantwortungsbewußt handeln.

Im Rahmen der neuen Philosophie setzt der Konzern auf kundenangepaßte Nischen, die Zutritt zum internationalen Markt schaffen. Der Anteil von Fein- und Spezialchemikalien steigt im Verhältnis zu den Ausgangschemikalien und erhöht sich drastisch von 30 auf 70 Prozent des Umsatzes. Das Verkaufsvolumen steigt rapide, ebenso die Wirtschaftlichkeit. Die aufgeteilte und dezentralisierte Organisation steigert die Flexibilität des Konzerns und damit auch die Anpassung an den Kunden und die Fähigkeit, Probleme in den Griff zu bekommen. Das Arbeitsklima wird verbessert und schafft somit in der Organisation eine kreative Energie, die es in der alten Philosophie nicht gegeben hatte.

Doch die Durchschlagskraft der neuen Philosophie ist nicht total. Die alte Philosophie besteht weiterhin als Alternative und Korrektive zu der neuen. Doch die alte ist in den Hintergrund gestellt worden, während sich die neue quer durch den ganzen Konzern mit einer Konzentration in den sach- und dienstintensiven Abteilungen verbreitet.

Die Anwendung der neuen Philosophie auf lokaler Ebene ist in hohem Maße davon abhängig, daß ihre Werte von den Leitern dieser lokalen Ebenen geteilt und vermittelt werden und daß sie im Firmengedanken verankert werden kann. Die neuen Werte erfahren in den Abteilungen für Spezialchemie eine stärkere und schnellere Durchschlagskraft als in den Abteilungen für Ausgangschemikalien. Die alte Philosophie lebt mit anderen Worten weiter, wird aber immer mehr von der neuen zurückgedrängt.

Ausgangspunkte

Die oben beschriebene Umorientierung eines Chemiekonzerns – im vorliegenden Fall handelt es sich um ein stilisiertes Bild von Eka Nobel – kann natürlich lediglich als normaler Weg in dem Veränderungszyklus gesehen werden, den alle Unternehmen, die auf einem dynamischen Markt tätig sind, gehen müssen. Aus der Perspektive dieses Buches behaupten wir, daß die Veränderungen auch einen im Gang befindlichen Doktrinwandel im Bereich der Leitung widerspiegeln – ein Wandel, der der Leitung der Eka Nobel ein anderes Gedanken- und Handlungsrepertoire als früher bietet.
An diesem Beispiel sehen wir, wie sich jenes Repertoire in drei wichtigen Punkten vom alten unterscheidet. Erstens drückt es ein neues Geschäftsdenken aus, das auf mehr kunden- und marktgerechte Produkte gerichtet ist, zum zweiten ist bei den Mitarbeitern eine erhöhte Verantwortung sowie Entscheidungsfreiheit festzustellen, zum dritten gibt es jetzt eine Führungsschicht, die Menschen, Kenntnisse und Produktionsmittel durch Ideen statt durch Instruktionen zu guten Ergebnissen leitet.
Eka Nobel ist kein isoliertes Beispiel in der schwedischen Wirtschaft. Die Forschung über die Leitung schwedischer Unternehmen durch den FA-Rat zwischen 1981 und 1986 gibt eine ganze Reihe von Anhaltspunkten darüber, daß es eine andere Doktrin in der Führungsschicht ist, die hinter den Veränderungen in der heutigen Wirtschaft steckt.

Die Forschungsresultate, die wir als Stütze der vorliegenden These heranziehen werden, sind aktuellen Studien großer, mittlerer und kleiner schwedischer Unternehmen entnommen sowie Projekten, in denen vor allem Vorgesetzte auf unterschiedlichen Ebenen beobachtet worden sind.

Theorie und Praxis

Die Beziehung von Theorie und Praxis kann zumindest in der Wirtschaftssoziologie als ein Wechsel zwischen theoretischen Kenntnissen und einer Verallgemeinerung von praktischen Erfahrungen definiert werden, je nachdem, wo die Neuerungen nun gerade stattfinden. Sowohl bewußte als auch spontane Reaktionen des Unternehmens auf Veränderungen sind frühe Anzeichen dafür, daß etwas Neues geschehen wird. Die Rolle der Forschung besteht hier darin, durch Beispiele solche Veränderungen in der Handlungsweise des Unternehmens zu verdeutlichen und außerhalb dieser Beobachtungen zu versuchen, neue Begriffe zu bilden, die dann nach und nach zu umfassenderen Theorien entwickelt werden können. Bewährtes Wissen kann in dieser Phase wenig zur Problemlösung des Unternehmens beitragen.

Erst wenn die Theorie weit genug entwickelt worden ist und eine gewisse Selbständigkeit hinsichtlich ursprünglicher Erfahrungen erreicht hat, kann sie die Grundlage für Neues in Form neuer Schlußfolgerungen bilden, die als Richtlinien für die Praxis im Unternehmen dienen können. Dann verschiebt sich das Interesse am akademischen Bereich, und die Praxis wird Empfänger neuer Impulse in einem Prozeß, der aus Forschungssicht eine Überprüfung der Hypothese ergibt.

Der Ansatz in der Forschung, auf den hier verwiesen wird, spiegelt den historischen Bezug wider, in dem sich Unternehmen und Arbeitsleben befinden. Die Projekte, auf die Bezug genommen wird, haben durchgehend einen induktiven Ansatz – wir haben aus der Praxis gelernt. Dies bedeutet nicht, bei Null zu beginnen, sondern vielmehr folgendes: Wir haben als Forscher Begriffe verworfen, die nur begrenzt anwendbar oder irrelevant erschienen. Es ist nicht die Frage nach fortgesetzter Theorierevision im Lichte neuer Fakten, sondern eher ein Tasten nach neuen Begriffen und möglicherweise auch die Keimzelle einer Theorie, einer neuen Doktrin.

Das Bilden neuer Begriffe ist ein spekulativer und unsicherer Prozeß. Die empirische Grundlage ist klein, und Beobachtungen sind undeutlich und subjektiv. Doch trotzdem gibt es das Gefühl, daß das Wahrgenommene etwas Neues und Lebenskräftiges ist, obwohl noch unartikuliert. Auch wenn die konkreten Beobachtungen eine

wirkliche Veränderung widerspiegeln, gibt es Möglichkeiten der Fehlinterpretation bzw. inadäquater Begriffsbildung oder die Möglichkeit falscher Folgerungen über den kausalen Zusammenhang. Was wir hier präsentieren, ist unsere Abstraktion von Erfahrungen und eine Projektion auf das theoretische Bild – vielleicht eine interessante Silhouette, die bei Licht verschwindet oder die Keimzelle für die nächste Generation von Organisationstheorie ist.
Der Wert der Begriffe wird jedoch nicht nur von deren Anwendbarkeit bei der Revidierung von Theorien bestimmt, sondern auch davon, ob sie in der Lage sind, dem Praktiker bei der kritischen Reflektion der eigenen Erfahrungen zu helfen. Unsere Wahl, ein Forschungsresultat ausgerechnet in eine These eines sich im Gang befindlichen Doktrinwandels zu stellen, bedarf daher einer näheren Erklärung unserer Art der Analyse.

Eine praktikable Sicht der Analyse

Den Doktrinbegriff zu benutzen bedeutet eine bewußte Wahl des Blickpunktes des Verständnisses. Für uns ist es gleichbedeutend damit, Ideen und Wertungen als handlungsauslösende Faktoren hervorzuheben. Dies heißt gleichzeitig, daß wir uns mehr auf die Fähigkeit der Menschen und des Unternehmens hinsichtlich Erneuerung und Innovation konzentrieren als auf ihre Abhängigkeit von und ihre Anpassung an die Forderungen der Umwelt.
Eine Doktrin ist im allgemeinen Sprachgebrauch eine Lehre, die vorschreibt, wie man in bezug auf bestimmte Problemfelder oder Interessen denkt und handelt. Teilweise hat die Doktrin ihre Wurzeln im bewußten Bild über die Rolle des Unternehmens und auch in wichtigen Grundannahmen über Geschäfte und Unternehmertum, die wohl so internalisiert sind, daß man sie schon als gegeben ansieht. Es gibt beispielsweise bei vielen Angestellten eine gemeinsame Annahme über das Unternehmen als ein begrenztes Gemeinwesen, in dem sowohl menschlichen Bedürfnissen als auch wirtschaftlichen Forderungen Rechnung getragen werden muß. Wird das Werk geschlossen, ergibt sich daraus nicht nur die Frage der Arbeitslosigkeit, sondern die ganze Lebenssituation stellt sich für jeden einzelnen neu – und Unsicherheit verdrängt die alte Sicherheit.

Wenn eine Doktrin nicht zum erwünschten Ergebnis führt, kann dies als ein Zeichen dafür gesehen werden, daß die Welt nicht mehr so ist, wie sie erfahrungsgemäß sein sollte. Die Unsicherheit bietet dann den Nährboden für das Zustandekommen neuer Ideale, die durchaus zu einer neuen Doktrin geformt werden können. Sollten die neu vordrängenden Ideale von den herrschenden Machtverhältnissen legitimiert werden und eine produktive Anpassung an die neuen, verändernden Kräfte zustande kommen, wird die »neue« Doktrin die alte teilweise verdrängen und beherrschen, ohne daß jedoch die alte deshalb verschwindet. Das Ergebnis eines Doktrinwandels wird somit eine Form der Koexistenz sein, in der Unterschiede bewahrt werden, was sehr wichtig für die fortgesetzte Flexibilität des Unternehmens ist.
Die Begriffe »Doktrin« und »Doktrinwandel« erlauben es uns, die Veränderung der Führungsschicht zum einen in Form bewußter Ideale, zum anderen als einen Wandel wichtiger Grundannahmen zu verstehen. Es ist ein langer und komplizierter Prozeß, bevor neue Vorstellungen in einer bewußten Doktrin zum Ausdruck kommen, die dann durch wiederholte Erfahrungen in Form neuer Grundannahmen internalisiert wird. Dieser wichtige Lernprozeß muß von Veränderungen, die nur die ausgesprochenen Vorstellungen betreffen, unterschieden werden. Die letztgenannte Form von Veränderungen geschieht schnell, vor allem im Sprachgebrauch, nicht jedoch in der Praxis. Der Grund hierfür kann sein, daß man zeigen will, daß man an der aktuellen Debatte beteiligt ist, ohne daß die etablierte Doktrin noch die etablierte Meinung und darüber hinaus noch weniger die Beschlüsse und Maßnahmen in der Praxis beeinflußt worden sind. Nur neu ausgesprochene Vorstellungen können eine opportunistische Anpassung an neue Machtverhältnissen mit sich bringen, können aber auch lediglich Ausdruck für manipuliertes Verhalten in Wort und Tat sein, um eigene Vorteile zu erreichen.
Der Begriff »Doktrin« ist, so wie wir ihn anwenden, zuallererst ein Hilfsmittel bei unserer Analyse. Nicht vergleichbar mit dem Begriff, der in den Handbüchern für die Praxis vorkommt. Zwar hat dieser Begriff seine Grenzen, wenn es gilt, die komplizierte Wirklichkeit in der Führung eines Unternehmens zu verstehen und zu beschreiben, dennoch ist es nicht unsere Absicht, die Literatur für die Führungsschicht mit einer weiteren Beschreibung über die undurchdringliche

Komplexität der Unternehmensleitung zu bereichern. Vielmehr handelt es sich hier um den Versuch, die Veränderungen in der Führungsschicht schwedischer Unternehmen faßbar zu machen – wobei uns der Doktrinbegriff eher behilflich ist als andere, etabliertere Veränderungsbegriffe.

In diesem Zusammenhang kann man sich grundsätzlich fragen, ob es überhaupt irgendeine Führungsdoktrin in der schwedischen Wirtschaft gegeben hat oder gibt. Dagegen spricht eigentlich das Faktum, daß die schwedische Wirtschaft in bezug auf ihre Struktur stark differenziert ist. Sie umfaßt viele Branchen, Waren- und Dienstleistungen und wirkt in einer Vielzahl unterschiedlicher Produktions- und Dienstleistungsgebieten. Eine solche Differenzierung sollte natürlich auch differenzierte Anschauungen mit sich führen – das heißt, man könnte mehr Unterschiede als Gleichheiten bei den Anschauungen der Unternehmensleitung darüber erwarten, wie Geschäfte abzuwickeln oder Unternehmen zu führen sind.

Unsere Studien deuten darauf hin, daß Innovationen in der Führungsschicht nicht systematisch auf traditionelle Unterschiede in der Branche oder auf die Art des jeweiligen Unternehmens zurückzuführen sind. Erneuerer der Führungsschaft können sowohl in jahrhundertealten Chemiekonzernen als auch in neuen Dienstleistungsunternehmen auftreten. Es liegt im Charakter von Innovationen, daß sie schwer oder unmöglich vorherzusagen sind. Wenn sie eintreten, beginnt der Versuch, von dem Beispiel zu lernen, ja, es zu kopieren, wobei von der ideologischen Basis oft eine bestimme Doktrin abgeleitet werden kann, die in Verbindung mit anderen als dominierende Doktrin erscheint.

Alte Lehren in neuer Wirklichkeit?

Im Zeitalter des Industrialismus existierten eine große Anzahl von Doktrinen über Führung nebeneinander. Einige waren den anderen in den speziellen Voraussetzungen ihrer Zeit überlegen. Der Taylorismus und sein Modell des Scientific Management mit seiner starken Fragmentierung von Arbeitsprozeß, detailgesteuertem Arbeitsmoment und gekennzeichnetem Expertenideal entwickelte sich zu einer Doktrin, die dem Produktionsdenken des Industrialismus viel seines Handlungsrepertoires und ideellen Hintergrundes verlieh. Webers und später auch Fayols Betonung von Hierarchien, Regeln und formeller Organisation manifestierte sich in handfesten Prinzipien über Steuerung und Verwaltung eines Unternehmens und beeinflußte in hohem Maße die Leitung von Unternehmen in der Industrieepoche, gab so der Unternehmensbürokratie ihre spezielle Ideologie und Doktrin.

Eine andere Richtung, die später dem Industrialismus eine neue Perspektive gab, wird von Mayo und seinen klassischen Studien bei Western Electric repräsentiert und vertritt die Bedeutung von menschlichen Beziehungen, also eine »humane« Leitung. Der Stellenwert von Kommunikation und Information sowie die Verbindung zwischen Einflußnahme und Motivation erfuhr eine stärkere Hervorhebung in der Führungsschicht. Die fortgesetzte technologische Entwicklung von Produktionsformen schuf somit Zündstoff durch ihre Perspektive eines in den Mittelpunkt gerückten Interesses an der Anpassung Mensch – Technik und führte zur Entwicklung einer soziotechnischen Lehre, die man in erster Linie mit dem Tavistock Institute in England verbindet. Soziotechnisches Denken ist vor allem in Skandinavien stark zu beobachten.

McGregors »Theorie x und Theorie y« aus den sechziger Jahren, die eine autoritäre respektive demokratische Führungsschaft definierte, kann als Beispiel für eine Theorierichtung genannt werden, die viel für die Idealbildung der Führungskader in der modernen Zeit bedeutete. Diese Lehre bezieht sich mehr als andere auf die persönlichen Beziehungen und beeinflußte die Führungsentwicklung in den Unternehmen sehr stark.

Peters und Watermans im Augenblick aktuelle Thesen über das »hervorragende Unternehmen« sind durch eine einheitliche und deutliche Struktur sowie geteilte Bewertungen charakterisiert und betonen vor allem die Problematik der Unternehmensleitung in den USA. Diese Thesen haben in der ganzen Welt ein beachtliches Interesse erfahren, in erster Linie als eine Art Heilslehre, doch sind sie noch nicht zu einer Doktrin entwickelt worden, die einen direkten Einfluß in den Unternehmen hat.

All diese unterschiedlichen Denkweisen sind Beispiele für Ideologien und Doktrinen, die zu unterschiedlichen Zeiten das Führungsideal in der schwedischen Wirtschaft zumindest beeinflußt haben.

Unsere Darlegung ist somit natürlich eine stark vereinfachte Beschreibung eines komplizierten historischen Verlaufs, in dem viele Doktrinen entstanden, die Sichtweisen veränderten und revidierten, um letztlich von der Entwicklung besiegt zu werden. Trotzdem kann sie als Beispiel dafür dienen, wie Führungslehren unterschiedlicher Wertigkeit dennoch vorkommen und wie ihre Ideale je nach den Vorraussetzungen der jeweiligen Epoche auf die Unternehmen projizieren.
Ohne davon abzusehen, daß Führungslehren unterschiedlicher Art schon immer zusammen existiert haben und jede einzelne von ihnen mit unterschiedlicher Intensität das Gedanken- und Handlungsrepertoire bei Unternehmen beeinflußt hat, werden wir ab hier geltend machen, daß vor allem die Ideale von Taylor und Fayol, die für harte Steuerung und Expertendenken bzw. Hierarchien und formelle Machtbürokratie stehen, eine sehr große Durchschlagskraft in allen Industriegesellschaften hatten, einschließlich der schwedischen. Diese Ideale haben mehr als andere Ausdruck in Lehrsätzen gefunden, die durch ihre Fähigkeit, effektive und lohnende Lösungen für die Probleme des Unternehmens zu finden, fest verwurzelt sind und somit das Gedanken- und Handlungsrepertoire eines großen Teils der Unternehmer in der Industrie beeinflußten. Durch diese Effektivität wurden sie, teilweise in abgeschwächter, aber immer noch anwendbarer Form von Unternehmern der nächsten Generation reproduziert.
Wenn nun diese altbewährten Ideale mit den neuen Voraussetzungen für Unternehmen nicht mehr in Einklang zu bringen sind und nicht länger zu den bekannten und wünschenswerten Ergebnissen führen, bringt dies eine oft schmerzhafte Umorientierung mit sich. Deren Angemessenheit wird herausgefordert, und neue und besser an die neuen Voraussetzungen angepaßte Ideale tauchen auf. Durch das Überprüfen, die Erfahrung und den Fortschritt wird eine Legitimität geschaffen, die in der Lage ist, die alten Ideale in den Hintergrund zu drängen und den neuen, aufstrebenden Idealen die Möglichkeit der Etablierung zu geben.
Nachdem wir uns für den Doktrinbegriff entschieden haben, um die Veränderungen in der Führung schwedischer Unternehmen zu charakterisieren, kann man unsere Überzeugungen und Bedenken in drei Fragen zusammenfassen.

1. Wie sieht die neu entstehende Führungslehre aus, das heißt, welche neuen Ideale und Grundannahmen enthält sie?
2. Praktisch genommen haben alle Veränderungen – und besonders Doktrinveränderungen – die Tendenz, sich selbst mit Idealvorstellungen zu rechtfertigen. Welche Konflikte verbergen sich hinter den neuen Idealen?
3. In welchem Maße besteht die neue Lehre nur als eine Ideologie, während das Unternehmen in der Praxis weiter nach alten und festverwurzelten Mustern handelt? Gibt es eigentlich Beweise für einen Doktrinwandel?

In diesem einleitenden Kapitel sollen jene Fragen nur kurz als Einführung zu den später im Buch vorgestellten Forschungsergebnissen berührt werden, um sie dann in den beiden abschließenden Kapiteln wieder aufzugreifen.

Perspektive der neuen Doktrin

Die treibenden Kräfte, die viele Handelnde dazu bringen, etablierte Grundannahmen umzugestalten und in bezug auf praktische Handlungen neu zu manifestieren, sind nicht nur in sich selbst schwierig, sondern sie müssen auch in einer vielfältigen historischen Perspektive gesehen werden. Ein Doktrinwandel ist im Gegensatz zu einem Ideologienwandel nicht revolutionär, sondern evolutionär. Ohne auf eine detaillierte Analyse der treibenden Kräfte eingehen zu wollen, die wahrscheinlich ein weiteres Buch verlangen würde, sehen wir fünf hauptverantwortliche Veränderungskräfte, von denen wir annehmen, daß sie hinter dem sich jetzt gerade vollziehenden Doktrinwandel stehen.

Veränderungen in der Internationalisierung des Unternehmens

Die Internationalisierung der Unternehmen verlangt erhöhte Anpassung an und Bewußtsein über eine internationale Umgebung mit differenzierten Forderungen. Gleichzeitig müssen Unternehmen nun auch auf der internationalen Szene mit einer regionalen und in gewissen Fällen globalen Koordination arbeiten.

Veränderungen in der Konkurrenzsituation des Unternehmens

Die erhöhte Integration von Waren und Diensten hat sowohl national als auch international zu einem veränderten Kampf um den Markt geführt. Die Konkurrenzfähigkeit des Unternehmens wird letztendlich dadurch entschieden, wie kompetent dessen Netzwerk aus Erfahrungen, Kenntnissen und Problemlösefähigkeit hinsichtlich der Bedürfnisse des Kunden ist. Die menschliche Fähigkeit erfährt in bezug zur maschinellen Fähigkeit eine erhöhte Bedeutung.

Veränderungen in der Technologie des Unternehmens

Die Entwicklung der Technologie ermöglicht nun eine flexiblere Produktionsstruktur als früher – und damit flexiblere Strategien für Produktgestaltung und Produktionssteuerung. Gleichzeitig hat die Entwicklung der Kommunikationstechnologie die Voraussetzungen für Informations- und Kontrollprozesse innerhalb des Unternehmens verändert.

Veränderungen der Forderungen der Kapitaleigner

Ein effektiverer Markt für Risikokapital, hohe Inflation und teilweise neue Wertungen der Eigner haben dazu geführt, daß der Gewinn und der Umsatz des Kapitals genauer betrachtet und kurzfristiger beurteilt wird. Die Maßnahmen der Unternehmen werden dann mehr und mehr daraufhin abgestellt, eine einträglichere und deutlichere Rentabilität zu bekommen.

Veränderungen in den Wertmaßstäben des Unternehmens

Veränderungen bei den Wertmaßstäben und Lebensstil in bezug auf Familie, Arbeit, Verbrauch und Gesellschaftsbild haben die Entwicklungsvoraussetzungen des Unternehmens sowohl im Verhalten zu den Kunden als auch zu den Angestellten verändert. Die treibenden Kräfte der Menschen richten sich immer stärker auf einen Lebensinhalt mit mehr Sinn und Identität.

Die gesammelte Energie dieser Triebkräfte wirkt auf die Unternehmen ein und ruft Veränderungen hervor – was wir als wichtige Grundannahmen bei Geschäften und Unternehmungen bezeichnen wollen.

Veränderte Grundannahmen
In unserer Betrachtungsweise, wie die Veränderungskräfte die schwedische Führung beeinflußt haben, sind wir von der Annahme ausgegangen, daß es vor allem drei wichtige Grundannahmen im Unternehmertum waren, die vom Aufkommen neuer Idealbilder berührt wurden. Die erste können wir Geschäftsdenken nennen, das heißt die Art und Weise, Geschäfte zu machen und wie man auf übergreifenden Ebenen das Unternehmen dazu bringt, sich zu entwickeln, zu produzieren und zu verkaufen. Die zweite nennen wir Auffassung vom Menschen, das heißt, wie man die Möglichkeiten und Grenzen eines Menschen in einem produktiven Zusammenhang bewertet. Die dritte Annahme können wir kurz und knapp Führungsschaft nennen, das heißt, die Art und Weise, eine Organisation von Menschen, Kenntnissen und physischen Produktionsmöglichkeiten ganz konkret zu guten Geschäften führen zu können.

Abbildung 1: Die verändernden Kräfte eines Doktrinwandels

Wenig Rücksicht auf die internationale Umgebung	→	Viel Rücksicht auf die internationale Umgebung
Stabiler Warenmarkt	→	Dynamischer Waren- und Dienstleistungsmarkt
Lenkende Technologie	→	Flexible Technologie
Forderung nach raschem Gewinn	→	Langfristige finanzielle Maßnahmen
Instrumenteller Bedarf und Wertungen	→	Existentieller Bedarf und Wertungen

Der Doktrinwandel impliziert langfristig Änderungen aller dieser drei Grundannahmen, das heißt, eine Veränderung in der Art, Geschäfte zu machen, eine, sich mit Mitarbeitern auseinanderzusetzen, und eine Veränderung in der Art, wie das Unternehmen geleitet wird.

Aus der Abbildung 2 kann man zusammenfassend entnehmen, wie sich das Geschäftsdenken von Produktionsbezogenheit zu einer Marktorientiertheit, die Auffassung vom Menschen von einer fragmentarischen zu einer Gesamtorientiertheit und die Art zu führen von einer Befehls- zu einer Ideenorientiertheit veränderte.
Ohne den weiteren Ausführungen vorgreifen zu wollen, werden wir dem Leser als Einführung eine kurze Beschreibung der Konsequenzen dieser Veränderungen in bezug auf die neuen Ideale der schwedischen Unternehmensleitung geben.

Die Geschäfte stehen im Mittelpunkt
Wenn es gilt, die Zeichen einer neuen Doktrin zu beschreiben, sehen wir es als natürlich an, die Veränderungen des Geschäftsdenkens als Ausgangspunkt zu nehmen. Einerseits, weil Geschäfte als Begriff die Bedeutung des Marktes hervorheben, was in bezug auf eine höhere Gewinnorientiertheit steht, andererseits, weil der Geschäftsbegriff es uns ermöglicht, die Gesamtheit der strukturellen Veränderungen in der Tätigkeit eines Unternehmens einzufangen.

Abbildung 2: Veränderungen wichtiger Grundannahmen

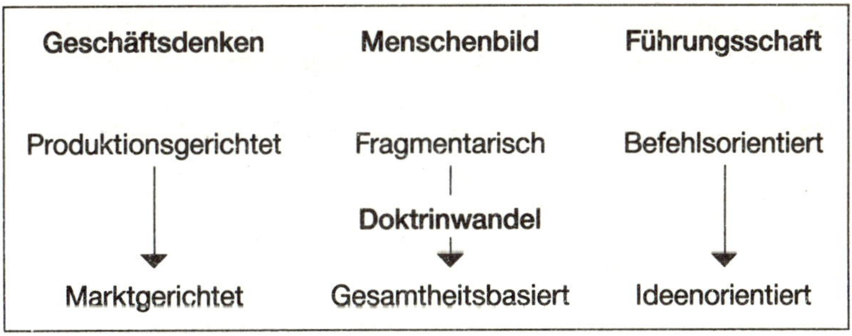

Im Zuge erhöhter Konkurrenz und niedrigeren Zuwachses in vielen Bereichen, in denen schwedische Unternehmen erfolgreich waren, wurde die Kenntnis von der Tätigkeit des Kunden, seinem Bedarf und seiner Bewertung immer wichtiger für weiteren Erfolg. Die Geschäfte wurden in den siebziger und achtziger Jahren kunden- und marktorientierter. Produkte wurden mit Diensten wie Ausbildung, Unterhalt und Finanzierung kombiniert, um dem erhöhten

Bedarf des Kunden Rechnung zu tragen. Diese Verschiebung beeinflußte auch die Machtverhältnisse im Unternehmen, wo Produktionschefs durch markt- und geschäftsorientierte Vorgesetzte ersetzt wurden.

Dies führte ein neues Geschäftsdenken mit sich, das man als Wechsel von produktionsgerichtetem Denken zu einem marktorientierten Denken hin bezeichnen kann. Beim Produktionsdenken war die Produktion der zentrale Punkt der Tätigkeit, die durch Planung, Routine und Instruktionen reguliert wurde, um eine möglichst effektive Produktion zu ermöglichen. Das Ziel des Handelns war mehr oder weniger gegeben, und Beschlüsse basierten auf Analysen und Expertenkenntnissen. Es gab die angedeutete Annahme, daß alle Kunden gleich seien. Die kostengünstigste Produktion garantierte die besten Geschäftsergebnisse.

Im marktorientierten Denken rückt die wechselseitige Beziehung zwischen Kunden und Unternehmen ins Zentrum. Kostengünstige Produktion ist immer noch wichtig, wird aber der Anpassung an die Bedürfnisse des Kunden unterworfen. Das Produkt und der Dienst werden angeglichen und gewinnen in der Beziehung zwischen Kunden und Unternehmen an Bedeutung. Geschäftstätigkeit wird somit mehr von außen gesteuert, was organisatorische und soziale Kompetenz voraussetzt, um die Beziehung zwischen Kunden und den verschiedenen Teilen der eigenen Organisation zu bewältigen.

Einfach gesehen, können wir zwei Arten von marktorientiertem Denken unterscheiden. Die eine geht von der Grundannahme aus, daß Kunden verschieden sind, aber daß Ungleichheiten in einer kleinen Anzahl von Kategorien festgehalten werden können. So kann zum Beispiel eine Bank zwischen Großunternehmen, übrigen Unternehmen und Privatkunden unterscheiden. Dies bedeutet nicht die Annahme, daß alle Großunternehmen gleich sind, sondern eher, daß die Unterschiede gering sind und daß Produkte oder Dienstleistungen so flexibel sein können, um diese Unterschiede aufzufangen. Diese Grundannahme definiert das geschäftliche Vorgehen des Unternehmens. Auf dieser Basis differenziert und plant man Produkte und Produktionen.

Die andere Art des Denkens geht davon aus, daß alle Kunden einzigartig sind, was bedeutet, daß die Geschäfte an den einzelnen Kunden angepaßt werden müssen. Der Einfluß des Kunden richtet sich

direkter an die Gestaltung des Produktes bzw. der Dienstleistung, die durch das Zusammenspiel von Kunde und Lieferant bestimmt wird. Alternativ dazu spezifiziert der Kunde seine Forderungen, die der Lieferant dann erfüllen muß. In diesem Fall haben wir es mit einem Zuliefererverhalten zu tun. Die Grundannahme, daß alle Kunden einzigartig sind, führt zu einer Organisation, in der jedes Geschäft ein Projekt bzw. ein Auftrag wird.
Die treibenden Kräfte, die hinter einem Doktrinwandel als Ganzem stehen, haben sich nach unserer Auffassung am stärksten im Geschäftsdenken konzentriert. Die technologische Entwicklung hat dabei die Voraussetzungen einer erhöhten Flexibilität bei Herstellung und Produktgestaltung geschaffen. Dadurch, daß neue Technologie oft auch kostspielige Technologie ist, müssen der Verarbeitungs- und Lieferungswert der Produkte durch eine flexiblere und kundenangepaßtere Konstruktion und weitergehende Service- und Dienstleistungsverpflichtungen erhöht werden. Was ein Unternehmen auf dem Markt verkauft, wird jetzt unter deutlich höherem Mitwirken von mehr Beteiligten als früher bewerkstelligt. Einsichten sowohl in Probleme und Wünsche des Kunden als auch in das Kenntnis- und Problemlösepotential des eigenen Unternehmens haben zum einen für die fortlaufenden Aktivitäten, zum anderen für den kommerziellen Inhalt strategische Bedeutung. Das neue marktorientierte Geschäftsdenken setzt eine entwicklungsorientiertere Sichtweise vom Menschen als die produktionsorientierte voraus.

Das Bild vom Menschen entwickelt sich

Das marktorientierte Unternehmen, in dem viele Angestellte an einem Auftrag und an der Verantwortung, diesen durchzuführen, beteiligt sind, muß so viel Problemlösefähigkeit, Engagement und Geschick wie möglich mobilisieren und entwickeln können. Kenntnisse, Fähigkeiten und Willen eines Menschen, auch manchmal als Humankapital bezeichnet, erfahren im Vergleich zum Realkapital (Maschinen, Geräte etc.) eine erhöhte Bedeutung.
Wenn die Konkurrenzkraft von Service; Qualität, Kundenanpassung und einer Offenheit neuen Forderungen des Marktes gegen-

über abhängig ist, reicht es nicht länger aus, die Menschen im Unternehmen lediglich als befehlsgesteuerte Teilexperten mit hauptsächlich wirtschaftlichen Motiven zu sehen. Das Geschäftsdenken setzt Menschen voraus, die aus ihrem eigenen Urteil heraus handeln und die selbständig und verantwortungsvoll gemäß der geschäftlichen Belange handeln. Dies verlangt ein Potential von Lehre und Entwicklung in vielen Gebieten, was dazu führt, ein komplexeres und ganzes Bild vom Menschen zu schaffen, in dem ihm auch intellektuelle, moralische und existentielle Bedürfnisse im Rahmen der Arbeit in einem und für ein Unternehmen zuerkannt werden.
Die Grenzen für die Selbständigkeit und Urteilskraft des Menschen werden mittlerweile von den Grundannahmen des Geschäftsdenkens gesetzt. Dies bedeutet potentielle Konflikte zwischen den Wertungen des Individuums und den vorherrschenden Idealen. Das neue Bild vom Menschen bedeutet nicht, daß diese Konflikte aufhören, sondern eher, daß sie ihren Charakter ändern. Die Oberfläche des Konfliktes wird eher von den Ungleichheiten bei Bewertungen geformt als durch sichtbare Konflikte, die dadurch entstehen, daß detaillierte Instruktionen und Regeln aufgezwungen werden. Hier gilt es, die geschäftsmäßigen Ideale zu schützen, denn der Konflikt kann eher zu einem Kampf um die Seele als um bestimmte Maßnahmen ausarten.
Änderungen bei Werturteilen und Lebensstil in der Gesellschaft haben natürlich dazu beigetragen, daß die Wirtschaft ein differenzierteres Bild von den Bedürfnissen und dem Potential des Menschen sowohl im Arbeitsleben wie auch als Kunde und Konsument bekommen hat. Dies hat auch in hohem Maße sowohl Denken als auch Methoden hinsichtlich Führungsschaft verändert.

Die ideengesteuerte Leitung

Das neue Ideal der Leitung geht von einem entwicklungsorientierten Menschenbild aus, das eine starke Bindung an das Geschäftsdenken hat. Die neuen Schlagwörter sind Mobilisierung und Entwicklung von Fähigkeiten, wobei die Kenntnisse, Erfahrungen und Problemlösefähigkeit der Mitarbeiter in ein gemeinsames Netzwerk von Beteiligung und Zugehörigkeit hinsichtlich Geschäftsidee des Unter-

nehmens und dessen Beziehungen zum Markt (Kunde, Lieferant, andere Interessenten) einfließen müssen.
Die Aufgabe der Leitung ist es somit nicht länger, Verantwortung, Einfluß und Detailregulierung zu begrenzen, um dadurch Kontrolle und Steuerungsfähigkeit zu erhöhen. Ihre neue Aufgabe ist es vielmehr, verhärtete Strukturen aufzubrechen, Beteiligung und lokale Handlungsfreiheit zu schaffen sowie Detailkontrolle und Steuerung zu mindern. Dadurch werden Möglichkeiten geschaffen, Erfahrungen und Kenntnisse überall im Betrieb zu nutzen, etwas, was im neuen Geschäftsdenken wesentlich ist.
Wenn die Hierarchien aufgelockert, die Strukturen zu einer wechselseitigen Verständigung anstelle von veralterten Befehlswegen werden und wenn der Umgangston von Problemlösung anstatt von Regelauslegung und Verhandlungen geprägt wird, muß das ganze System von etwas anderem als dem einseitigen Unternehmerrecht, Arbeit zu leiten und zu verteilen, im Gleichgewicht gehalten werden. Die neue Arbeitsweise der Leitung ist es, zu organisieren, zu motivieren und eine Ideologie zu entwickeln, die mit Geschäftsdenken verbunden ist. Dies ist ein relativ abdeckendes System von Ideen, Dogmen und Werturteilen, die speziell mit dem Unternehmen verbunden und die auch in der Lage sind, sowohl dem Betrieb als auch der Arbeit des einzelnen Menschen Sinn und Legitimität zu geben.
Die Ideologie selbst ist allein schon dadurch mindestens so handlungsauslösend wie ein Auftrag, da sie Ideen oder Ideale ausdrückt, die als Vorbilder für die Handlung dienen. Das Angestrebte wird deutlich gemacht, und Handlungsempfehlungen, das heißt die Doktrin, gehen aus der Ideologie hervor und erhalten den Charakter einer Richtschnur, die von dem Vorgesetzten symbolisiert und dargestellt wird. Er spielt somit eine außerordentlich wichtige Rolle als Verteidiger der Ideale der Organisation und als Vermittler des neuen Begriffsapparates, den die Doktrin vorschreibt.
Die Leitung durch Ideen, als Kernpunkt der neuen Führungsschaft, bezieht sich auf ein Motivationsfeld, das bis jetzt stiefmütterlich von den Unternehmen behandelt wurde, nämlich die Bewertungen des Menschen. Die Unterstützung einer Idee und ihre Fähigkeit, effektive und kontinuierliche Handlungen auszulösen, ist von der Art abhängig, wie sie an die Wertvorstellungen des einzelnen, an seine

Abbildung 3: Zusammenfassendes Bild der Richtpunkte der neuen und alten Doktrin

Die alte Doktrin

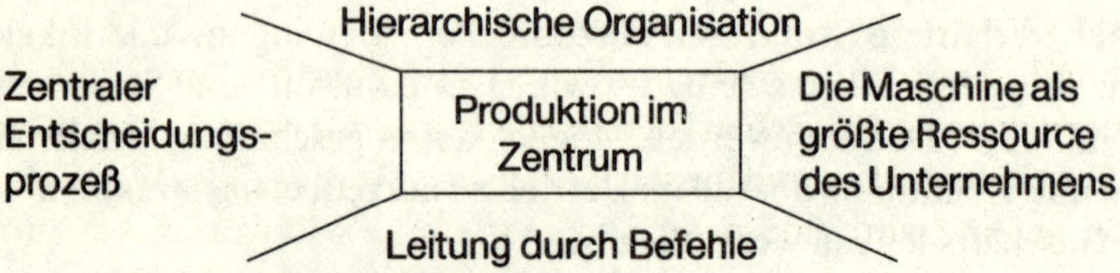

- Handlungsdirektive
- Wertungen der Produktion
- Wirtschaftliche Vergütungen
- Ausnutzen der Kompetenzen von Experten
- Entwicklung der Produktion als Priorität

Die neue Doktrin

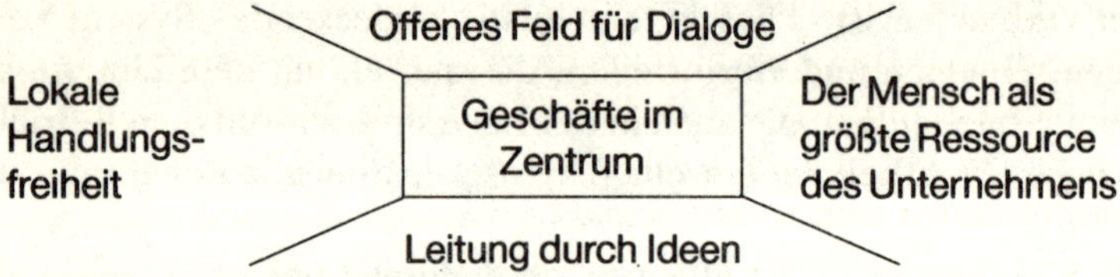

- Handlungsideologie
- Wertungen des Marktes
- Beteiligung und Zugehörigkeit
- Ausnutzen aller Kompetenzen
- Entwicklung des Humankapitals als Priorität

Lebensauffassung sowie an seine Arbeitserfahrung und Kompetenz appelliert. Das Leiten wird direkter auf die Auffassungen, Vorstellungen und die Identität der Menschen innerhalb der Arbeit ausgerichtet.

Zusammenfassend kann die neue Doktrin als Veränderung wichtiger Ansichten in bezug auf die Führung eines Unternehmens charakterisiert werden. Das Geschäftsdenken hat sich von einer produk-

tionsorientierten zu einer marktorientierten Sichtweise verändert. Dies verlangt eine effektivere Mobilisierung der Ressourcen des Unternehmens, was wiederum zu einer Änderung des Menschenbildes führt, mit der Einstellung, daß der einzelne als verantwortungsbewußt, rationell, selbständig und mit eigenen Vorstellungen, wie etwas verwirklicht werden kann, gesehen wird.
Die Führungsschaft ist ideenorientiert und geht von einer für das Unternehmen spezifischen Ideologie mit einer starken Anknüpfung an Geschäftsdenken und dessen Werten aus. Werden diese Werte von allen geteilt, wird eine neue und sehr starke Motivationskraft im Unternehmen geschaffen.

Das neue Konfliktbild

Bis jetzt haben wir die neue Doktrin mit Inhalten und Begriffen beschrieben, die im großen und ganzen dessen Manifestationen auf Unternehmensniveau charakterisiert. Aber unsere Auffassung ist es nicht, daß sich durch die relativ humanistischen Werte, die die Doktrin ausdrückt, eine Aufweichung der Anforderungen ergibt, die ein rentables und effektives Geschäftsleben sowohl an die Leiter als auch an die Mitarbeiter stellt. Eher ist es genau umgekehrt: Die Anforderungen sind wahrscheinlich gestiegen, und vor allem wird eine gemeinsame Sichtweise von der Richtung des Unternehmens und was dazu an Fähigkeit und Kompetenz gebraucht wird, betont.
Es liegt natürlich in der Natur der Sache, daß eine neue Doktrin lange Flitterwochen nach sich zieht, in denen Erwartungen und Idealvorstellungen vorherrschen und noch keiner überschauen kann, welche negativen Konsequenzen ein Doktrinwandel eigentlich nach sich ziehen kann. Das Konfliktbild ist mit anderen Worten undeutlich, was aber durchaus am Charakter aller Veränderungen liegen kann. Aber, um damit zu beginnen: Ist es vielleicht legitim zu fragen, ob klassische Konflikte zwischen Kapital und Arbeit, zwischen Vorgesetzten und Untergebenen, zwischen Macht und Machtlosigkeit in einer Führungsdoktrin, die den Menschen als Teil und zugehörig zu sämtlichen Ebenen eines Unternehmens sieht, vermindert oder verstärkt werden?

Die Kunst, aus der Not eine Tugend zu machen

Trotz gewerkschaftlicher Bestrebungen und arbeitsrechtlicher Reformen in den siebziger Jahren, die einer erhöhten Mitsprache und erhöhter Einflußnahme den Weg bahnten, geschah dies in einem Klima, in dem die Unternehmensleitungen mit traditioneller Vorsicht die wohlbekannte Rolle des Bremsers spielten, der Widerstand leistet. Die Veränderungswelle der achtziger Jahre trägt dagegen Zeichen, daß Unternehmensleitungen, vor allem in Fragen der Beteiligung, die Initiative in der Form an sich zogen, daß sie über die Grundvoraussetzungen einer Geschäftstätigkeit neu nachdachten. Daß Unternehmensleitungen nun die Initiative an sich rissen, um zu einer Dezentralisierung, zu offeneren Organisationsformen, autonomen Arbeitsgruppen, Dialoglösungen, Gewinn- und Anteilsteilung und erhöhtem Vertrauen in die Fähigkeiten einzelner Mitarbeiter, Verantwortung für ihre Arbeitsgebiete und ihr Können zu tragen, zu kommen, kann wohl kaum als ein gigantisches Komplott mit dem Ziel der Machtverstärkung verstanden werden. Auch war es keine neohumanistische Bewegung, in der die Wolfszähne der Rentabilität bis zur Unkenntlichkeit abgeschliffen wurden, sondern es ist ganz einfach eine geschäftliche Notwendigkeit gewesen, die durch neue Voraussetzungen in bezug auf die Effektivität und Rentabilität eines Unternehmens bedingt war. In diesem Falle kann die neue Doktrin sehr wohl als Bekräftigung verborgener Grundthesen der Marktwirtschaft charakterisiert werden, und zwar dahingehend: Wenn eine Kraft das, was wir Wirtschaft nennen, in demokratische Bahnen lenkt, dann kann das sehr wohl positiv für die Ertragssituation des Unternehmens sein.

Aber es besteht auch ein nicht zu unterschätzendes Risiko: Daß die neue Doktrin einer neuen, routinierteren Ausbeutung Vorschub leistet, auch wenn das nicht unbedingt der Fall sein muß. Dies sei angemerkt, ohne vorauszuschicken, daß es eine »eingebaute« Voraussetzung bei denjenigen geben muß, die die Macht haben, Veränderungen in einem Unternehmen zu initiieren und durchzusetzen, sondern vielmehr, daß die Doktrin drei teilweise neue und schwer überschaubare Abstimmungsprobleme im Unternehmen in den Brennpunkt stellt.

Abstimmungsprobleme auf neuen Ebenen

Zum ersten macht die Doktrin durch das Schaffen spezifischer Unternehmensideologien den Leiter zu einer außerordentlich wichtigen Person, was leicht zu einem unrealistischen und undemokratischen Personenkult und zu einer Überschätzung der Möglichkeiten einer einzigen Person, mit einem komplizierten Sachverhalt fertig zu werden, führen kann. In solch einer modernen Umgebung wird der Leiter eines Unternehmens schnell zu einem Symbol für praktisch gesehen alles, was in einem Unternehmen geschieht – zu einer »nicht wirklichen« Person, die eher in die Rolle eines Schauspielers als in die eines Regisseurs gedrängt wird, was im Gegensatz zu dem steht, was die Doktrin vorschreibt. Dann nämlich werden die Mitarbeiter zu passiven Inhabern von Nebenrollen reduziert, die zwar ihre Texte, aber die Handlung nicht verstehen oder beeinflussen können.
Zum zweiten kann eine solche Betonung dazu führen, daß man sehr dichte Unternehmenskulturen schafft, in denen Andersdenkende und Oppositionelle, also diejenigen, die gemeingültige Vorstellungen nicht teilen, aus der Gemeinschaft ausgeschlossen werden. Man kann nicht umhin zu sehen, daß beispielsweise die Fortschritte bei SAS zu einem gewissen Teil die Früchte einer bewußten Indoktrinierung auf der Ebene der Anschauungen war; es war ein Aspekt der Führungsphilosophie, daß man langfristig nicht unterschiedliche Sichtweisen hinsichtlich der Geschäftsentwicklung haben konnte.
Auch wenn eine Befehlssteuerung per definitionem eine Vereinheitlichung nach sich ziehen soll, kann das neue Steuern von Werten genau die gleiche Einförmigkeit ergeben, wenn auch von einer gefährlicheren Art, da ja Werturteile die Tendenz haben, langlebiger und starrer als ein Auftrag zu sein, vor allem dann, wenn sie internalisiert und zu einem Teil der Arbeitsidentität geworden sind. Das Steuern von Werten kann mit anderen Worten zu einer Stagnation und Gleichförmigkeit werden und somit eine Bremse für Erneuerungen und Entwicklungen der Zukunft und darüber hinaus auch eine Bedrohung für die Integrität der Menschen sein.
Zum dritten ist es außerordentlich unsicher, ob die neue Doktrin in irgendeiner entscheidenden Form die Machtverteilung in einem Unternehmen verändern kann. Ungeachtet dessen, welche Macht-

struktur aus sowohl allgemein demokratischen, ethischen oder geschäftlichen Ausgangspunkten her erstrebenswert ist, muß den enthaltenen Risiken der Machtkorruption in dem System »Vorgesetzter und Untergebener« mit Hilfe machtregulierender Gegengewichte Einhalt geboten werden.
Die gewerkschaftliche Bewegung hat traditionell eine wichtige Rolle als Gegengewicht im schwedischen Modell gespielt. Es besteht nun das Risiko, daß die Gewerkschaft bei der neuen Doktrin ins Hintertreffen gerät. Vor allem in den neuen hochtechnologischen Unternehmen hat man zum Teil die Initiative bei der Entwicklung verloren. Der feste Stand und der Einfluß der Gewerkschaften verringert sich in dem Maße, wie progressive und initiativenreiche Unternehmen lokale Ideologien und Unternehmenswerte schaffen, die nicht nur die wirtschaftlichen Forderungen der Menschen erfüllen, sondern darüber hinaus auch soziale und psychologische, zum Teil auch existentielle Forderungen. Wenn nicht neue Formen von Ausgleichspunkten geschaffen werden, ist das so etwas wie ein Warnsignal mitten in dem humanistischen Wert, den die neue Doktrin bekommen hat.

Doktrinkonflikte auf der Unternehmensebene

Ohne es konkret im einzelnen anführen zu wollen, scheint es Risiken zu geben, daß die neue Doktrin ein Gegenstück zu den Zentrum-Peripherie-Konflikten der Gesellschaftsorganisationen sowohl auf Unternehmensebene als auch zwischen Unternehmen und den Branchen schafft. Wie das einleitende Beispiel der Eka-Nobel veranschaulicht, verbeißt sich die alte Doktrin gerne in den Abteilungen, in denen die Produkte standardisiert sind. Die Risiken, daß diese Abteilungen gezwungen werden, im Schatten der alten Doktrin weiterzuleben und nicht an den strategischen Problemlösungen, der Kompetenzentwicklung und Mitbestimmung des Unternehmens mitwirken zu können, sind offenbar.
Aufgrund der Forderung der neuen Doktrin nach kontinuierlicher Entwicklung von Kenntnissen und Fähigkeiten suchen die schon kenntnisbewußten Arbeitskräfte nach Arbeitsgebieten, in denen die

neue Doktrin schon vorzufinden ist, während die alten Gebiete in der Attraktivität immer weiter sinken. In vielen voll entwickelten Teilen der Industrie hat die Arbeitskraft eine Altersstruktur und haben die Produkte einen Charakter erreicht, wo aus der Sicht der Effektivität die alte Doktrin mit ihren Werten der neuen Doktrin gegenüber im Vorteil ist – jedenfalls kurzfristig. Die Doktrinkonflikte, die dem Linien-Stabs-Dilemma der alten Doktrin gleichen, können sehr wohl in einem Unternehmen als ein Resultat dieses latenten Zentrum-Peripherie-Dilemmas auflodern.

Die neue Doktrin – Mythos oder Wirklichkeit?

Ungeachtet dessen, was Doktrinen über die Leitung von Unternehmen an Inhalten und Idealen implizieren, weisen sie doch oft, gesamt gesehen, eine Gemeinsamkeit auf. Dies wird selten in allgemeinen Äußerungen der Unternehmensleitung zum Ausdruck gebracht, dafür um so öfter von Forschern, die Unternehmen und deren Leitungen untersucht haben. Das ist an und für sich nichts Bemerkenswertes. Aufgabe des Forschers ist es, brauchbare Verallgemeinerungen aus einer Vielzahl von Daten und Beispielen herauszusuchen. Nicht selten führt dieser Prozeß dazu, daß eine Führungsdoktrin das Produkt der eigenen Schlußfolgerungen des Forschers ist, wie etwas sein sollte und nicht, wie es tatsächlich ist, das heißt, ein Idealmodell für Führungsschaft. Es ist nicht anzunehmen, daß wir es ganz geschafft haben, diese Art von Schlußfolgerungen zu vermeiden.

Es ist natürlich auch außerordentlich selten, daß eine neue Doktrin in einer konkreten Situation auch direkt voll angewandt wird. Das Alte lebt weiter, und, das zeigt die Erfahrung, es ist auch bemerkenswert widerstandsfähig. So ist auch die Art und Weise, Leitung in einem Unternehmen auszuüben, keine Ausnahme. Was ein Unternehmensleiter als neues Verhaltensmuster bei sich selbst auffaßt, kann von anderen als altes Überbleibsel in neuer Verpackung bzw. überhaupt nicht als ernste Veränderung aufgefaßt werden.

Doch das vielleicht am stärksten hervortretende Risiko eines Mythos liegt in der eigenen Auffassung des Forschers von dem, was er oder sie gerade untersucht bzw. wovon er in einem Unternehmen Kenntnis nimmt. Unsere These eines sich vollziehenden Doktrinwandels basiert darauf, daß wir die Unternehmensleitung mit der disziplinierten Subjektivität der Forschung betrachtet und – um dies ganz deutlich herauszustellen – das Hauptaugenmerk auf die Problemwelt der Unternehmensleitung gerichtet haben.

Unsere Herausforderung als Forscher in bezug auf dieses Buch war in erster Linie, den sich vollziehenden Veränderungen im Gedanken- und Handlungsrepertoire der Unternehmensleitung eine ganze und zusammenhängende Gestalt zu geben. Anfangs haben wir die Geschehnisse bis zu den Veränderungen der Grundannahmen hinsichtlich der Geschäfte, Menschen und Führung zusammengefaßt, und wir haben die Disposition des Buches dieser Struktur angepaßt.

In den Kapiteln 2 bis 4 versuchen wir zu erfassen, wie die neue Doktrin auf Unternehmensebene durchschlägt. Solch ein Wandel setzt voraus, daß neue Ideale vorherrschend werden und Ausdruck in einer neuen Doktrin finden, die auf Dauer das, was sich die Menschen angeeignet haben, umformt. In Kapitel 2 richten wir das Hauptaugenmerk auf die Veränderungen im Geschäftsdenken; das heißt auf den Übergang von produktionsorientiertem zu marktorientiertem Denken. Kapitel 3 zeigt, wie das neue Geschäftsdenken die Produktionsfragen in einen anderen Zusammenhang stellt, und Kapitel 4 behandelt speziell die Führungsschaft und ihren Übergang von einem befehls- zu einem ideenorientierten Repertoire. In den Kapiteln 5 und 6 greifen wir die Problematik einer Teilnahme und Unterstützung einer Geschäftsidee auf, wenn die Menschen unterschiedliche Werturteile haben.

In Kapitel 5 beleuchten wir darüber hinaus, wie unterschiedliche Werte eine durchaus produktive Kraft anstelle unproduktiver Trägheit sein können, während Kapitel 6 untersucht, wie sich Beteiligung in bezug auf Meinung und inhaltliches Engagement an einer Geschäftsidee auswirken kann.

Die Kapitel 7 bis 9 behandeln die Verbindung von Unternehmen und Vorgesetztem als Individuum vor dem Hintergrund eines Doktrinwandels. Mit Leitern von Großunternehmen im Brennpunkt beleuchtet Kapitel 7 Geschäftsvisionen als Glied zwischen Leiter und Unternehmen. Kapitel 8 behandelt den Zusammenhang zwi-

schen Leiter und Unternehmen vor dem Ausgangspunkt einer Studie über Unternehmer, während Kapitel 9 die Perspektive des einzelnen mit einem Durchleuchten des Verhältnisses Leiter, Unternehmen und Familie verfolgt, und zwar dahingehend, wie Wertveränderungen sich auch auf familiärem Gebiet abgespielt haben.
Kapitel 10 beschäftigt sich schließlich damit, wie ein Doktrinwandel unter Umständen den Zusammenhang Unternehmen und Gesellschaft beeinflussen kann. Das Buch endet mit einer Zusammenfassung in Kapitel 11.
In den Forschungsprojekten, auf die wir in den einzelnen Kapiteln verweisen, verändern sich die Indikationen eines Doktrinwandels. Deshalb gibt es keinen Grund, nur das hervorzuheben, was deutlich ist, und es als schon jetzt vorherrschende Veränderung in der schwedischen Wirtschaft stehen zu lassen. Trotzdem ist die These eines Doktrinwandels eine bewußte Art, einen Entwicklungsprozeß so deutlich wie möglich auf Kosten einer Detailschärfe zu vergrößern. Es ist ein Versuch, den Prozeß anzuhalten und einige Augenblicke lang greifbar zu machen, bevor er weiterrollt.
Dies ist die Perspektive, aus der die Ergebnisse unserer Forschung beurteilt werden sollen.

Kapitel 2

2

Veränderung des Firmendenkens

Alle Unternehmen durchlaufen während ihres Bestehens unzählige Veränderungsprozesse. Gewisse Teile davon sind eher durchgreifender Art, andere dagegen eher nebensächlich. Die Perspektive der Zeit kann auf »jetzt« oder »langfristig« bezogen sein und der Veränderungsprozeß einen hohen Widerstand in der Organisation hervorrufen bzw. Energien freisetzen, die Veränderungen erleichtern. Wenn wir in das Unternehmen eindringen, um die durchgreifenden Veränderungen, die ein Doktrinwandel auf Unternehmensebene mit sich bringt, zu durchleuchten, ist es natürlich, mit der Untersuchung der Unternehmenseinstellung und dem Firmendenken zu beginnen, die, laut der These des Doktrinwandels, neuen Grundannahmen folgen.

In diesem Kapitel wollen wir hauptsächlich die Veränderungen beleuchten, die ihren Ausgangspunkt in dem Forschungsprojekt haben, das die Umorientierung bei der SAS untersuchte, aber auch auf Studien über Umorientierungsprozesse bei Ericsson, Byggbolaget und bei Eka Nobel verweisen.

Eine tiefgreifende Veränderung der Geschäftseinstellung eines Unternehmens und dessen Art, Geschäfte zu machen, wird stark durch die technologische Entwicklung, die internationale Konkurrenz und die Werturteile der Menschen bezüglich Produkt und Arbeit beeinflußt. Dies sind relativ langsame strukturelle Veränderungen, bei denen die Botschaften der Werbung sowie Verpackungsdesign, Verkaufsargumente, Preisangebot und Produktgestaltung vorherrschen. Diese Veränderungen werden von Konjunkturschwankungen; den letzten Initiativen und Kampagnen der Konkurrenz sowie dem Ehrgeiz des eigenen Unternehmens, Aktivität und Konkurrenzfähigkeit zu zeigen, vorangetrieben. Die Entwicklung bei SAS zeigt dagegen sehr gut, wie gerade Strukturveränderungen zu einer tiefgehenden Überprüfung sowohl der Unternehmenseinstellung wie auch des Firmendenkens führen.

Eine Unternehmenseinstellung entsteht

Der Gründer eines Unternehmens wird von Anfang an vor die Entscheidung gestellt, was produziert werden soll, an welche Kunden sich das Unternehmen wenden wird und welche Ressourcen und Qualifikationen dafür notwendig sind. Im allgemeinen sind dies keine Entscheidungen von Eingebungen des Augenblicks, sondern das Resultat von Vorstellungen und Überlegungen, die der Unternehmer seit langer Zeit entwickelt hat, auch wenn der zündende Funke recht plötzlich kommt. Der Unternehmer wird also in seinen Gedanken gezwungen, die Einstellung für die geplante Tätigkeit zu definieren. Wie wir in Kapitel 8 noch detaillierter sehen werden, wird dieser Beschluß nicht nur von rein geschäftsmäßigen Überlegungen geprägt, sondern auch von Wertungen und Erfahrungen des Unternehmers. Er rekrutiert Mitarbeiter, die im großen und ganzen seine Ideen akzeptieren und Vertrauen in sie haben. Er formt das Unternehmen, die Produkte und Kundenkontakte nach eigenem Belieben. Er ist es, der das Gesamtbild vor Augen hat und die Macht, es zu realisieren.
Durch zeitige Erfahrungen und Problemlösungen, wie beispielsweise mit Produkten, die nicht funktionieren, oder mit klagenden oder neuen Kunden, die ein modifiziertes Produkt kaufen wollen, lernt und löst er sukzessiv Probleme, die die ursprüngliche Idee zu einer konkreten Tätigkeit werden lassen. Diese Tätigkeit erhält eine Gestalt. Die organisatorische Form, das Rechenschaftssystem, die Produkte, die Routinen und Normen, die Ideale und Wertungen – alles das werden Dimensionen in dieser Gestalt.
Für Probleme und Situationen, die erfolgreich bewältigt werden, stellt man Regeln und Normen auf. Durch wiederholte Anwendung werden sie so gut in das Ganze eingearbeitet, daß sie als gegeben angenommen und nicht in Frage gestellt werden. Auf einer tieferen Ebene werden Wertungen und Dogmen, das heißt das, was wir

Grundannahmen nennen, internalisiert. Sie sind nicht länger die Art und Weise, die Wirklichkeit zu sehen, sondern sie bilden die Wirklichkeit. Dies geschieht nicht vollständig, aber durch die Macht des Unternehmers, die Wirklichkeit zu definieren, verschieben sich die Ungleichheiten auf einen Platz im Hintergrund.
Das, was als Idee oder Vision des Unternehmens im Zusammenspiel mit Kunden, Zulieferern und Mitarbeitern begonnen hat, wird geformt und somit zu einer im großen und ganzen gemeinsamen Idee. Was einmal ein Produkt der Erfahrungen des Unternehmers gewesen ist, wird dann zu einem Produkt gemeinsamer Erfahrungen. Es wird dadurch zu der Geschäftsidee, so daß dies von vielen – und natürlich besonders von denjenigen, die die Macht haben – geteilt wird.
Die Geschäftsidee ist also mehr als eine intellektuelle Erscheinung. Sie ist gefühlsmäßig stark dadurch aufgeladen, daß sie ihre Wurzeln in wichtigen Erfahrungen und schwierigen Entschlüssen hat, die bei den Betroffenen starke Gefühle geweckt und die mitgeholfen haben, einen Sinn und persönliche Identität in der Arbeit zu schaffen. Dadurch, daß er in »seinem« Unternehmen arbeitet, ist der einzelne »etwas Spezielles« für sich selbst und andere.
Die Leitung, die eine Einstellung zur Tätigkeit gibt, wird zum verbindenden Teil zwischen Idee und Vision auf der einen und einer realisierten Unternehmenseinstellung bzw. Geschäftsidee auf der anderen Seite. Man kann also sagen, daß die Leitung dem Unternehmen eine Doktrin und ein Handlungsrepertoire gibt, die es zulassen, zu wachsen und zu überleben. Dies geschieht durch gemeinsame Erfahrungen und gemeinsames Lernen.

Veränderung der Unternehmenseinstellung

Jede Geschäftstätigkeit ist verändernden Kräften ausgesetzt, die Anpassungsmaßnahmen mehr oder weniger innovativen Charakters erfordern; Maßnahmen, die die Kundenstruktur, Produkte, Ressourcen und Fähigkeiten im Unternehmen auf Sicht verändern können. Um diese Darstellung konkreter zu machen, werden wir die Geschäftsentwicklung bei SAS als Beispiel nehmen.

1946 begann SAS mit einer ersten Übereinkunft eines gemeinsamen skandinavischen Atlantikverkehrs. Nach und nach wurde die Zusammenarbeit bis auf Inlandsflüge ausgedehnt. 1957 expandierte SAS durch den Kauf von 50 Prozent bei Linjeflyg, und 1961 begann man mit der Charterfluggesellschaft Scanair. Letzteres geschah im Hinblick auf den expandierenden Charterverkehr.
Bis 1961 war die Expansion bei SAS auf den Flugverkehr gerichtet. Die Unterschiede der einzelnen Tätigkeitsbereiche waren gering, und die Möglichkeiten zur Koordination bzw. Zusammenarbeit auf der technischen Seite waren gut.
Das neue Jetzeitalter brachte eine beträchtliche Kapazitätenerhöhung mit sich, als eine Vielzahl von Fluggesellschaften fast gleichzeitig ihre Flotte erneuerten. Die Branche geriet folgerichtig 1961 in eine Jetkrise. Um die Stellung und Kontrolle über Verteilungskanäle an die Endkunden zu stärken, versuchte SAS, sich in den sechziger und siebziger Jahren dem Markt zu nähern. Man tätigte Investitionen in Hotels und Flugküche bei SAS Catering (jetzt SAS Service Partner), und durch Aufkäufe bekam SAS die Kontrolle über Reisebüros, Reiseveranstalter und Spediteure. Die Integration nach vorne war für das Unternehmen eine Möglichkeit, sich ein ausreichendes Volumen für die neue Flugzeugflotte zu sichern und eine Risikoverteilung zu erreichen.
Trotz dieser Integration nach vorne lag der Schwerpunkt für die SAS weiterhin im Flugverkehr. Die etablierten Ideale und die etablierte Doktrin im Flugverkehr dominierten weiterhin. Die neuen Betätigungsgebiete wurden von der Leitung in der Fluggesellschaft mit gewisser Skepsis betrachtet. Eine der Schlüsselfiguren in der früheren Unternehmensleitung von SAS drückte sich so aus: »Menschen, die lange Zeit in einer Fluggesellschaft gearbeitet haben und außerdem in einer Industrie mit vielen internationalen Kontakten, waren zu der Auffassung gekommen, daß ihre Arbeit eigentümlicher und schwieriger war, als dies in Wirklichkeit der Fall war. Man sah in gewissem Maße auf Betriebe vom Typ Charterflug, Reisebüros und Inlandsflüge herab.«
Als in den späten siebziger Jahren die Konkurrenz zunehmend härter wurde, die Nachfrage stagnierte und somit die Rentabilität sank, wurde SAS gezwungen, bei den übergreifenden Geschäftsideen umzudenken.

SAS denkt um

Das Problem der Umorientierung für SAS und andere Unternehmen kann mit einigen Fragen beleuchtet werden.
Wie kommt es, daß eine Umorientierung in vielen Fällen trotz deutlicher Problemsymptome so schwierig ist? Auch mit einer neuen, schlagkräftigen Geschäftsidee scheinen die Probleme nicht gelöst zu sein.
Wie kommt es eigentlich, daß eine neue Idee für eine Tätigkeit intellektuell leicht faßbar ist, aber die Realisierung in der Praxis so schwer? Mit Blick auf SAS behaupten wir, daß in erster Linie eine neue Idee auf eine neue Art geformt werden muß. Die Schwierigkeiten sind nicht in erster Linie analytischer Art, sondern sie haben damit zu tun, daß man sie in Wort und Tat ausdrücken muß. Etablierte Ideale und Doktrinen können für eine solche Veränderung große Hindernisse sein.

SAS – ein Geschäftsunternehmen mit Produktionsdenken

Gegen Ende der siebziger Jahre verlor SAS Marktanteile, während gleichzeitig die Produktivität sank. Kunden verließen SAS unter anderem deshalb, weil der Service nicht im Verhältnis zum Preis stand. Viele Angestellte hatten die Erfahrung gemacht, daß Vorschläge zur Verbesserung des Service kaum Gehör fanden. Oft wurden technische und operative Gesichtspunkte höher eingeschätzt. Deshalb war beispielsweise auch die Pünktlichkeit mangelhaft, da andere Punkte höher bewertet wurden. In einer Situation heimlicher Preiskonkurrenz und sinkenden wirtschaftlichen Zuwachses wählten die Kunden in immer stärkerem Maße konkurrierende Alternativen. Die Angestellten, die in direktem Kundenkontakt standen, erlebten die Unzufriedenheit mit der SAS, während sie gleichzeitig Schwierigkeiten hatten, Verbesserungsvorschläge durchzubekommen. Statt dessen verschlimmerte sich laut vielfacher Beobachtungen das Verhältnis zu den Kunden. Die Angestellten machten die Erfahrung, daß die Voraussetzungen fehlten, gute Arbeit leisten zu können.

Es war augenscheinlich, daß Beschlüsse in anderen Bereichen und mit solchen Prioritäten gefaßt wurden, die keinen Platz für die Bedürfnisse der Kunden hatten. Wie kann man sich die Spannungen zwischen Kundenforderungen und dem Handeln des Unternehmens erklären? Wichtig in diesem Zusammenhang sind die seinerzeit herrschenden Vorstellungen sowie die damalige Doktrin des Unternehmens. Technische Fortschritte auf vielen Gebieten wie Material, Motoren und Navigationssysteme schafften neue Möglichkeiten. Die Fluggesellschaften, die die neuen technologischen Möglichkeiten schnell ausnutzten, konnten sich den Konkurrenten gegenüber durch ein besseres Liniennetz, kürzere Flugzeiten, durch größere Sicherheit und niedrigere Kosten einen Vorsprung verschaffen. Dies war eine komplexe Aufgabe, die den Aufbau von Nachschubbasen, Ausbildung von Technikern und Piloten, Entwicklung eines Systems zur Materialsteuerung und neue Konzessionsverhandlungen zwecks Ausbau des Liniennetzes umfaßte. Dadurch, daß SAS diese Entwicklung frühzeitig mitmachte, konnte man eine Wirksamkeit erreichen, die erstaunlich groß war.
Der technisch-operative Teil dieses Gebietes wurde der vorherrschende, da er auch am direktesten an der Qualifikation beteiligt war. Dies bedeutete nicht, daß andere Unternehmensteile unwichtig waren, aber es gab keinerlei Zweifel daran, wo der Schwerpunkt lag. Während der siebziger Jahre blieb die technologische Entwicklung stehen, und ihre Bedeutung für die Konkurrenzkraft der SAS verringerte sich im Vergleich zu anderen Kompetenzen. Die vorherrschenden Ideen und Grundannahmen waren indessen intakt.
Die Geschäftstätigkeit wurde in Begriffen wie Liniennetz, Zeittabellen, Flugzeugtypen, bezahlte und zur Verfügung stehende Passagierkilometer, also hauptsächlich in Produktionsbegriffen, definiert und diskutiert. Geschäfts- und Kundenbeziehungen wurden somit aus den internen Verhältnissen heraus gesehen. Maßnahmen und Anpassung diskutierte man unter der Annahme eines gegebenen und wachsenden Marktes, auf dem es in erster Linie galt, die eigenen Kostenstrukturen anzupassen. Rationalisierungskampagnen wurden ein feststehender Begriff im Handlungsrepertoire der Unternehmensleitung. Alles in allem waren die Überlegungen und die Maßnahmen der Leitung höchst angemessen in bezug auf frühere Voraussetzungen.

Seit den Anfängen der Fliegerei hatte die Flugsicherheit eine entscheidende Bedeutung. Sie hatte die Ausbildung der Techniker und des fliegenden Personals, die sorgfältige Analyse von Hinweisen auf Fehler sowie regelmäßige Kontrolle von Flugzeugen und Motoren begründet. Detaillierte Instruktionen und Regeln für die Instandhaltung sowie harte Sanktionen bei der Gefährdung der Sicherheit waren andere wichtige Maßnahmen. Qualität, Genauigkeit, Kontrolle und Planmäßigkeit waren die vorherrschenden Werte. Diese Werte waren auch präsent bei den Beziehungen der Menschen, die hier beteiligt waren, etwa beim Verhalten von Chef und Mitarbeiter. Die Leitung war zentralisiert, um ein einheitliches Handeln in dem ganzen System von Instandhaltungsbasen und Flugterminals sowie eine genaue Verfolgung der Sicherheit und der Kosten zu haben. Die Leitung baute auf Expertenkenntnisse mit einer starken Betonung der Vorschriften. Diese grundlegenden Werte wurden auch durch eine öffentliche Kontrollorganisation für Flugsicherheit, Verkehrsführung und Konzessionserteilung legitimiert, die Sicherheit, Kontrolle, Qualität und Vorschriften betonte.
Zugefügt werden soll hier noch, daß Schlüsselgruppen von Angestellten, wie Techniker und Piloten, oftmals einen militärischen Hintergrund bzw. eine entsprechende Ausbildung hatten. Der zivile Luftverkehr entwickelte sich aus den Erfahrungen des Militärs. Die Sichtweisen und Werte, die von den Streitkräften geprägt worden waren, wurden in den neuen Bereich übernommen.
Da die Entwicklung der technisch-operativen Qualifikation die wichtigste für den Fortbestand des Unternehmens war, erlangten deren Vertreter auch einen großen Einfluß im ganzen Unternehmen und später einen vorherrschenden Platz in der Unternehmensleitung. Dies war wichtig, damit Ideale und Doktrin innerhalb der Organisation Durchschlagskraft bekamen. Parallel dazu gab es alternative Wertungen, die ihre Basis in anderen Teilen des Betriebes hatten.
Die bestehende Machtverteilung, die organisatorischen Anordnungen und die Leitungen stützten die Ideen und Werte, die zu einer Struktur entwickelt wurden, die sich immer programmierter und widerstandsfähiger gegenüber Veränderungen darstellte. Initiativen und Vorschläge der Angestellten im Markt- und Kundenbereich landeten oftmals in der Schublade, was zu erhöhter Frustration bei

den Angestellten und zu Unzufriedenheit bei den Kunden führte. Frühere Erfahrungen und Bewertungen verstärkten das Problem eher, als daß sie es lösten. Service und Kundenbeziehung blieben am Rande.

Die Ziele des Unternehmens werden neu definiert

Die etablierten Formen und Werte des Firmendenkens schlugen folgerichtig auch in der Art und Weise durch, wie sich die Unternehmensleitung der Probleme im Betrieb annahm. Betont wurden Untersuchungen, vergleichende Studien anderer Unternehmen und Versuchstätigkeit in begrenztem Maße. Die überwiegende Arbeit wurde von der alten Unternehmensleitung beherrscht, wobei neue Werte einen schweren Stand hatten. Viele der Untersuchungen führten zu guten Ideen und Vorschlägen in unterschiedlichen Teilgebieten, lagen aber auf der Linie früherer Richtungen.
Trotz vieler Ermittlungsarbeit blieben die Ergebnisse in der Praxis begrenzt. Unter den Angestellten fehlte es an Engagement und Enthusiasmus, da man keine wirklichen Erneuerungen oder Lösungen von Problemen bei der Arbeit bemerkte. Dazu kam, daß es keine breite Information darüber gab, was sich gerade tat, und dies führte zu Unsicherheit. Erst als SAS eine neue Leitung bekam, konnte eine durchgreifendere Veränderung eintreten.
1980/1981 wurde dann bei SAS eine neue Firmenidee präsentiert. Sie ging von anderen Interpretationen der Geschäftsvoraussetzungen und einem anderen Blickwinkel bei der Arbeitsmotivation der Menschen und der Leitung aus. Es gab jetzt ein neues Gesamtbild der Firmentätigkeit. Dieses Gesamtbild symbolisierte eine Schwergewichtsverlagerung der Aktivitäten in Richtung auf Verbesserungen für den Kunden.
Es zeigte sich mittlerweile, daß die Ideen an sich weder neu noch in irgendeinem Sinne revolutionär waren. Nicht wenige der Gedanken waren schon während Jan Carlzons Leitung von Vingresor und Linjeflyg entwickelt worden. Viele der Ideen über Marktsegmentierung, Organisationsformen und Produktentwicklung hatte es schon in unterschiedlich vorangeschrittenen Stufen bei SAS gegeben, waren

aber nie ernsthaft geprüft worden. Die Vorstellungen von der Leitung der Servicetätigkeit, die realisiert wurden, gab es teilweise schon in der Managementliteratur. Der Beitrag bestand statt dessen darin, die Ideen umzusetzen und sie zu legitimieren.

Die neue Leitung erkannte schnell, daß es nicht länger reichte, eine sichere Fluggesellschaft mit gutem Liniennetz und Fahrplan zu sein. Man mußte darüber nachdenken, wie man neue Werte und eine neue Qualität für den Kunden schaffen konnte. Da die Geschäftsreisenden die häufigsten und am wenigsten preisempfindlichsten unter ihnen waren, lag es auf der Hand, sich an dieser Gegebenheit zu orientieren. Anhand der Forderungen von Geschäftsreisenden untersuchte man, wie das Angebot entwickelt werden konnte. Das Reisen wurde in dieser Analyse nicht nur eine Dienstleistung, sondern zu einer Kette von Dienstleistungen im Bereich Flugreise. Sie implizierte Ticketverkauf, Check-in, Service an Bord sowie Transport zum Flughafen bzw. zum Hotel.

Mit einer zusammenhängenden Servicekette dehnten sich die Geschäfte aus. Durch ein erweitertes Spektrum an Diensten konnte sich das Unternehmen stärker um die Bedürfnisse der Kunden kümmern. Geschäftstransaktionen im Rahmen des Dienstleistungsangebotes wurden weniger programmiert und gaben dem Kunden somit mehr Wahlfreiheit. In größerem Maße wurden die Einzelheiten des Dienstes im Zusammenspiel zwischen Dienstpersonal und Kunde geregelt. Es wurden beim Kunden Erwartungen an Flexibilität und Dienstleistungswillen bei SAS geweckt. Ein neues Verhalten zum Kunden wurde in Aussicht gestellt.

Im Rahmen einer Dienstleistungskette zu denken stellte andere Probleme und Möglichkeiten in den Brennpunkt als das frühere Produktionsdenken. Erstens lenkte es die Aufmerksamkeit auf einen überaus wichtigen Aspekt: Das Verhalten zum Kunden und nicht in erster Linie die interne Produktivität ist das Problem. Zweitens vermittelte es eine neue Einsicht darüber, was vom Unternehmen geliefert und produziert wurde – und das alles aus der Perspektive des Kunden (das ergab ein sehr viel differenzierteres Bild vom Dienst am Kunden). Drittens verdeutlichte es, daß es der Zusammenhang in dieser Kette war, der das Ganze erfolgreich werden ließ. Und viertens weckte es die Frage, inwieweit unterschiedliche Kunden unterschiedliche Bedürfnisse hatten.

In der neuen Definition der Tätigkeit wurde jedem einzelnen Angestellten eine größere Freiheit zugestanden, Dienste anzubieten und Beschlüsse zu fassen, je nach Bedürfnis und Situation des Kunden. Der Angestellte konnte nun handeln, ohne bei Vorgesetzten nachzufragen und ohne sich in Vorschriften zu vergewissern. In unsicheren Situationen ist es eben besser, etwas zu riskieren, als gar nicht zu handeln. Mit steigender Selbständigkeit wuchs bei jedem Angestellten auch die Verantwortung.
Die neue Betonung der Geschäftsentwicklung vom Markt- und Kundenbedürfnis her durch höhere Qualität bei Dienstleistungen enthielt zum Teil neue Werte wie Selbständigkeit, persönliche Verantwortung, Offenheit, Flexibilität und Risikobereitschaft. Die große Herausforderung lag darin, das neue Denken in einer Organisation zu etablieren, in der der Produktionsgedanke so stark war.
Unter seiner Leitung gelang es Jan Carlzon, diese Werte in Wort und Tat zu gestalten, was große Teile des Unternehmens ansprach. Die Angestellten reagierten aus mehreren Gründen heraus positiv. So half ihnen die Beschreibung der Situation und die der Probleme des Unternehmens dabei, die Probleme, die sie selbst erlebt, aber nicht hatten klar definieren können, zu verstehen. In die neue Firmenidee konnte auch ein Teil der im Gange befindlichen Projekte integriert und damit wertvolle Kenntnisse und Motivationen verwertet werden. Da viele einsahen, daß etwas getan werden mußte, und da die neue Leitung Ideen entwickelte, ferner den Willen zeigte, diese auch umzusetzen, wuchs insgesamt das Engagement.
Auch wenn die frühere Leitung in wichtigen Punkten die Probleme des Unternehmens verstanden hatte, war man nicht in der Lage gewesen, mit Hilfe der etablierten Denkweisen und Werturteile eine neue Ausrichtung zu formen. Gleichzeitig war klar, daß diese Werte sowohl tief im Unternehmen verwurzelt als auch in gewissen Bereichen produktiv waren. Die übergreifenden Veränderungen implizierten deshalb nicht, daß sich diese Spannungen lösten, sondern eher, daß sie in den Hintergrund gedrängt wurden – und das in einer Zeit intensiver Arbeit und beginnenden Fortschritts.
Man muß darauf verweisen, daß das neue Denken eine Menge unterschiedlicher Formen annahm. Es beeinflußte die angesprochene Einstellung, die Organisationsstrukturen, das administrative System und die direkte Arbeitsführung.

Reproduktion des Firmendenkens

Das Firmendenken der Unternehmensleitung war nicht gleichbedeutend mit dem, was das Unternehmen in seiner Gesamtheit prägte. Übergreifende Maßnahmen konnten nicht als Vorwand dafür genommen werden, daß Veränderungen in der Breite und Tiefe des Unternehmens stattgefunden hatten. Dies wurde nachträglich auch bei SAS deutlich. In vielen unserer Interviews konnten wir feststellen, daß der Sprachgebrauch von den neuen Firmenüberlegungen beeinflußt worden war. Innerhalb der Abteilungen, der Werkstätten und Flugplätze sprach man von den Tätigkeiten und Strategien der eigenen Einheiten in bezug auf den Kunden, den Lieferanten und das Serviceangebot. Die Tätigkeit war auf dem Weg, in internen Lieferbedingungen definiert zu werden. Für viele Chefs war dies eine sehr abstrakte Übung, da ihnen persönliche Erfahrung, etwa im Verkauf und in der Marktführung, fehlten. Ihre Anstrengungen wurden jedoch von den großen Fortschritten der SAS auf dem Markt gestützt, was unter anderem dem neuen Firmendenken zugeschrieben wurde.
Da große Teile des Unternehmens damit beschäftigt waren, zentral beschlossene Projekte durchzuführen, die die organisatorischen Grenzen überschritten, schob man die künftige Einstellung zur eigenen Beschäftigung zeitweilig zur Seite. Schon bei der Durchführung der ersten großen Projekte hinsichtlich eines neuen Service für Geschäftsleute wurde das Problem dringlicher.
Die Studien auf lokaler Ebene, die wir durchführten, zeigten, daß die Veränderungen differenzierter und die Entwicklungen zersplitterter waren, als es zunächst – aufgrund der übergreifenden Veränderungen – den Eindruck hatte. Die Unternehmensleitung setzte durch ihr Handeln ein Beispiel, das auch den anderen Chefs die Freiheit zum Handeln gab. Anstelle eines Veränderungsprozesses konnte die Entwicklung besser als eine große Anzahl von Prozessen beschrieben werden, die trotzdem ihre Legitimität und Inspiration von der übergreifenden Veränderung bekam. Es ist unmöglich, auf einem begrenzten Platz Rechenschaft für das ganze Panorama von Veränderungen abzulegen, die kraft dessen durchgeführt wurden, das neue Denken lokal im Unternehmen wiederherzustellen. Statt dessen werden wir von drei hauptsächlichen Typen von Darstellun-

gen der ursprünglichen Unternehmensidee berichten. Die Unterschiede können durch die verschiedenen Wertungen und Grundprinzipien der Chefs und Mitarbeiter lokal erklärt werden.
Den ersten und – wie wir finden – vorherrschendsten nennen wir »methodische Auslegung«. Diese hat eine starke Verankerung in den früher dominierenden Werturteilen. In jener Klasse der Veränderungen wurde das neue Firmendenken zu einer Richtschnur, in deren Rahmen ein so gutes Ergebnis wie möglich erreicht werden soll. Systematische Verbesserungen werden von Produkten, Organisation, Personalausbildung und bei dem administrativen System gemacht. Veränderungen werden durch Planung und Systematik gekennzeichnet, und Lösungen werden mit dem Ausgangspunkt in den neuen Ideen einer Entwicklung der Dienstleistungskette und örtlicher Anpassung gesucht. Zwischen dem neuen und alten Führungsstil gibt es einen entscheidenden Unterschied: Der neue ist bedeutend offener für Dialoge und Sichtweisen anderer, um gute Lösungen zu erreichen. Hingegen ist man unempfindlich gegen gefühlsmäßige Bedürfnisse anderer.
Die andere Variante ist, vertrauensvolle Verbindungen aufzubauen, um auf dieser Grundlage Veränderungen durchzuführen. Durch die Arbeit mit Ausbildung, Planungsseminaren und Unternehmensberatern versucht man, in Übereinstimmung zu gemeinsamen Lösungen zu kommen. Die neuen Verbindungen schaffen größere Möglichkeiten der Einflußnahme von anderen. Es zeigt sich jedoch, daß diese Verhaltensweise frühere Denkweisen nicht durchbrechen kann, wenn man von den Autoritäten keine Unterstützung bekommt.
Einen weiteren wichtigen Punkt finden wir, wenn die Idee oder die Herausforderung selbst die Energie gibt. Die Spannung, etwas Neues zu schaffen, löst bei den Mitarbeitern Engagement aus. Viele innovative und dramatische Veränderungen fallen in diese Kategorie. Oft werden sie von Chefs geführt, die schnell zu anderen Aufgaben weitereilen und die Verantwortung anderen überlassen. Innovative Veränderungen werden ihrerseits Vorbilder für andere im Unternehmen und damit zu weiterer Inspiration in der Entwicklung.
Durch die lokalen Veränderungsprozesse werden Erfahrungen geschaffen, die sich positiv auf zukünftige Veränderungen auswirken können. Zusammenfassend ist es das gleiche grundlegende

Geschäftsdenken, das auf unterschiedliche Weise gestaltet wird. Die erste Auslegung ist die vorherrschende. Teilweise kann sie damit erklärt werden, daß sie mit den alten Werturteilen übereinstimmt, teilweise auch damit, daß die interne Produktivität erneut in den Blickpunkt gestellt wurde. In diesem Zusammenhang drängt sich natürlich die Frage auf, ob es eine produktive Balance zwischen den verschiedenen Entwicklungen gibt.

In Richtung Markt

SAS ist nur ein Beispiel von vielen in bezug auf Unternehmenseinstellung und Firmendenken. Andere Unternehmen machen ähnliche Veränderungen durch, allerdings etwas weniger spektakulär. Insgesamt deuten unsere Studien bei SAS, Eka Nobel, Ericsson und Byggbolaget auf ein allgemeines Muster der Unterschiede im Firmendenken hin, die darauf gründen, wo das Unternehmen in der Veredlungskette seinen Schwerpunkt hat (und damit auch in der jeweiligen Unternehmensphilosophie).

Bei SAS konnten wir eine veränderte Unternehmenseinstellung beobachten, die auf dem Weg ist, das Unternehmen von einer reinen Fluggesellschaft zu einem Reiseunternehmen umzuformen. Diese Veränderung begann eigentlich schon Anfang der sechziger Jahre, aber erst Ende der siebziger wurde eine wirkliche Schwerpunktverlagerung in Richtung des Endkunden zur Sprache gebracht (Abbildung 4). Bis jetzt ist es mehr eine Verschiebung von Aufmerksamkeit als eine Verlagerung des Schwerpunktes bei Investitionen und Personal. Es zeigte sich, daß diese zwischenzeitlich durchgreifende Konsequenzen auf alles hatte – von Idealen und Wertungen bis hin zum Wirtschaftssystem. Die Veränderungen waren bedeutend, aber der Ausgang ist immer noch ungewiß.

Schon im einleitenden Kapitel konnten wir bemerken, daß Eka Nobel immer abhängiger von Spezialchemikalien geworden war. Um diese Spezialchemikalien zu verkaufen, mußte das Unternehmen seine Kenntnisse über die Prozesse, in denen diese Chemikalien eine Rolle spielten, erweitern. Die Geschäftsbeziehungen waren an einen Punkt angelangt, der eine gemeinsame Problemlösung zwischen Kunde und Zulieferer erforderlich machte. Dies hatte zur Fol-

Abbildung 4: Von der Fluggesellschaft zum Reiseunternehmen (Schwergewichtsverlagerung in der Geschäftstätigkeit von SAS)

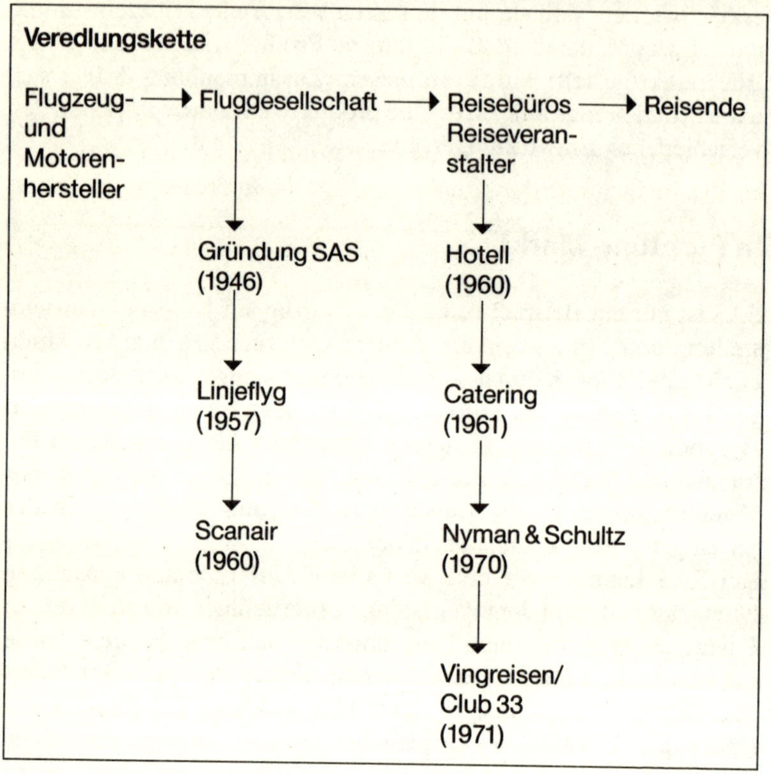

ge, daß die Rolle und die Kompetenz der Verkäufer erweitert und eine neue Organisation entwickelt werden mußte. Bei Eka Nobel konnten wir eine Machtverschiebung entlang der Veredlungskette in Richtung auf den Endkunden feststellen. Gleichzeitig wurde jedoch die Stellung des Geschäftsbereiches bewahrt, die den früheren Schwerpunkt repräsentiert.

Im Baugewerbe sind wir bei unseren Studien über Byggbolaget auf eine ähnliche Problematik gestoßen. Während der siebziger und Anfang der achtziger Jahre stagnierte die Nachfrage nach Überkapazität und verschlechterte somit die Rentabilität. Dies verursachte innerhalb der Branche Fusionen und Umpositionierungen. Die Bauunternehmen versuchten auf unterschiedliche Art, ihre Verbindungen zu ihren Kunden und damit die Kontrolle über den Markt zu vertiefen. Dies zeigte sich unter anderem in der Betonung von Gesamtsubmissionen und in dem Versuch, an Angebotsverfahren vorbei zum direkten Ankauf zu gelangen. Dem Kunden wurde besserer Service und maßgeschneiderte Lösungen vorgespiegelt. Die Unternehmen konnten auch durch Grunderwerb und Finanzierung Lösungen für die Bedürfnisse der Kunden finden, die über den eigentlichen Bauauftrag hinausgingen. Die vertieften Kundenbeziehungen konnten auch die Chance vergrößern, mehr Instandhaltungsarbeiten zu bekommen, was nun einen gewissen Teil des Marktes ausmachte. Natürlich gab es auch weiterhin eine große Menge Generalaufträge, die durch ein traditionelles Angebotsverfahren entschieden wurden.

Die Möglichkeiten, die in einer vertieften Beziehung zwischen Bauherren und Unternehmern lagen, wurden von einigen Unternehmern ausgenutzt, etwa von Åke Larsson Byggare. Durch starke Kundenorientierung, neue Technik und eine andere Geschäftspraxis gelang es, sich als Projektleitungsunternehmen, das im Auftrag des Bauherrn arbeitet, in den Markt zu drängen. Die neuen Unternehmer konnten von den Schwierigkeiten der traditionellen Unternehmen, umzulernen, profitieren, da die etablierten Ideale und Doktrinen fest verankert waren und einer Umorientierung im Wege standen. Für Åke Larsson war es mit seinen Erfahrungen als Bauingenieur bedeutend leichter, einen Betrieb mit neuem Image, mit neuen Inhalten aufzubauen.

Ericsson Telecom, öffentliche Telekommunikation innerhalb des Konzerns, gibt uns ein weiteres, wenn auch etwas komplizierteres Beispiel. Durch die neue digitale Technik ergaben sich sowohl für die Telephongesellschaft als auch für die Abonnenten interessante Perspektiven. Für die Kunden war die neue Technik gleichzusetzen mit neuen Anwendungsmöglichkeiten. Das Großunternehmern baut weltumspannende Kommunikationssysteme für Nachrichten, ferner technische und wirtschaftliche Kontrollinformationen für Problemlösung und Planung auf. Durch einen schnellen Zuwachs hinsichtlich neuer Anwendungen ist die Nähe zum Markt von strategischer Bedeutung geworden. Die Systementwicklung wird stärker marktgesteuert.

Gleichzeitig vollzieht sich eine schnelle technologische Entwicklung, bei der der Hersteller mithalten muß, will er konkurrenzfähig bleiben. Die Entwicklung geschieht unter anderem bei Unternehmen, die integrierte Schaltkreise oder Mikrochips herstellen. Ericsson hat teilweise eine eigene Herstellung von Schaltkreisen bei RIFA gehabt, aber in stärkerem Maße die Zusammenarbeit mit Chipherstellern wie Texas Instruments gesucht. Für Ericsson Telecom geht die veränderte Einstellung nicht nur einseitig zum Markt hin, sondern auch zur Grundtechnik.
Die Hersteller von Computern waren es gewohnt, die Systeme an Firmenkunden der schwedischen Fernmeldeverwaltung zu verkaufen. Fragen diese Kunden in erhöhtem Maße nach fortschrittlicheren Kommunikationssystemen, ist es für den Computerhersteller nur natürlich, seine Stellung dadurch zu verteidigen, indem er auch auf das Gebiet der Telekommunikation drängt. IBM kaufte zum Beispiel das Telekommunikationsunternehmen Rolm. Die Telekommunikationsunternehmen haben sich ihrerseits auf den Bereich Personalcomputer und Büroautomation begeben. Keiner dieser Teile war besonders erfolgreich. Mit einem anderen Schwerpunkt in der Veredlungskette nähert man sich den gleichen Kunden. Große Verluste waren in vielen Fällen der Preis, den man für die Schwierigkeiten hatte zahlen müssen, mit der Tradition zu brechen und das Firmendenken zu ändern. Bei neuen Problemen sind alte Lösungen und Erfahrungen nicht mehr ausreichend. Auch grundsätzliche Annahmen der Geschäftspraxis werden in Frage gestellt.
Zusammenfassend illustrieren diese vier Beispiele die Schwierigkeiten eines Unternehmens, Schwerpunkte in den Geschäftszielen zu verändern und dazu überzugehen, auf andere Art Geschäfte zu machen. Doch scheinen einige, wie etwa SAS, auf dem richtigen Weg zu sein.
Veränderung bedeutet, daß etablierte Ideale und eine vorherrschende Doktrin beiseite geschoben werden müssen. Dies impliziert durchgreifende Konsequenzen für Produkte, Dienstleistungen, Organisation, das administrative System und die Leitung.
Auch wenn es notwendig sein kann, Geschäftsziele so zu ändern, daß sich auch die Schwerpunkte in der Tätigkeit verschieben, ist es nichtsdestoweniger wichtig, die Unterschiede auch handhaben zu können. Unsere Beispiele deuteten an, daß es nicht die Frage ist,

von einem Geschäftsdenken zu einem anderen zu kommen, sondern ein neues Gleichgewicht zu erreichen. Sicherlich bleiben neue Ideale und Werte dominierend, aber die Unterschiede, wie etwa bei Elca Nobel, bleiben bestehen.
Die alte Trägheit kommt in einen neuen Zusammenhang, wo sie akzeptiert wird. Sie bekommt eine neue Rolle in der Gesamtheit, wo viele der alten Lehren immer noch gelten.
Unterschiede werden nicht aus nostalgischen, sondern aus geschäftlichen Gründen bewahrt.

Unterschiedliche Einstellung – unterschiedliches Firmendenken

Etwas vereinfacht kann man drei verschiedene Formen von Geschäftsdenken und Geschäftslogik unterscheiden: Produktions-, Auftrags- und Marktlogik. Wir erheben nicht den Anspruch, daß diese Typologie alles umfaßt. Unser Ziel ist es vielmehr, uns wichtig erscheinende Unterschiede darzulegen, um somit einen Doktrinwandel von einem geschäftsmäßigen Ausgangspunkt heraus zu beschreiben.
Vereinfacht gesehen, können die verschiedenen Formen nach einer Veredlungskette geordnet werden, die wir schon vorher benutzt haben, um die Veränderungen im Geschäftsdenken der Unternehmen zu beschreiben. Eine Schwerpunktverlagerung in der Geschäftstätigkeit entspricht nämlich einer neuen vorherrschenden Form des Firmendenkens. Die Marktlogik chakterisiert die Tätigkeit, die an Endkunden verkauft und den Schluß der Veredlungskette bildet. Die Auftragslogik kennzeichnet das Handeln mit erheblichem Kenntnisinhalt, der sich an industrielle oder Unternehmenskunden richtet und damit in der Kette weiter hinten liegt. Die Produktionslogik wiederum charakterisiert eine kapitalintensive Funktion in bezug auf standardisierte Produkte, Material und Komponenten. Eine solche Tätigkeit liegt noch weiter hinten in der Veredlungskette.
Der Zusammenhang von Veredlungskette und Geschäftsdenken ist weit davon entfernt, alleiniger Gesichtspunkt zu sein, da auch andere Faktoren, wie etwa das Wertmilieu des Unternehmens, eine Rolle

spielen. Aber er gibt trotz allem eine wertvolle Anknüpfung an wichtige Strukturveränderungen. Alle unsere Beispiele zeigen einen Wechsel von einer vorherrschenden Denkweise zu einer anderen hin. Bei SAS ist es die Frage des Übergangs von einer Produktions- zu einer Marktlogik hin; bei Ericsson, bei Byggbolaget und bei Eka Nobel ist eine stärkere Betonung der Auftragslogik zu beobachten.

Produktionslogik

In der Produktionslogik steht die Produktivität im Brennpunkt. Der Markt bzw. die Nachfrage werden als gegeben und als nicht beeinflußbar angesehen. Das beruht unter anderem darauf, daß die Technologie große Variationen bei der Gestaltung der Produkte nicht zuläßt. Dies kann auch seinen Grund in den Regulationen haben, die die Konkurrenz begrenzen. Die Konkurrenzkraft wird von einer kosteneffektiven Produktion abhängig.

Die Bedürfnisse des Kunden müssen an das technologisch Machbare angeglichen werden. Somit bekommt die Technologie leicht das größte Gewicht. Besonders bei einem neuen Gebiet wird es zur vornehmsten Aufgabe zu zeigen, wie die neue Technologie funktioniert, weshalb der Schwerpunkt bei der Produktion liegen wird.

Wenn ein Produkt auf dem Markt lanciert wird, stellt man den Kunden vor einen von Experten entwickelten Vorschlag, der verworfen oder angenommen werden kann. Die Beziehung zum Kunden wird von begrenzter Flexibilität gekennzeichnet, da zunächst einmal von den Leistungen des eigenen Produktes her argumentiert wird – andere Aspekte, die durchaus ihren Sinn haben, kommen dabei zu kurz.

Die Produktionslogik geht von einem Ziel aus und sucht die beste Lösung. Damit wird die Analyse das Wesentliche in der Veränderungsarbeit. Bei SAS konnten wir das große Gewicht feststellen, das die alte Unternehmensleitung auf Untersuchungen und Analysen legte. Die Gefahr liegt hier in einer zu starken Betonung auf Expertenlösungen.

Die Produktionslogik beeinflußt auch die Arbeit und durchdringt die sozialen Verhältnisse im Unternehmen. Durch genaue Planung,

Kontrolle und weiteres Vorgehen in diesem Rahmen kann die Technologie gemeistert und die Arbeit rationalisiert werden. Die Arbeitsorganisation wird hierarchisch und spezialisiert, um Unsicherheiten und Störungen durch den Faktor Mensch bzw. durch das verschiedenartige Zusammenspiel von Einsatz und Material, das Produktionsprobleme mit sich bringen kann, zu begrenzen. Detailkontrolle wird aus dem gleichen Grund bedeutend.
Das Verhalten zwischen Chef und Mitarbeiter ist gekennzeichnet durch Chef- bzw. Expertenanweisungen und dem Versuch der Mitarbeiter, diese zu befolgen. Experten- und Regelkenntnis werden somit für die Chefs zur wesentlichen Basis der Machtausübung.

Auftragslogik

Schon das eigentliche Wort »Auftragslogik« kennzeichnet die Sichtweise des Unternehmens: Die Arbeit wird im Auftrag des Kunden ausgeführt. Die Geschäftspraxis wird als Zusammenarbeit zwischen Kunden und Unternehmen definiert. Die Auftragslogik gilt in erster Linie qualifizierten Produkten und Dienstleistungen, die einen hohen Grad an Problemlösung implizieren, damit der Kunde das Produkt, was er braucht, auch bekommt.
In einem Betrieb mit Telephonstationsausrüstung muß man das eigentliche System mit Blick auf die Struktur des Verkehrs und den Bedarf an Diensten formen. Der Auftrag umfaßt in diesem Fall nicht nur Produkte, sondern auch eine beträchtliche Planungs-, Konstruktions- und Designarbeit sowie Dokumentation, Ausbildung und andere Dienstleistungen. Der Kunde kann auf verschiedene Weise am Auftrag dadurch mitarbeiten, daß er die Grundlage für die Designarbeit entwickelt, an der Schulung mitwirkt und die Fortschritte des Auftrags kontrolliert.
Es ist denkbar, daß diese Art der Geschäftspraxis auch nach der Produktionslogik durchgeführt wird. Der Zulieferer kann beispielsweise ein beträchtliches Wissensgebiet haben und ohne größeres Mitwirken des Kunden eine fertige Lösung präsentieren. Die Auftrags- sowie die Produktionslogik bezeichnen eine Denk- und Verhaltensweise, nicht formelle Strukturen.
Nach der Auftragslogik werden Produkte und Dienste im Zusam-

menwirken von Kunde und Lieferant definiert. Hohe Qualität der Auftragstätigkeit ist von beidseitigem Vertrauen abhängig, bei dem gemeinsame Vorstellungen, Dogmen und Werturteile große Bedeutung bekommen. Dies setzt organisatorische und soziale Kompetenz voraus, um etwas in die Wege zu leiten, zu strukturieren und Interaktionen zwischen Kunden und den verschiedenen Teilen der eigenen Organisation handhaben zu können.
Die Auftragslogik beeinflußt auch die Arbeit und die Verhältnisse im Unternehmen. Auf gleiche Art wie zwischen Kunde und Unternehmen soll der Auftrag intern in dem Unternehmen durchgeführt und definiert werden. Sind verschiedene Funktionen im gleichen Auftrag im Spiel, muß eine Koordination die Rolle eines jeden einzelnen innerhalb des Auftrages und einen Zeit- und Ressourcenplan festlegen. Eventuell muß man auch eine besondere Organisation für den Auftrag einrichten. Genausowenig wie eine Tätigkeit geplant werden kann, die auf jeden Auftrag paßt, kann die Organisation im Detail festgelegt werden. Man muß sie statt dessen dem Auftrag anpassen.
Auch die Arbeitsaufgaben der Mitarbeiter müssen der Eigenart des Auftrages angepaßt werden. Dies gilt natürlich bei Projektleitern, Unternehmensberatern und vergleichbaren Positionen, aber gleiches Denken kann auch auf grundsätzlichere Beschäftigungen übertragen werden. Die Arbeit von Vorgesetzten kann als zeitlich begrenzter Auftrag definiert werden. Belohnungen und Bedingungen werden mit den Leistungen im Auftrag verknüpft. Danach wird das Gespräch zwischen Unternehmen und Angestellten in bezug auf einen neuen Auftrag und einen neuen Vertrag geführt. Das Auftragsdenken schafft größere Flexibilität und zwingt auch den einzelnen, eigene Ziele seiner Entwicklung zu formen.

Marktlogik

Die Marktlogik hat ihren Ausgangspunkt in einem Idealkunden, der ein bestimmtes Marktsegment repräsentiert. Es kann zwar Unterschiede bei Kunden innerhalb desselben Segmentes geben, doch kann das durch vorgeplante Wahlmöglichkeiten hinsichtlich Produktgestaltung und Serviceinhalt aufgefangen werden. Oft gibt es unterschiedliche Produktfamilien, etwa bei Automobilmodellen, mit ihrerseits wieder unterschiedlichen Varianten. Das schafft innerhalb eines gegebenen Rahmens größere Wahlmöglichkeiten für den Kunden.

In der Marktlogik wird die Kosteneffektivität den Bedürfnissen des Kunden untergeordnet. Es wird wichtiger, richtige Dinge zu produzieren und zu verkaufen, als richtig zu produzieren. Die Beziehung zum Kunden bekommt also wie in der Auftragslogik große Bedeutung. Sie hat indessen nicht dieselbe Tiefe und verlangt nicht die gleiche Kompetenz wie beim Auftrag. Persönlichkeit und Art und Weise sind relativ wichtiger. Auch Anzeigen, Warenzeichen und Distributionskanäle sind in der Marktlogik wesentlich.

In der Marktlogik sind es die Produktchefs und Marktverantwortlichen, die die Macht haben. Aus diesen Spezialitäten heraus rekrutiert sich die Unternehmensleitung. Sie fassen die wesentlichen ökonomischen Beschlüsse über Marktinvestitionen und steuern die Produktentwicklung. Daher ist auch die Forschung stark produktorientiert. Die Eigenschaften der Produkte werden kontinuierlich verbessert, um neue Bedürfnisse zu schaffen bzw. zu befriedigen.

Die Nähe zum Markt begünstigt eine dezentralisierte Organisation, gleichzeitig müssen Rentabilität des Produktes, Marktsegment und/oder Absatzgebiet beobachtet werden. Das Wirtschaftlichkeitsdenken ist natürlich darauf ausgerichtet, neue Produktvarianten einzuführen und alte, je nach Rentabilität und Nachfrage, niederzulegen.

Intern wie auch in bezug auf den Markt ist es üblich, sich Aufmerksamkeit zu verschaffen und seine eigenen Vorschläge entsprechend darzulegen. Die interne Marktführung wird ein Kind der Marktlogik und führt somit zu einem beträchtlichen Ansteigen interner Informationen. Für Vorgesetzte werden nicht nur Expertenkenntnisse hervorgehoben, sondern auch die Fähigkeit, den eigenen Ideen Gehör zu verschaffen, sowie die zur effektiven Zusammenarbeit.

Von der Produktion zum Markt

Eine Verschiebung des Schwerpunktes im Geschäftsbereich des Unternehmens impliziert nicht nur Veränderungen der Technologie, der Produkte und des Marktes, sondern umfaßt auch eine Reform der Machtverhältnisse, Rollen, Kompetenzentwicklung, der Normen und Leitung. Diese Veränderungen haben wir im Begriff Doktrinwandel festgehalten. Abschließend ist es wichtig, nochmals festzuhalten, daß unterschiedliche Formen des Geschäftsdenkens zusammen existieren können, aber daß in den meisten Fällen eine bestimmte Form vorherrscht.

Unsere Schlußfolgerung auf der Grundlage der vier von uns behandelten Beispiele ist, daß wir eine Bewegung von der Produktionslogik zu einem marktgerichteten Denken feststellen können. Wie schon erwähnt, hat diese Veränderung ihre treibende Kraft nicht nur in der Technologie, der Konkurrenz, der Internationalisierung und den Forderungen an Rentabilität, sondern auch in den veränderten Anforderungen der Mitarbeiter an Arbeit und Führung. Veränderungen bei den Werten stützt sich auf die Veränderung des Geschäftsdenkens. In späteren Kapiteln werden wir im Detail noch einmal auf diesen wichtigen Punkt eingehen.

Kapitel 3

Produktion in neuem Zusammenhang

3

Die Rolle der schwedischen Unternehmen in der internationalen Wirtschaft hat ihre Wurzeln in der Produktion. Die Leitungen der schwedischen Unternehmen haben mit anderen Worten ihre Wurzeln im Produktionsdenken. Den Produktionsfragen kommt jedoch in der neuen Doktrin nicht die gleiche zentrale Stellung zu wie in der alten, was natürlich nicht bedeutet, daß Bedingungen und Funktionsweise in ihrer Bedeutung gesunken wären. Eher ist es so, daß die Produktion in der neuen Doktrin in einen neuen Zusammenhang gestellt worden ist.

Man kann sagen, daß Produktionsfragen in der neuen Doktrin eine hohe Priorität bekommen und so zu einer neuen Geschäftsstrategie geführt haben. Früher haben schwedische Unternehmen am internationalen Handelsaustausch auf Grundlage qualitativ hochwertiger Rohstoffe oder einzigartiger Konstruktionen und einer effektiven Produktion teilgenommen – weniger jedoch durch Geschäftsmäßigkeit oder eine handelsstrategisch günstige geographische Situation. Für eine produzierende Nation sind Begriffe wie Sorgfalt und Qualität, effektives Ausnutzen von Ressourcen und sichere Lieferungen signifikant. Diese Werte der Produktion haben die Auffassung von effektiver Organisation und produktivem menschlichen Einsatz geprägt. Auf dieser Einstellung heraus waren die Kontakte zum Endverbraucher gering. Marktführungs- und Verhandlungsgeschick bzw. die Fähigkeit, sich in die Bedürfnisse des Kunden hineinzuversetzen, sind vielleicht deshalb weniger im Vordergrund stehende Werte in schwedischen Unternehmen geworden.

Hier muß die Produktion einer Anzahl veränderter Bedingungen angepaßt werden. Veränderungen bei Technologie, Märkten, Kostenstrukturen und Werturteilen haben teilweise frühere Formen

und Denkweisen für die Produktion unbrauchbar werden lassen, ohne direkte Anweisungen über neue zu geben. Außer Veränderungen im Geschäftsdenken hat die schnelle und drastische Umwandlung der Produktionstechnologie die Manager vor neue Herausforderungen gestellt, und man kann nun von einem internationalen Wettbewerb sprechen, der darin besteht, wer am geschicktesten die Voraussetzungen der neuen Technik nutzt.
Volvo ist durch seine starke internationale Abhängigkeit und seine vielfältige Professionalität ein ausgezeichnetes Studienobjekt, wenn man die Dynamik des Veränderungsprozesses und neue organisatorische und soziale Zusammenhänge der Produktionsfragen aufzeigen will. Die empirische Grundlage dieses Kapitels stammt deshalb von Forschungsprojekten, in denen die Motorenabteilung bei Volvo Komponenter AB in Skövde und Volvo Flygmotor AB in Trollhättan eingehen.

Volvo – eine Umgebung für neue Ideen

Die Fließbandarbeit, die die Industrie der Nachkriegsjugend anbot, war nicht attraktiv genug, und so wurden hier Nachwuchsprobleme und hohe Fluktuation schnell das vorherrschende Problem. Die Produktivität wurde zu der Frage reduziert; wie man die Werkstätten besetzen und die Produktion aufrechterhalten kann – die vorherrschenden produktionstechnischen Denkweisen wurden immer mehr in Frage gestellt.
Man begann, Richtlinien in bezug auf eine soziotechnische Auffassung der Organisation zu entwickeln, wo die Anpassung der Technik auf die Bedürfnisse und die Voraussetzungen der Mitarbeiter im Vordergrund standen. In der Motorenfabrik von Skövde war man frühzeitig hellhörig auf die neuen Signale geworden. Hier hatte man die gleichen Personalprobleme wie in der übrigen Industrie gehabt, war jedoch bereit, neue Wege einzuschlagen. Ein Pilotprojekt über die neue Rolle von Vorarbeitern und Gruppenarbeit mit wissenschaftlicher Unterstützung wurde Anfang der Siebziger für einige Zeit in einer bestehenden Abteilung betrieben. Der Versuch hatte keinen dauerhaften Einfluß auf die Arbeitsorganisation, war aber später

eine wichtige Erfahrung für den Vorarbeiter geworden, der sich aktiv am Projekt beteiligt hatte und später einer der Neugestalter bei Arbeitsorganisationsfragen wurde. In den Abteilungen des Betriebes, die während dieser Zeit am Projekt beteiligt waren, führten die neuen Gedankengänge später weitgehende Konsequenzen mit sich.

Für die Benzinmotorenfabrik, die 1974 fertiggestellt war, hatte man schon vor dem Projekt deutliche soziale Ziele formuliert und arbeitsorganisatorische Grundsätze aufgestellt, die mit dem bis dahin in der schwedischen Industrie Gültigen brachen. In der sogenannten E-Fabrik hatte man die Fließbandarbeit als Idee aufgegeben und Montagegruppen eingeführt, die an stillstehenden Motoren und mit deutlich längeren Arbeitsphasen arbeiteten. Innerhalb dieser Gruppen wechselte man die einzelnen Arbeitsschritte, und die Gruppe konnte Arbeitstakt und Pausen selbst bestimmen.

Auch in der Maschinenbearbeitung hatte man mit Hilfe automatisierter Technik eine Gruppenorganisation geschaffen, in der die Gruppe erweiterte Befugnisse hatte. Außerdem hatte man das Arbeitsumfeld in der neuen Anlage verbessert und behaglichere Arbeitsstätten geschaffen. Im großen und ganzen waren die Erfahrungen mit den neuen Organisationsprinzipien sowohl in wirtschaftlicher als auch in menschlicher Hinsicht sehr gut.

Mitte der siebziger Jahre war die E-Fabrik ein Modell für gute Arbeitsorganisation und fand auch ein beachtliches internationales Interesse. Innerhalb der Motorenabteilung waren jedoch die Meinungen über die Segnungen der neuen Zeit geteilt, und viele wiesen die Grundgedanken der soziotechnischen Philosophie und die gemachten Erfahrungen zurück. Besonders groß war der Widerstand bei den Vorgesetzten der mittleren Ebene und bei Experten, die jene Stütz- und Kontrollfunktionen innehatten, mit denen die großen Unternehmen ihre Produkte koordinieren und die Kapazität erhöhen. Es fehlten die klaren Zeichen der höchsten Führung, in welche Richtung die Entwicklung vorangetrieben werden sollte.

Im Schußfeld der Debatte über die Organisation und Demokratisierung der Arbeit in den siebziger Jahren standen die Vorarbeiter. Höhere Chefs hatten weniger Kritik erfahren. Bei der Einführung sich selbst verwaltender Arbeitsgruppen war die Funktion der Vorarbeiter stark in Frage gestellt worden. Viele von ihnen fühlten sich deshalb in dieser Zeit stark bedrängt und von den Arbeitgebern im Stich gelassen, da diese nicht immer klar Stellung für ihre sehr loyalen Vorarbeiter bezogen hatten. Folglich waren sie auch innerhalb der Motorenabteilung den neuen Ideen gegenüber oftmals feindlich eingestellt, da diese die Befugnisse und Selbständigkeit der Arbeitsgruppen erhöhten. Die Erfahrungen in Skövde zeigten auf der anderen Seite, daß die Vorarbeiter auch im positiven Sinne Bedeutung dahingehend hatten, ob eine neue Organisationsform Lebenskraft haben würde. Viele Vorarbeiter zeigten großes Interesse an der Entwicklung neuer Arbeitsformen.

Das Vara-Modell

Innerhalb der Motorenabteilung war das Interesse an neuen Arbeitsformen in den späten siebziger Jahren beträchtlich abgekühlt. Gemachte Fortschritte blieben im großen und ganzen bestehen, aber erwartete Weiterentwicklung und Verbreitung blieben aus. Dazu kam, daß es eine unsichere Zeit für die Zukunft der Automobilindustrie war und Investitionen für neue Anlagen gering waren. Trotzdem überwinterte der soziotechnische Organisationsstandpunkt bei einzelnen Angestellten, und in der zweiten Hälfte der siebziger Jahre bot die Vara-Fabrik die Möglichkeit zu einem neuen Projekt.

Die Dieselmotorenfabrik in Vara wurde als kleinere Kopie auf der Grundidee der E-Fabrik geplant. Sie wurde ca. 70 Kilometer von der Mutteranlage entfernt in Skövde in die Provinz verlegt. Der Grund war, die Anstellung von festem Personal zu erleichtern. Dagegen war nicht geplant, die Fabrik in bezug auf Organisations- und Personalfragen neu zu gestalten. In der Praxis wurde die Vara-Fabrik mit ihren etwa 100 Angestellten sehr radikal in ihrer Organisationsentwicklung, vor allem durch eine sehr interessierte Leitung und das direkte Engagement des Personals und der Gewerkschaftszelle des Betriebes.

In dieser Fabrik war die Gruppenorganisation als Voraussetzung mit eingeflossen. Aus unterschiedlichen Gründen wich auch die Oberstruktur der Vorgesetzten und Angestellten vom üblichen Muster ab. Die Leitung bestand lediglich aus dem Fabrikchef und zwei leitenden Angestellten. Einer dieser beiden hatte am früheren Organisationsversuch in Skövde teilgenommen und dabei wertvolle Erfahrungen gemacht. Da keine Werkmeister eingesetzt wurden, teilte man deren Befugnisse und Aufgaben den Arbeitsgruppen zu. Man setzte auch auf systematische Kompetenzentwicklung in den Gruppen mit Hilfe eines harmonisierten Gehaltssystems. Dadurch, daß das Produktionsvolumen niedriger als geplant wurde, konnten auch die Stabsressourcen der Fabrik auf ein Minimum eingeschränkt werden, was in der Kombination mit dem geographischen Abstand von Skövde die Selbständigkeit der Leitung und des Personals und die Möglichkeiten unorthodoxer Lösungen erhöhte.

Die Entwicklung der Fabrik in Vara war im Verhältnis zur Einheitsleitung in Skövde nicht konfliktfrei. Von fundamentaler Bedeutung war deshalb die Unterstützung der Entwicklungsarbeit durch ein zentrales Komitee für Organisationsentwicklung in der Motorenabteilung. Dort konnten Ideen verankert werden – und man bekam Bestätigung für Lösungen, die vom gängigen Muster abwichen oder die riskant erschienen. Eine zentrale Stabsperson über einen langen Zeitraum war der »speaking partner«, der durch Unterstützung und Kompetenz seinen Teil dazu beitrug. Für das Komitee in Skövde bedeutete dessen aktives Engagement in der Entwicklung der Fabrik in Vara, daß man den Kontakt zur soziotechnischen Tradition beibehielt und wichtige Erfahrungen machte. Das Komitee spielte später eine zentrale Rolle als Richtlinienorgan und für die fortgesetzte Entwicklung der Führungsphilosophie der Motorenabteilung.

Das Vara-Konzept brach auf vielfältige Weise mit der vorherrschenden Skövde-Tradition. Die Leitung in der neuen Fabrik war in hohem Maße mit Vollmachten versehen, und die Führungsformen waren von Dialogcharakter geprägt. Die geringe Anzahl von Vorarbeitern und Angestellten, die enge Zusammenarbeit von Firmenleitung und Gewerkschaft und das neue Lohnsystem waren sehr fremde und potentiell bedrohende Elemente, ebenso wie die Grundphilosophie, die Kontrolle zu vermindern und auf die Kompetenz und das Engagement des Produktionspersonals zu vertrauen. Die Erfahrungen von Vara waren eindeutig gut, aber ebenso wie im Falle der E-Fabrik war das Interesse an vielen Stellen in Skövde gering, um nicht zu sagen negativ. In unterschiedlicher Weise wurde das Führungspersonal der Fabrik in Vara gesondert behandelt.

Die komplexe Forderungssituation

Lange Zeit hatten hohe Peronalkosten die Debatte über die Konkurrenzfähigkeit in der schwedischen Wirtschaft geprägt. Rationalisierungsbestrebungen waren einseitig auf direkte Personalkosten gerichtet. In der zweiten Hälfte der siebziger Jahre begann man auf breiter Front, die Forderung nach einer verminderten Menge Kapital, das an Material und Waren in der Produktion gebunden war, einzusehen und die Nutzung getätigter Investitionen zu erhöhen. Eine neue Geschäftseinstellung wurde formuliert.

Die komplexeren und avancierten Produkte, die auf dem internationalen Markt plaziert waren, wiesen in der Regel einen teuren Rohstoffanteil auf, so daß ein größerer Mehrwert dem Produkt zugeführt wurde, bevor es für die Auslieferung fertig war. Der Kostenanteil für eingekauftes Material erhöhte sich dramatisch. Daher war es geraten, den Durchlauf in der Produktion zu beschleunigen, wo die Wartezeit bis zu 90 Prozent der Zeit ausmachen konnte, die ein Produkt in der Firma war. Die Umsatzgeschwindigkeit des Kapitals mußte erhöht werden, und das japanische Beispiel war hier ein wichtiger Impulsgeber.

Da seit den sechziger Jahren alles, was produziert wurde, auf den Märkten abgesetzt werden konnte, die standardisierte, massenproduzierte Produkte akzeptierten, hatte sich der Markt auf vielfältige Art verändert. Volvo hatte seinen Markt global definiert, und die Konkurrenz hatte sich beträchtlich verschärft. Die Produkte mußten Marktnischen angepaßt werden bei einer Ausrichtung auf spezielle Kundengruppen, die von Land zu Land verschieden sein konnten. Des weiteren verlangte der Konsument nach stärker individuell angepaßten Produkten. Der schwedische Produktionsapparat stand nun vor einer Umstellung, die die Fähigkeit verlangte, eine große Anzahl von Varianten für die unterschiedlichen Märkte und Kundenanforderungen zu produzieren. Der Produktionsapparat mußte somit flexibler gemacht werden – was auch geschah: So verzehnfachte sich beispielsweise bei Volvo die Palette der Benzinmotoren in nur fünf Jahren. Zu einem wesentlichen Aspekt bei der Kapitalrationalisierung entwickelte sich die starke Betonung der Liefersicherheit. Der Kunde will nicht länger große Lager haben, sondern seine Lieferung zu einer bestimmten Zeit und in kleinen Mengen. Eine verspätete Lieferung zieht nämlich weitgehende Konsequenzen in einem komplexen Versorgungssystem nach sich.

Volvo baut seit jeher auf ein umfassendes Netz von Zulieferern. Im Prinzip muß die Motorenabteilung zeigen, daß man im Vergleich zu den externen Produzenten konkurrenzfähig ist. Außerdem benutzt die Abteilung eine große Anzahl externer Detaillieferanten. Dadurch wird der Prozeß besonders störungsempfindlich und der Druck größerer Kunden auf kleine Zulieferer stärker. Dies bedeutet, daß diese die Kapitalkosten der großen Unternehmen tragen müssen. Die Tendenz geht jetzt in Richtung auf weniger Lieferanten mit stärkerer Anbindung an das Unternehmen.

Über die früheren Forderungen an Produktivität und Qualität hinaus mußte man die Forderung nach schnellen und häufigen Umstellungen der technischen Ausrüstung zwischen dem Tausch der Varianten bewältigen und die Ausfallzeiten aufgrund von Unfällen, Werkzeugtausch und Instandsetzung minimieren, um die Durchlaufzeiten der Produkte und die Menge gebundenen Kapitals zu verringern. Des weiteren mußten Ressourcen schnell umverteilt werden können und Beschlüsse in kurzer Zeit gefaßt werden, um unvorhergesehene Probleme in der Produktion abwehren zu können. Die Steuerung des Materialflusses und der Produktionsressourcen war ein neuer bedeutender Wirtschaftlichkeitsfaktor geworden.

Die Motorenabteilung reagierte nicht unmittelbar auf die neue und deutlich komplexere Anforderungslage, die sehr schnell gewachsen war. Rationalisierung handelte noch lange von Mannzeiten und Produktivität in begrenztem Sinn. Während einer langen Zeit in den siebziger Jahren, als die ganze Autoindustrie in einer Krise war, entschloß sich Volvo, Mittel in die Entwicklung einer neuen Personenwagenserie zu stecken – und die maschinentechnische Entwicklung in der Motorenabteilung stand praktisch genommen still. »Ein produktionstechnisch gesehen verlorenes Jahrzehnt«, wie es jemand ausdrückte. Die Fließband- und Transportstruktur, die Anfang der siebziger Jahre installiert wurde, war zehn Jahre später immer noch die modernste im ganzen Unternehmen.

In den achtziger Jahren jedoch investierte man sehr stark in moderne Ausrüstungen und Anlagen. Werkzeugmaschinen und Robotertechnik hatten sich dramatisch entwickelt, und der Grad an Automatisierung hatte durch die Computerisierung einen Sprung nach vorne getan. Die früheren Spezialmaschinen waren effektiv, aber unflexibel. Nun konnten computergesteuerte Mehroperationsmaschinen und Roboter zu einem flexiblen Produktionssystem mit kleiner Belegschaft kombiniert werden. Das Wechseln zwischen unterschiedlichen Varianten und der Werkzeugtausch gehen in einem solchen System in einem Bruchteil der Zeit über die Bühne, die an den früheren Fließbandstrecken gebraucht wurde. Dies entsprach dem Bedarf, viele Motorvarianten in kleiner Stückzahl herstellen zu können.

Die neuen, Anfang der achtziger Jahre installierten Systeme stellten auch andere Forderungen an das Personal, die Organisation und die Leitung. Der vor vierzig Jahren eingeleitete Trend in Richtung erhöhter Kontrolle und Dequalifizierung des Personals, der nur mit sporadischen Unterbrechungen die Blickweise der Produktionsleitung dominiert hatte, wich nun einer Dezentralisierung und einem Setzen auf erhöhte Kompetenz und größere Befugnisse direkt innerhalb der Produktion.

Kapitalrationalisierung und Flexibilität bedeuten nicht, daß Qualitätsfragen weniger wichtig wurden. Mit dem neuen Personenwagenmodell tat man den Schritt in einen exklusiven Marktanteil. Qualitätsfragen wurden nun noch wichtiger. Für Volvo ist hohe Qualität eine Frage des Überlebens in der Nische, der man sich verschrieben hat, und Qualität wurde zu einem Leitstern der neuen Führungsphilosophie. Auch ist Produktivität, gemessen an Mannzeiten, noch immer eine Forderung, die zumindest mit den jetzigen Methoden der Weiterentwicklung die Werte der Tätigkeit prägt. Auch in der weiterhin arbeitsintensiven Montagearbeit ist die Mannzeitproduktivität ohne Zweifel ein bedeutender Faktor. In den modernen, hochautomatisierten Bearbeitungssystemen sollte zumindest die Zugänglichkeit der Ausrüstung wichtiger sein.

Steuerung und Planung der Produktion und des Materialstroms sind mit dieser Entwicklung zu einem immer wichtigeren Instrument der Effektivität geworden. Die MPS-Funktion (Material- und Produktionssteuerung) ist der neue Machtfaktor geworden, der mit Hilfe von Computern die sehr komplexen Ströme von Material und Aufträgen unter Berücksichtigung wirtschaftlicher Faktoren ordnet.

Zwei Blickweisen standen sich gegenüber, als es galt, diese Situation vieler und untereinander entgegengesetzter Forderungen zu handhaben. Die eine ist von einem totalen Glauben an Technik geprägt, wobei die Vorstellung in Richtung perfekt gesteuertem Betrieb geht. Die andere ist, daß die Produktion störanfällig und verwundbar ist, so daß menschliches Improvisationsvermögen und Flexibilität Voraussetzungen für das komplexe und im Prinzip ganz programmierte System ist. Die dezentralisierte Informationsausstattung wird somit mehr als Hilfe denn als Regulierungsinstrument gesehen. Von ein und derselben Geschäftsidee ausgehend, könnte man zwischen zwei unterschiedlichen Produktionsphilosophien wählen.

Beteiligung und Engagement vom Boden bis zum Dach

Vor dem Hintergrund des technischen Fortschritts ist es nicht verwunderlich, daß die erste Sichtweise viele Fürsprecher innerhalb der Motorenabteilung hatte. Der Gedanke war, dem Problemfeld Kapazität, Qualität und Produktivität mit moderner Technik zu begegnen. Die Abhängigkeit vom menschlichen Faktor sollte somit abgebaut werden, um zu einer Verstärkung des mechanischen Organisationsvorbildes zu kommen.

Die entgegengesetzte Sichtweise – Technik habe sich mehr an menschlichem Einsatz und bewußter Organisationswahl zu orientieren – fand jedoch stärkeres Gehör. Kompetenz und Engagement des Personals wurden als ausschlaggebend für die Konkurrenzkraft in einem Bereich gesehen, wo moderne Technik allgemein zugänglich ist. Alle großen Investitionen, die in den achtziger Jahren in dieser Abteilung getätigt worden waren, waren, wirtschaftlich gesehen, nicht gerade förderlich gewesen.

»Der Mensch im Zentrum« ist ein Schlagwort in der Motorenabteilung, das von der Unternehmensleitung zu Beginn der achtziger Jahre formuliert wurde, um die Abhängigkeit der Technik festzuhalten. Seit vielen Jahren war eine fortlaufende Dezentralisierung vonstatten gegangen, die hauptsächlich bedeutete, daß Stabsressourcen von der Unternehmensleitung zu den Erfolgseinheiten Benzin- bzw. Dieselmotoren geführt wurden. Die turbulente Umgebung und die komplexe Anforderungssituation bedeutete, daß Probleme näher an der Wirklichkeit gelöst werden mußten. Das war die Vermutung, die angestellt wurde. Trotzdem wollte man das gesamte Unternehmen in eine bestimmte Richtung hin entwickeln und die Tätigkeiten koordinieren. Das Mittel waren jedoch jetzt nicht mehr die zentralen Stäbe. Statt dessen machte sich die Unternehmensleitung zum Fürsprecher bestimmter Werte, die zu einer Führungsphilosophie zusammengefügt wurden, mit deren Hilfe die Koordination geschehen sollte.

Die Erfahrungen hatten bis dahin auf Suboptimierungsprobleme und auf Schwierigkeiten gedeutet, Durchschlagskraft für isolierte Einsätze durch den Typ der »neuen« Arbeitsorganisation zu erreichen. Durch eindeutige, wertmäßige Zeichen sollte es leichter sein, Entwicklungsbestrebungen auf allen Gebieten – Personalpolitik, Organisationsentwicklung, Ausbildung, Lohnsystem, Führung usw. – in der ganzen Organisation unter Beibehaltung einer dezentralisierten Beschlußfassung bei konkreten Fragen zu koordinieren.

Man gab dem Bedarf an Risikobereitschaft und Neuschaffung in einem traditionellen, sicherheitsorientierten Unternehmen Ausdruck. Die Aussagen der Arbeitsleitung, Vorarbeiter sollten Fabrikanten sein, dokumentierten die selbständigere und vollständigere Rolle des Abteilungsleiters. Um die Isolierung des Produktionsunternehmens und der kompetenten Zulieferer auf dem Markt in bezug auf den Kunden zu brechen, versuchte man, auf unterschiedliche Art Geschäftsmäßigkeit und Marktorientiertheit zu verstärken. Die neue Philosophie betonte den Einfluß des Kunden. »Der Kunde im Zentrum« war deshalb eine andere wertende Aussage.

Eine Reihe von Thesen wurden in einer Art »Organisationscredo«, das an alle Angestellten verteilt wurde, formuliert, um das angestrebte Ziel zu präzisieren. Das Setzen auf menschliche Kompetenz, Beteiligung und Engagement waren die Hauptprinzipien. Ausdrükke wie die oben zitierten können als klischeebetont und somit zu nichts verpflichtend (was sie ja letzten Endes auch sind) verstanden werden, doch in der Motorenabteilung und bei Volvo Komponenter sollen sie vor dem Hintergrund eines mindestens fünfzehnjährigen Strebens nach Überprüfen der Produktionsleitungsphilosophie gesehen werden.

Die Philosophie, die den ganzen Bereich von Volvo Komponenter unter der Bezeichnung »Volle Rolle« umfaßt, soll also das Resultat eines langen Lernprozesses, der auf ernstgemeinten und ehrgeizigen

Bemühungen um neue Lösungen in der Personalpolitik, der Arbeitsorganisation und der Verbindung zu den Gewerkschaften basiert, gesehen werden. Es gibt auch geschäftsstrategische Motive für die neue Leitung, und der Einsatz bei der Organisationsentwicklung wurde als ein wichtiger Teil der Firmenidee gesehen.

»Volle Rolle« blieb deshalb nicht im Sloganstadium stehen. Eine Reihe von Anstrengungen wurde unternommen, um die Ernsthaftigkeit zu zeigen. Konkrete Maßnahmen wurden ergriffen und in die Organisation eingebaut. »Kompetenzentwicklung« hieß der Sammelbegriff für die Entwicklung des Personals und der Organisation. Zu den größeren Maßnahmen gehörte ein umfassendes Weiterbildungsprogramm für Vorarbeiter, die ja als Schlüsselgruppe der sogenannten Fabrikantenschule identifiziert wurden. Entsprechendes geschah auf der Technikerseite. Durch den auf vielen leitenden Positionen vollzogenen Generationswechsel in der ersten Hälfte der achtziger Jahre hatte man auch in der Beförderungspolitik die Gelegenheit gehabt, die neuen Ziele zu markieren. Führungsentwicklungsprogramme und Offenheit der Umbewertung gegenüber half, alte Vorstellungen zu brechen. Breit angelegte Informationskampagnen, Ausbildungswochen für alle Angestellten und sich wiederholende Meinungsuntersuchungen, die genau analysiert wurden, waren andere sichtbare Maßnahmen.

Das Einführen der neuen Strategie war jedoch nicht problemlos. Die stark dezentralisierte Führungsphilosophie setzt eine Wertegemeinschaft als zusammenhaltendes und – wenn es explizit gemacht wird – leitendes Instrument voraus. Gleichzeitig enthält die Dezentralisierung die Versuchung, den Zuwachs und die Unabhängigkeit weiter unten in der Organisation zu verstärken. Es gibt auch Wertkonflikte zwischen Unternehmensleitung und der Leitung auf der Endstufe der Produktion. Im Falle der Motorenabteilung ist außerdem der Einfluß des Kunden, das heißt der einzelnen Autofabriken Volvos, unerhört stark durch die Forderung nach Liefersicherheit und Volumenaufnahmefähigkeit. Der Kunde hat ebenfalls einen entscheidenden Einfluß bei der Preisgestaltung des Produktes und bei Investitionsbeschlüssen. Dies führt dazu, daß die Leitung der Motorabteilung es schwer hat, ihre Absichten zu erreichen – ihre Stimme wird zu einem leisen Flüstern im Sturm des horizontal wirkenden Produktionssoges.

Der naheliegende Schritt einer weiteren Verstärkung von der Kundenabhängigkeit ist gerade von Volvo Komponenter gemacht worden. Die Abteilungsebenen wurden entfernt, und durch die Einführung von Geschäftsgebieten, von denen zwei die Personenwagen bzw. die Schwertransporter umfassen, hat man Konsequenzen aus der starken Kundenabhängigkeit gezogen. Gleichzeitig hat man den Ehrgeiz, den Charakter des Unternehmens, nämlich ein technisch avanciertes Produktionsunternehmen zu sein, auf jeden Fall zu bewahren. Eine Frage für die Zukunft wird sein, wie weit man in der Lage ist, die Linie einer stark dezentralisierten Leitung und eine weitgehende Anpassung der Organisation an die Kunden aufrechtzuerhalten.

Arbeitsformen der Zukunft

Wenn die siebziger Jahre mit dem Streben nach kollektiven Arbeitsformen durch Gruppenarbeit und Delegieren von Befugnissen an die Arbeitsgruppe geprägt waren, so scheinen die neunziger Jahre in hohem Maße das Individuum zu betonen. Die Anlagen, die in den neunziger Jahren Volvo-Motoren produzieren sollen, werden nun in die Schlußfolgerung miteinbezogen bzw. befinden sich schon darin. Das spiegelt viele der im Unternehmen bis jetzt gemachten Erfahrungen wider. Somit wird eine weitere Dezentralisierung betont und auf Arbeitsgruppen gesetzt. Hingegen gibt es weniger kollektive Anreize, und dem Bedarf nach Kompetenzentwicklung wird teilweise durch Anstellung von Personen mit hoher Ausbildung, teilweise durch Karriereplanung auch für Arbeiter, sowie Lohnformen, die persönlichen Einsatz belohnen, Rechnung getragen. Während man die Bedeutung der einzelnen Vorgesetzten für den Betrieb und dessen Entwicklung betont, nimmt man eine abwartende Haltung ein, wie zukünftige Chefstrukturen aussehen werden, wie viele Ebenen man haben wird und wie die Chefrolle geformt sein soll.
Bei dieser Art von Organisationsfragen findet man heute den Unwillen, Lösungen im voraus zu formulieren, und man läßt sich Organisations- und Arbeitsformen lieber organisch entwickeln. Die immer rigidere und Einzelheiten regulierende Produktionsphilosophie, die in den ersten Nachkriegsjahrzehnten aufkam, wurde allmählich von

dem flexiblen und situationsangepaßten Organisationsblickwinkel der soziotechnischen Systemtheorie abgelöst. Heute gibt es in den Unternehmen sehr viel Erfahrung bei der Organisationsentwicklung und ganz klar formulierte Werturteile, von denen aus man weniger an ein ganz bestimmtes Organisations- und Leitmodell gebunden ist.

Volvo Flygmotor

War Volvo Komponenter von Marktbedingungen eines Massenkonsums geprägt, so ist Volvo Flygmotor der direkte Gegensatz. Man baut Flugzeugmotoren auf Lizenz sowie Komponenten in kleiner Anzahl und in kurzen Serien. Die Herstellung wird von extrem hohen Qualifikationsanforderungen, von Produkten mit komplexer Geometrie und schwer zu bearbeitendem Material geprägt. Folglich ist das Unternehmen in hohem Maße technikorientiert, herrscht außerdem ein hohes Ausbildungsniveau im gesamten Bereich. Innerhalb des gesamten Unternehmens ist der Glaube an fortschreitende Technik als Problemlösung spürbar, wird ein technischer Professionalismus betont.
Volvo-Flugmotoren wie auch Volvo-Komponenten mußten sich veränderten Bedingungen anpassen, die jedoch mit verringerten einheimischen Bestellungen seitens des Militärs zusammenhingen und die Orientierung an einen ausgeprägten internationalen Zivilmarkt erzwangen, der von einer kleinen Anzahl sehr mächtiger Kunden beherrscht wird. Diese stellen strenge Anforderungen an Qualität und Liefersicherheit. Aufgrund des teuren Materials und der Produktpalette ist der Bedarf nach Kapitalrationalisierung durch verkürzte Produktionsdurchlaufzeiten stark. Gleichzeitig ist die Anzahl unterschiedlicher Produkte groß, was zu einer funktionellen Organisation der Produktion mit Spezialabteilungen für Drehen, Bohren, Fräsen etc. zwingt. Dies schafft eine unerhört komplexe Material- und Produktionssituation und große Unterschiede bei der Belegung jeder einzelnen Abteilung und Maschine.
Das Unternehmen besitzt ein solides technisches Können und kann sich mit Erfolg auf dem internationalen Markt behaupten. Man ist offen für technische Neuheiten, und man hat einen qualifizierten

modernen Maschinenpark. Gleichzeitig sind aber auch Organisations- und Arbeitsformen zu finden, in denen das Bewußtsein vorherrscht, als Zulieferer der schwedischen Verteidigung eine sichere Position zu haben, die nicht vom Wettbewerbsdenken des freien Marktes geprägt ist – obwohl dies keineswegs der Realität entspricht.

Von fachlicher Seite her sieht man die Bedrohung aus einer fortgesetzten technischen Entwicklung heraus, die eine Verarmung der immer noch qualifizierten Mitarbeiter mit sich bringen kann. Man befürchtet, daß deren Rolle zu bloßer »Knöpfedrückerei« reduziert wird. Die Unternehmensleitung hat Schwierigkeiten, genügend qualifizierte Mitarbeiter anzuwerben, und versucht daher, die Arbeitssituation attraktiver zu machen. Man ist sich im Unternehmen darüber einig, daß man trotz einer technischen Entwicklung in Richtung erhöhter Automatisierung und Computerisierung auch in Zukunft von qualifizierten Kenntnissen des Firmenpersonals abhängig ist.

Dies waren die Prämissen von Volvo-Flygmotor, sich an einem konkreten Versuchsprojekt mit der Einführung neuer Technik, Arbeitsorganisation und Leitung zu beteiligen.

Am Projekt nahmen Forscher teil, die über technische und organisationspsychologische Erfahrungen verfügen. Initiiert wurde das Projekt vom Forschungsausschuß der Maschinenbauindustrie, und es wurde mit direkter Unterstützung der Metall- und Maschinenvereinigung betrieben. Innerhalb des Unternehmens wurde eine Drehereiabteilung mit rund zwanzig Angestellten als Pionierabteilung ausgewählt. Eine Leitungsgruppe wurde unter Mitmischung der lokalen Gewerkschaftsgruppen, dem des Produktionschefs, eines Betriebsleiters und des Abteilungsleiters der Dreherabteilung eingerichtet. Während der Durchführung des Projektes wurde eine weitere Gruppe mit Repräsentanten der Dreherabteilung und deren Stabs- und Serviceabteilung innerhalb der Werkstatt eingerichtet.

Das Projekt begann mit einer Phase, in der man die Erfahrungen der technologischen Entwicklung innerhalb des Unternehmens aufnahm und die veränderten Bedingungen unter der Philosophie, daß alle an den Ausgangspunkten der Strategie beteiligt sein sollten, feststellte. Des weiteren wurde in einem Dialog zwischen Leitungsgruppe und der betroffenen Dreherabteilung ein wünschenswertes Organisationsmodell formuliert. Das Ergebnis des Dialoges war ein prinzipielles Modell für eine neue Arbeitsorganisation, das unter anderem eine geringere Abhängigkeit an die technische Ausrüstung für Bedienungskräfte vorsah sowie Gruppenarbeit, erhöhte Befugnisse der Abteilung, größere Selbständigkeit und Möglichkeiten zur Kompetenzentwicklung für das Personal. Die Rolle der Vorarbeiter sollte im Verhältnis zu den selbständiger werdenden Arbeitsgruppen verändert werden.

Aus den verschiedenen Teilaspekten dieses Szenarios heraus wurden Arbeitsgruppen mit Repräsentanten für die Dreherei und davon betroffene Spezialfunktionen geschaffen, die konkrete Lösungen aus den prinzipiellen Stellungnahmen des Modells formulierten.

Für alle Beteiligten bedeutete das Projekt, daß alte Erfahrungen und Grundannahmen auf den Kopf gestellt wurden. Neue Relationen und Kommunikationsmuster entstanden, die zu neuen Lösungen organisatorischer Probleme und zu einem sichtlich verbesserten Klima der Zusammenarbeit zwischen Dreherei und den verschiedenen Stabsabteilungen führten. Das Verständnis für die Situation des anderen erhöhte sich. Alle auftauchenden Fragen hatten ihren Grund in Produktionsproblemen, und Lösungen wurden von dem Streben geprägt, Anforderungen des Produktionsablaufs mit den Bedürfnissen des Personals zu verbinden.

Der Bruch mit alten Anschauungen in einer ausgewählten und speziellen Abteilung hat zwischenzeitlich Rückwirkungen auf das ganze Unternehmen. Nicht zuletzt ist die Stellungnahme der höchsten Leitung von entscheidender Bedeutung für den Prozeß auf unterem Niveau in der Organisation. Bei einer kritischen Begebenheit erlebten die Angestellten der Abteilung, daß man nicht weiterkam und daß nichts geschah, um ihre Vorschläge in die Praxis umzusetzen. Die Metallvereinigung drohte, sich aus dem Projekt zurückzuziehen, und sprach beim Produktionschef vor. Man wollte Klarheit darüber haben, ob die Unternehmensleitung es ernst meinte. Auch die Zwischen- und Arbeitsleitung brauchten eindeutige Signale, in welcher Richtung sich das Unternehmen entwickeln wollte.

Der Produktionschef verpflichtete sich, seine Sicht von der strategischen Situation des Unternehmens schriftlich auszuführen, ferner, wie sich die Arbeitsorganisation entwickeln sollte. Es zeigte sich, daß dieses Dokument den traditionellen Standpunkt bekräftigte –

und es war trotz der Mitwirkung des Produktionschefs gänzlich unvereinbar mit den Prinzipien, die im Organisationsmodell zum Ausdruck kamen. Wenn das Szenario Dezentralisierung und erweiterte Kompetenz im Produktionsbereich ausdrückte, so verstärkte das Dokument eher die bestehenden Arbeitsformen. Als darauf hingewiesen wurde, bot der Produktionschef eine Umarbeitung an. Dies gab ihm die Möglichkeit einer mentalen Überprüfung, die letztendlich dem Projekt eine reelle Bedeutung gab und persönliches Engagement schaffte. In diesem Prozeß konnte er sehen, daß es im Organisationsmodell Möglichkeiten gab, eine komplexe Situation, die von vielen und gegensätzlichen Forderungen geprägt war, organisatorisch zu lösen.

Nachdem der Standpunkt der Unternehmensleitung deutlich geworden war, ging die Durchführung des Projektes deutlich einfacher vonstatten, und die konkreten Veränderungen konnten stattfinden, was unter anderem die Aufteilung in Arbeitsgruppen nach Maschinentyp, einen neuen Abteilungsentwurf, Kontrolle der Qualität durch die Bedienungskraft und die Plazierung von Meßgeräten in den Gruppen, eigene Terminals, die an die wichtigen Planungssysteme angeschlossen waren, sowie weniger Abhängigkeit von der Planungsabteilung, Mitwirken der Bedienungskräfte bei Rationalisierungsarbeiten, Angebotsformulierung und Maschinenanschaffung umfaßte.

Um Liefersicht und kürzere Durchlaufzeiten zu gewährleisten, verlangte der Produktionschef nach einer Überkapazität in der Fabrik. Bis dato hatte das bedeutet, daß man an bestimmten Tagen Überstunden machen und vielleicht an einigen Tagen, aufgrund der Fluktuation in der Belegschaft, Hilfsarbeiten ausführen mußte. Für das Bedienungspersonal war das sehr unpopulär und stand gegen ihre Auffassung von effektiver Arbeit. Außerdem empfand man es als Facharbeiter kränkend, solche Tätigkeiten auszuführen. Durch das Mitwirken am Projekt bekam man Verständnis dafür, daß man mit der Forderung nach Überkapazität leben mußte. Jetzt konnten Überschußstunden für die Weiterentwicklung des Personals und der Organisation verwendet werden, was als positiv empfunden wurde. Durch den Zugang zum Planungsterminal konnte man innerhalb der Abteilung einen Teil der Fluktuation im Arbeitsfluß regeln und dadurch Wartezeiten verringern. Dezentralisierte Qualitätskontrol-

le, effektive Werkzeugversorgung und Gruppenarbeit trugen auch zu erhöhter Flexibilität und kürzeren Durchlaufzeiten bei.
Eine grundsätzliche Veränderung innerhalb einer Abteilung eines großen Unternehmens hat normalerweise geringe Chancen zu überleben. Sowohl die unausgesprochenen wie auch ausgesprochenen Forderungen an Kompetenz zwischen den unterschiedlichen Teilen des Systems erzwingen wieder einen Pioniereinsatz in der alten Situation bzw. eine andere Art, sie unschädlich zu machen. In diesem Fall gab es durch die Beteiligung der Produktionsleitung und gewerkschaftlicher Organisationen bessere Voraussetzungen. Die schriftliche Produktionsphilosophie war in der Unternehmensführung angenommen worden und konnte als eine Art Vertrag für weitere Entwicklungsarbeiten dienen. Man behielt die Steuergruppe, die während des Projektes eine Menge an Kenntnissen angesammelt hatte, als treibende Kraft bei, aber nun als ganz internes Organ für weiterführende Entwicklung von Organisation und Führungsformen.
Der Fall Volvo Flygmotor veranschaulicht gut, wie neue Organisationskonzepte in direkter Zusammenarbeit zwischen Angestellten und Leitung entwickelt werden können – Konzepte, die teils besser auf veränderte Forderungen und neues Firmendenken antworten, teils eine Lehre und ein neues, wesentlich konstruktiveres Klima der Zusammenarbeit schaffen. Dieses Projekt hatte seinen Ursprung in dem Entwicklungsabkommen der Maschinenbauindustrie, und man kann sagen, daß die Erfahrungen die Grundvermutung des Abkommens über ein Potential an Engagement und Effektivierung bei gemeinsamer Entwicklungsarbeit bekräftigen.

Die neue Produktionsphilosophie

Der Bruch mit dem Trend einer immer verfeinerten Steuerung, mit Arbeitskontrolle und Abqualifizierung der Arbeitskraft, die eigentliche Grundprinzipien des Industrialismus waren, hatte seinen Ursprung in einer sozialen Reaktion auf den, aus psychologischer Sicht gesehen, dehumanisierenden Charakter der Arbeit. Diese einseitige soziale Triebkraft scheint jedoch nicht ein genügend starker

Anreiz gewesen zu sein, die Lebenskraft der gemachten Veränderungen zu garantieren. Eine Reihe von enthusiastischen Versuchen einer neuen Arbeitsorganisation wurden in der ersten Hälfte der siebziger Jahre eingeleitet und klangen wieder ab.
Es scheint so, daß erst dann, wenn organisatorische Lösungen sowohl mit der sozialen Triebkraft als auch mit den veränderten wirtschaftlichen und marktbezogenen Forderungen harmonieren, ausreichend Kraft gesammelt wird, eine bestehende und durchgreifende Veränderung zu erreichen. Dieser Umstand zeigt sich bei Volvo Komponenter ebenso wie bei Volvo Flygmotor.
Man kann darüber diskutieren, ob die im Gang befindliche technische Entwicklung innerhalb der metallverarbeitenden Industrie den Charakter einer undramatischen Modernisierung hat oder ob sich die Betroffenen eher mitten in einem umwälzenden Veränderungsprozeß befindet, der qualitative Veränderungen schafft. Faßt man die Eindrücke zusammen, geschehen eine Reihe so durchdringender Veränderungen im Markt, der Wirtschaft, der Organisation und den Werturteilen, daß es naheliegt, von einem Doktrinwandel zu sprechen. Unbewußt hat man auch auf Unternehmensebene auf diese Veränderungen reagiert, indem man ziemlich objektiv neue Arbeitsformen sowohl für die Leitung als auch für das übrige Personal suchte.
Die Erfahrungen der beiden Volvo-Unternehmen illustrieren zum einen diese mühevolle Entwicklung, die man während der Anpassung an veränderte Tätigkeitsbedingungen durchlebte, und zum anderen, welcher Typ der organisatorischen Lösungen die Zukunft der metallverarbeitenden Industrie prägen kann. Beide Unternehmen haben ihre Wurzeln wertmäßig fest in der Produktion verankert. Die starke Abhängigkeit von der Technik und das Eintreten für Präzision und Qualität bei gleichzeitiger Kostenminimierung sind Faktoren, die eine rasche Umstellung erschweren. Sicherheit und Voraussehbarkeit sind nämlich erstrebenswerte Ziele, die in hohem Maße die Menschen prägen, die in solchen Unternehmen arbeiten. Man kann von einer Kontrollkultur sprechen, wo Zuverlässigkeit und Qualität den Maschinen, Prozessen und Produkten ebenso wie den Mitarbeitern gelten.
Die in den letzten Jahren aufgekommenen Forderungen nach Markt- und Kundenorientiertheit und Geschäftsmäßigkeit passen

schlecht zur Firmentradition. Der leichtsinnige Stil, mit dem sich Unternehmen im Servicebereich umgeben, wird in einem seriösen Unternehmen als frivol angesehen. Gleichwohl erzwingen die komplexere Situation und die erhöhte Abhängigkeit von der Umgebung Veränderungen. Generationswechsel und Ausbildungsveränderungen erleichtern einen Übergang. Sicherlich sind Rückschläge normal, aber die Richtung ist festgelegt. Trotzdem muß man die Grundwerte der Branche beachten, die direkt mit dem Überleben der schwedischen Metallindustrie im Zusammenhang stehen. Man kann Führungsmodelle nicht aus anderen Bereichen übernehmen.

Die Leitung hat sich von einer autoritär geprägten Kontrolle der Mitarbeiter über eine mehr unpersönliche und expertenbetonte Verhaltensweise verändert, bei der Kontrolle und Steuerung auf die Maschinen und auf die Organisation des Arbeitsprozesses verlagert wurden. Der jeweilige Vorgesetzte verkörpert eine offenere Leitung mit der Betonung auf geteilte Information, Dämpfung des eigenen technischen Könnens und Setzen auf Teams sowie auf Führung durch offen formulierte Wünsche und Meinungen. Die Steuerung von Organisation und Technik wird geringer, und die Leitung wird wieder ein Instrument der Koordination und der Entwicklung des Betriebes. Zu inspirieren, zusammenzuarbeiten und Voraussetzungen zu schaffen sieht man nun als mögliche Formen der Führung an. Werte und Ziele sind das, was den Betrieb vereint und koordiniert.

Die früher von Zwang geprägte Arbeitssituation wurde von einer unpersönlichen wirtschaftlichen Austauschbeziehung zwischen Unternehmer und Arbeitnehmer abgelöst und geht mittlerweile über zu einer Betonung der Loyalität den Ideen des Unternehmers gegenüber und zu mehr Mitbestimmung. Kontrolle und berufsmäßige Verarmung werden durch Engagement und Kompetenz ersetzt, kollektive Arbeitsformen und individuelle Kompetenzentwicklung existieren Seite an Seite. Ganz neue Grenzziehungen zwischen Berufsgruppen entstehen, und die Inhalte der Ausbildung werden heterogener.

Ein Bonussystem macht alle zu Mitinteressierten an der Entwicklung der Resultate des Unternehmens. So wurden die Gewerkschaften zu gut informierten Gesprächspartnern der Firmenleitung. Die Zusammenarbeit mit der Gewerkschaft war in der Motorenabteilung immer gut entwickelt, wenn nicht sogar konfliktfrei. Das Unternehmen war frühzeitig an einem Konsultationssystem bei der Personalpolitik interessiert. So wurden etwa hohe Produktivitätsanforderungen, unter anderem durch eine moderne Betrachtungsweise in Personalfragen, durch eine verbesserte Krankheitsfürsorge bzw. Gesundheitsvorsorge kompensiert. Die Gewerkschaft war in dem Fall mit der Sichtweise der Abteilung hinsichtlich der Entwicklung des Unternehmens einverstanden. Arbeitsstudien, Mechanisierung und Fließband wurden von der Gewerkschaft unter der Voraussetzung akzeptiert, daß man einen Einfluß auf die Verteilung des Mehrwertes bekam. Während der Zeit der Investitionen in den siebziger Jahren wurde auch das Engagement der Gewerkschaft bei der Bildung neuer Anlagen aktiver. Heute ist die Gewerkschaft an allen zentralen Fragen beteiligt, nimmt an Führungsausbildungsprogrammen teil und ist bei einer Vielzahl wichtiger Beschlüsse auf der Unternehmensleitungsebene präsent. Dahingegen ist der örtliche gewerkschaftliche Einfluß auf Einheitsniveau nicht genauso weit entwikkelt. Die eigene Organisation muß der neuen Rolle angepaßt werden.

Gewerkschaftliche Fragen haben sich also von Einstellungsfragen, vor allem wirtschaftlicher Art, zu Fragen der Verbesserung des Arbeitsmilieus und des Arbeiterschutzes, ja mittlerweile zu Fragen der Mitbestimmung, der Kompetenzentwicklung und des psychosozialen Arbeitsverhältnisses verschoben. Die Rolle hat sich demnach von einer rein reaktiven zu einem direkten Mitwirken bei der Entwicklung des Unternehmens entwickelt.

Obwohl die metallverarbeitende Industrie naturgemäß eine Branche ist, in der alte Denkweisen und Strategien herrschen, so zeigen diese Studien der beiden Volvo-Unternehmen, wie die neue Doktrin auch auf traditionelle Gebiete übergreift. Neue Geschäftsideen werden als Antwort auf veränderte Umgebungsbedingungen geformt, die Impulse für eine radikale Umwandlung der Produktionsphilosophie geben. Das ist zu einer neuen strategischen Waffe geworden.

Durch eine hochgradig horizontale Integration soll in einer Autoindustrie vom Typ Volvo eine große Anzahl Teilanfertigungen in das endgültige Produkt eingebaut werden. Auf viele Einheiten und große Gebiete verteilte Einsätze sollen zu einer kleinen, aber komplexen Anzahl Typen des Endprodukts koordiniert werden. Dieser

Bedarf an Koordination und Konzentration der Geschäftstätigkeit hat bei Volvo zu einer Tradition geführt, die stark von Zentralisierung geprägt ist. Es gab wenig Handlungsspielraum für die einzelnen Produktionsgesellschaften. Sowohl Firmenzweige als auch einzelne Arbeitnehmer (auf allen Ebenen) hatten eine ausführende Rolle mit kleinen eigenen Befugnissen. Das Organisationskonzept des Unternehmens, das auf Detailsteuerung aufgebaut war, stimmte gut mit dem arbeitsorganisatorischen Konzept überein. Dann fand teilweise eine Dezentralisierung Anfang der siebziger Jahre statt, als man begann, die Sichtweise der Produktionssteuerung und die der Arbeitsorganisation zu verändern.

Dezentralisierung in Verbindung mit einer Führung durch Vorstellungen und Werturteile war ja seit den achtziger Jahren die Antwort auf eine stark veränderte Umgebung geworden. Gleichzeitig soll ein weiteres komplettierendes und kraftvolles Steuerungsinstrument hervorgehoben werden. Die neue Freiheit ist eine Freiheit der Verantwortung, nicht nur in bezug auf Lieferzeiten und Qualität, sondern auch wirtschaftlich. Eine in den siebziger Jahren eingeleitete Dezentralisierung von Resultatsverantwortung hat aufgrund eines detaillierten Rechenschaftsberichts und umfangreichen Informationssystems auf die einzelnen Produktionsabschnitte einwirken können. Der Fabrikant bzw. der Vorarbeiter hat die Verantwortung für seinen wirtschaftlichen Erfolg bekommen. Die wertmäßige Betonung der Geschäftsmäßigkeit in der Führungsphilosophie hat in der Resultatssteuerung seine operative Entsprechung gefunden. Wieder gibt es eine Projektion von der übergreifenden Unternehmensorganisation. Auch wenn die Geschäftstätigkeit stets bei der höchsten Unternehmensleitung lag, so ist die Konzernführung bei Volvo heute immer weniger eine Frage der Produktionsleitung mit einem starken technischen Stab, sondern mehr eine Frage der Finanzverwaltung und Geschäftsentwicklung in einer Führungsgruppe, die aus einer Handvoll Personen besteht, deren vielleicht operativstes Instrument ein »money desk« ist.

Abschließend müssen wir noch etwas an die Hauptfrage dieses Buches, das heißt an die Führungsschaft, anknüpfen. Die These: Führungsschaft ist ein direkt an die Wertungen des Leiters verbundenes Verhalten. Geschäftsstrategie und Führungsphilosophie sind teilweise Produkte der Umweltsituation des Unternehmens im Sin-

ne vorhandener Gegebenheiten, sind aber auch teilweise davon abhängig, wie diese Situation von der Unternehmensleitung interpretiert bzw. umgewandelt wird. In Beziehung zu letzterem haben die Bewertungen bei führenden Personen eine entscheidende Bedeutung. Man kann Leitung nicht ausüben, wenn sie nicht einigermaßen mit den Anforderungen der jeweiligen Situation in Übereinstimmung steht. Einschätzungen der Umgebung können überholt sein, und somit kann die Fähigkeit einer Uminterpretation aufgrund von Kenntnissen wertmäßigen Charakters blockiert sein.
Bei der Firmenstrategie zeigen beide Volvo-Unternehmen, wie man sich von ziemlich einfachen Produktionsbegriffen zu einer Gesamtansicht der Wirtschaftlichkeit voranbewegt hat, die der Situation vieler und schwer zu vereinbarender Forderungen und einem starken Geprägtsein von Veränderungen entspricht. Wenn dann die strategische Implikation dieser Betrachtungsweise formuliert ist, soll sie in praktische Leitung umgesetzt werden – und hier können Bewertungskonflikte entstehen. Im Fall von Volvo Komponenter handelte es sich um ein Befreien von einer zwanzigjährigen, gut eingearbeiteten autoritären Tradition. Trotz spekulativer Erfolge gab es auch viele Rückschläge. Die Entwicklung war von Schwankungen zwischen Vertrauen an die Möglichkeiten der Leitung und deren diametralem Gegensatz geprägt, das heißt Verneinung der Bedeutung der Führung und eine einseitige Betonung struktureller Veränderungen vor allem auf arbeitsorganisatorischem Gebiet.
Gleichzeitig fand eine Akkumulation von Erfahrungen statt, und Mitarbeiter auf den unterschiedlichen Ebenen in der Organisation sorgten ständig für Impulse und waren für die Kontinuität verantwortlich. Es war sowohl eine Frage des persönlichen Einsatzes und der Überzeugung als auch eine wertmäßige Unterstützung der Konzernleitung.
Wenn man nun auf ziemlich breiter Front ein neues Führungskonzept zuläßt, ist es vielleicht vor allem die Frage, ob ein Generationswechsel auf wichtigen leitenden Positionen in den achtziger Jahren stattgefunden hat.

Kapitel 4

Die ideengesteuerte Leitung

4

Mit Ideen anstelle von Instruktionen und Befehlen zu leiten ist ein primäres Ideal der neuen Doktrin. Ein Ideal, das teils aus einer veränderten Mitarbeitermotivation resultiert, teils eine logische Konsequenz des neuen Firmendenkens ist. Die Mobilisierung der Kenntnis- und Entwicklungsressourcen des Unternehmens, die in dem neuen Denken verlangt wird, kann nicht durch Instruktionen und Befehle herbeigeführt werden, sondern verlangt eine neue Methode der Leitung.

Interviews, die wir in Unternehmen geführt haben, die auf dem Wege waren, ihre Einstellung zu ändern, gaben uns hinsichtlich dieses Aspektes Grund, über menschliche Reaktionen – sowohl in bezug auf Führung als auch bei Veränderungen – nachzudenken. Ein Vorgesetzter, den wir interviewten, kommentierte seine Beziehung zu den Unternehmensleitern folgendermaßen: »Er [der Leiter] sprach viele der Gedankengänge und Ansichten aus, die ich selbst gehabt hatte. Die Welt wurde wieder richtig für mich.« Der Vorgesetzte hatte eine neue Perspektive von seiner eigenen Situation bekommen. Er hatte selbst in ähnlichen Bahnen gedacht, ohne seinen Gedanken eine Form geben zu können. Derselbe Vorgesetzte kommt später im Interview zu seiner eigenen Meinung: »Ich mag es auch, daß man beginnt, mit dem Personal, das früher wenig zu sagen hatte, zu arbeiten. Nun trauen sie sich, mit ihren Meinungen und Ideen viel eher rauszurücken.« Die Veränderung, die vom Leiter initiiert worden war, gab dem Vorgesetzten ein Zeichen, selbst eigenständiger zu arbeiten.

Ein anderer Vorgesetzter drückte sich verschwommener, aber mit ähnlichem Inhalt aus. »In dem Tempo habe ich vorher nicht gearbeitet. Erst seitdem ich einen anderen Chef habe. Wenn man mit ihm spricht, muß man den Inhalt nicht auslegen. Nichts motiviert so sehr. Es stimmt perfekt.« Für ihn bedeutete das gemeinsame Verstehen und dieselbe Meinung größere Motivation und höheres Arbeitstempo.

Das Muster in den Interviews war jedoch nicht einheitlich. Die neuen Ideen und die neue Leitung konnten auch Widerspruch und Enttäuschung wecken. Ein anderer Vorgesetzter gab einem speziellen Dilemma Ausdruck: »Ich sehe ein, daß die neue Richtung gut für das Unternehmen ist, aber sie ist es nicht für mich.« In diesem speziellen Fall beeinflußte die neue Richtung die Rolle des Betroffenen negativ und stand auch gegen seine persönliche Meinung – loyal war er dennoch.

Die geschilderten und auch andere Reaktionen beleuchten etwas von der ideengesteuerten Leitung. Generell kann man sagen, daß es die vornehmlichste Aufgabe ist, sowohl in Wort als auch in Handlung seine Einstellung kundzutun. Das impliziert eine Definition der Situation des Unternehmens und des Bedarfs an Veränderungen, setzt auch voraus, dem Unternehmen eine Handlungsrichtlinie zu geben und Unterstützung für sie zu gewinnen.

Die Leitung durch Ideen anstelle von Befehlen und Instruktionen baut auf der Einsicht auf, daß es ein irgendwie geartetes Verständnis der Unternehmenssituation und einen Bedarf an Veränderungen gibt. Die Unternehmensleitung hat kein absolutes Auslegungsvorrecht und keine uneingeschränkte Macht, aus ihrer eigenen Definition der Wirklichkeit heraus Befehle und Instruktionen zu geben, ohne nicht einmal zu begründen oder zu erklären, wie Rollen und Maßnahmen in einen größeren Zusammenhang passen. In der Führungsschaft gilt es, einen weitestgehend gemeinsamen Referenzrahmen oder eine Realitätssicht zu schaffen, die es möglich machen, daß Probleme und Chancen, die auftreten, von verschiedenen Mitarbeitern auf gleichartige Weise ausgelegt werden. Wir gebrauchen den Ausdruck »weitestgehend gemeinsam«, da eine vollständige Übereinstimmung weder zu erreichen noch wünschenswert ist. Durch Ideen zu leiten impliziert, daß die Leitung eine mehr ideologische und pädgogische Betonung erfährt.

Die ideengesteuerte Leitung baut auf zwei Grundannahmen auf. Die eine: Wenn sich ein Unternehmen in seiner Ausrichtung dem Markt nähert und mit Informationen, Zugänglichkeit, Service und

Kompetenz um die Kunden konkurriert, verlangt dies eine lokale Handlungsfreiheit und Flexibilität, die durch ein bloßes Steuern der Mitarbeiter mittels Befehlen und Instruktionen so gut wie nicht zu erreichen ist. Ein gemeinsames Verständnis der Lage des Unternehmens, seiner Ziele und Strategien wird somit zu einer gemeinsamen Richtschnur, die garantieren soll, daß lokale Handlungsfreiheit nicht zum Chaos ausartet. Die andere Annahme: Menschen übernehmen gerne Verantwortung und handeln selbständig – und dies nach eigener Meinung auch in untergeordneten Positionen, allerdings unter der Voraussetzung, daß man eine angemessene Kenntnis davon hat, welche Spielregeln gelten. Es wird die Aufgabe der Leiter sein, ein Garant dafür zu sein, daß Normen einer lokalen Handlungsfreiheit respektiert werden, so daß man nicht eine Sache meint und dann eine andere macht.

Die ideengesteuerte Leitung sucht ihre Effektivität und Anwendbarkeit beim Menschen eher in tieferen Motiven als der wirtschaftlichen Belohnung und der Loyalität den Autoritäten gegenüber. Deshalb berührt sie starke intellektuelle und emotionale Werte in dem Versuch, ein gemeinsames Verständnis und eine Motivation der veränderten Rolle des einzelnen in einem größeren organisatorischen Muster zu wecken.

Ein komplizierter Bereich wie ein Unternehmen kann nicht von einer einzigen Idee, einem Dogma oder einer Handlungsrichtlinie allein geleitet werden. Statt dessen haben wir es mit einem sehr komplizierten und teilweise sich widersprechenden Muster verschiedener Ideen und Handlungsrichtlinien zu tun. Das funktioniert nur deshalb, weil wir keinen Grund haben, alle Ideen und Ideale gleichzeitig beobachten zu müssen. Manchmal kann man sich nur darüber wundern, wenn ein Unternehmen Resultatsverantwortung betont, obwohl nicht selten plausible Maßstäbe dafür fehlen.

Wenn Ideen als Führungswerkzeug anwendbar werden sollen, müssen sie in einen konkreten Zusammenhang gebracht werden, in dem sie verständlich werden. Die Ideen müssen auch einigermaßen konsistent sein, damit Widersprüche keine Unsicherheit schaffen.

Ein zusammengefügtes System von Ideen, Dogmen und Werturteilen, die konkreten Zielen und Strategien eine Bedeutung geben, nennen wir Unternehmensideologie. Die Ideologie ist folglich dafür gedacht, der Firmentätigkeit und dem Einsatz einzelner Menschen

hierfür eine psychologische, soziale und wirtschaftliche Bedeutung und Legitimation zu geben.
In diesem Kapitel wollen wir »ideengesteuerte Leitung« anhand von Studien über Leitungen bei SAS und Byggbolaget veranschaulichen sowie durch eine Reihe kleiner Fallstudien (Maschinenbauunternehmen, internationales Unternehmen). Nachdem der Ideologiebegriff eine relativ neue Erscheinung in der Unternehmenswelt ist, gibt es, (bevor wir auf dessen Anwendung in der Praxis kommen) Gründe, den Begriff als solchen sowie dessen Bindung an Führungsschaft zu beleuchten.

Kraftfeld der Ideologie

Das Zusammenspiel zwischen Leiter und Geleitetem wird zu einem Zentrum im Kraftfeld der Ideologie, wo sich unterschiedliche Sichtweisen, Werte und Interessen treffen. Die Herausforderung der Leitung ist es, diese Ungleichheiten auf eine für den Betrieb produktive Art zu handhaben. Um die Darstellung zu erleichtern, werden wir uns auf drei Typen der Handhabung von Unterschieden konzentrieren: Dominanz, Kompromiß und Integration. Die Dominanz impliziert, daß der Leiter den Untergebenen seinen Willen aufzwingt oder diese ihre Möglichkeit, den Blickwinkel des Leiters zu untersuchen und zu akzeptieren, freiwillig aufgeben. Bei einem Kompromiß trägt jede Partei etwas zur Problemlösung bei. Integration bezieht sich auf eine Situation, in der die Parteien eine Lösung finden, die sowohl die Bedürfnisse und Interessen der Vorgesetzten wie auch der Untergebenen berücksichtigt.
Diese drei Fälle sind nicht immer so leicht in der Praxis zu unterscheiden, aber oft dominiert die eine oder andere. Wir können also davon ausgehen, daß eine Unternehmensideologie ein Resultat aus Dominanz, Kompromiß oder Integration ist.
Auch wenn man den Zwang oder die Anpassung an den Vorgesetzten nicht unterschätzen will, gibt es oft eine unbewußte Tendenz, sich darauf verlassen zu wollen, daß der Leiter die Gruppe oder das Unternehmen schon alles richtig macht. Dies wird besonders in Krisensituationen deutlich, wo viele der Auffassung sind, daß die Existenz des Unternehmens und damit die eigene Rolle auf dem Spiel

stehen. Krisen wecken starke gefühlsmäßige Reaktionen. Der Vorgesetzte kann für den Untergebenen zu einem Erlöser werden, der in dieser unsicheren Situation Sicherheit schafft.
Es gibt also eine tiefere Dynamik in der Beziehung zwischen Vorgesetzten und Untergebenen als die, die von unterschiedlichen Interessen oder bewußten Bedürfnissen geprägt ist. Die psychoanalytische Forschung hat die Rolle des Leiters als Objekt für die teilweise unbewußten Phantasien der Untergebenen hervorgehoben. Sie nimmt auch die Tendenz zu einem Rückschritt auf, das heißt zu einem Zurückkehren zu primitiven Beziehungen, die es in Konflikt- und Krisensituationen zwischen Leiter und Untergebenen gibt. Dies problematisiert mit anderen Worten die Integration zwischen diesen beiden und zeigt, daß an der Oberfläche Spiel und Zustimmung vorkommen können, die tiefere Konflikte verschleiern.
Der Kompromiß kann ein Unternehmen mit starken Gruppen kennzeichnen, die um Macht und Einfluß wetteifern. Je isolierter ein Unternehmen von der Konkurrenz ist, sei es etwa durch seine Größe, desto wahrscheinlicher wird der Kompromiß als Werkzeug eingesetzt. Verhandlungen sind ein wesentlicher Zug im Beschluß von Veränderungen, und die politischen Prozesse geben dem Unternehmen ein reiches inneres Leben.
Integration, bei der die Motive beider Parteien anerkannt werden, setzt Debatte oder Dialog voraus, in denen unterschiedliche Meinungen und Werte zum Ausdruck kommen können. Dazu benötigt man organisatorische Formen und Normen, die eine offene Kommunikation ermöglichen. Gleichzeitig braucht man ein Mindestmaß an Übereinstimmung und gemeinsamer Sicht von der Situation des Unternehmens, damit der Dialog konstruktiv sein kann. Das neue, von der Leitung ausgesprochene Ideal baut auf Interpretation, bei der die Leitung die Macht hat, ein Mindestmaß an gemeinsamen Ausgangspunkten zu schaffen.
Die Dimension zwischen Vorgesetzten und Untergebenen ist nicht die einzige im Kraftfeld einer Ideologie. Es gibt auch die Beziehung zwischen Unternehmen und Umwelt und speziellen Unternehmen und Kunden. Wie wir in den Kapiteln 2 und 3 gesehen haben, geschehen hier die Veränderungen dadurch, daß sich der Unternehmensschwerpunkt in der Veredlungskette verschiebt.
Eine Verschiebung in Richtung Markt bedeutet, daß die Bedürfnisse

der Kunden sowie die Ideen und Werte in der Unternehmensideologie eine größere Durchschlagskraft bekommen müssen. Agiert das Unternehmen außerhalb der Produktionslogik, wird es schwer, die Flexibilität zu erreichen, die eine Kunden- und Marktanpassung verlangt. Die große Bedeutung der Rentabilität stellt jedoch sicher, daß dieser Bereich des ideologischen Feldes beachtet wird.
Eine weitere wichtige Dimension in dem Kraftfeld ist die des Unternehmens und des Arbeitsmarktes. Der Bedarf eines Unternehmens an jungen und gut ausgebildeten Leuten kann durch eine »altväterliche« Ideologie erschwert werden. Eine neue Generation Arbeitnehmer hat andere Wertvorstellungen als die vorige, allein schon deshalb, weil sie unter anderen sozialen und wirtschaftlichen Verhältnissen aufgewachsen ist. Es gibt große Unterschiede zwischen denjenigen, die die wirtschaftliche Depression der dreißiger Jahre erlebt haben,und derjenigen, die als die Erben der Wohlstandsgesellschaft gelten.
Unsere kurze Analyse des Kraftfeldes der Ideologie zeigt, daß eine veränderte Zielrichtung der Tätigkeit als eine Mobilisierung von Menschen für neue Herausforderungen und Werte angesehen werden kann. Das Mittel wird ein System von Ideen, das eine weitgehend gemeinsame Definition der Situation des Unternehmens und des Bedarfs an Veränderungen sowohl bei Vorgesetzten als auch bei Untergebenen und anderen wichtigen Gruppen von Interessenten in diesem Zusammenhang schaffen kann.

Die ideengesteuerte Leitung in der Praxis

Wenn es gilt, die neuen Ideale und Werte zu schaffen, die eine neue Einstellung und neue Handlungslinien definieren, ist das persönliche Verhalten des Vorgesetzten von großer Wichtigkeit. Der Vorgesetzte wird vielleicht das erste Medium sein, das die neuen Ideale und Werte deutlich macht und damit in Verbindung steht.
Dies ist nichts Neues in der Geschichte. Schon der Römer Seneca schrieb: »Der Mensch glaubt mehr seinen Augen als seinen Ohren. Deshalb ist es ein langer Weg, durch Regeln und Vorschriften zu belehren, aber es ist kurz und wirkungsvoll mit der Hilfe von Bei-

spielen.« Auch die Lehrer der Renaissancefürsten verlangten, daß der König das Volk mit der Macht des Beispiels lenken sollte. Deshalb werden wir damit beginnen, das persönliche Beispiel des Leiters zu beleuchten.

Das persönliche Beispiel

1980 wurde bei SAS der von Linjeflyg kommende Jan Carlzon als Geschäftsführer angeworben. Durch seine Erfahrung in der starken Konkurrenz ausgesetzten Reisebürobranche repräsentierte er Kompetenz und Wertungen, die bei SAS teilweise neu waren. Er arbeitete frühzeitig mit Marktführung und Entwicklung von Dienstleistungen. Carlzon war in seiner früheren Tätigkeit an Geschäftsabwicklungen beteiligt gewesen, bei denen er SAS-Dienstleistungen gekauft hatte. Dadurch hatte er eine genaue Vorstellung, wie die Tätigkeit des Unternehmens verändert werden könnte. Diese Ideen gewannen bei SAS ein starkes Gehör. Sie repräsentierten eine neue Bewertung von Kunden und die Bedeutung der Angestellten für Geschäftsentwicklung und Dienstleistungen.
Carlzons eigenes Heranwachsen war sehr von Erfahrungen außerhalb des familiären und schulischen Rahmens geprägt. Durch Extraarbeit und Freizeitaktivitäten konnte er auf außerhalb des üblichen liegenden Plätzen agieren, die Möglichkeiten der Aufmerksamkeit und des Beifalls ergaben. Das konnte sowohl das Schreiben für Zeitungen, Agitation bei Treffen oder ein Praktikum im Krankenhaus sein. Grundgedanke dabei war, ständig existierende Strukturen zu brechen und etwas Neues auszuprobieren. Veränderungen ergaben Energie und Motivation. Durch das ewige Streben nach höherer Einträglichkeit wurde das Bedürfnis Carlzons legitimiert, außerhalb der festgelegten Grenzen neue Erfahrungen zu machen.
Während seiner Karriere wurde er zu Aufgaben herangezogen, bei denen er die Rolle des »Befreiers« spielen konnte. In seiner Laufbahn bei Vingresor und Linjeflyg konnte er andere auf neue Herausforderungen zuführen. Besonders in Krisensituationen, in denen Überprüfungen und neue Firmenstrategien notwendig waren, bewies er Geschick und Kompetenz. Die Tätigkeit hat da eine neue Einstellung durch eine Vision und Strategie bekommen, die auf

Möglichkeiten außerhalb des bestehenden Rahmens verwies. Die Vision, das Ziel und die Strategien wurden Hauptzutaten eines Schauspiels, in dem die Mitarbeiter von SAS angeregt wurden, in neue Rollen zu schlüpfen, um sowohl Entwicklung als auch Resultate hervorzubringen. Der Geschäftsführer agierte als eine Art Regisseur.

Eine tragende Idee des neuen Firmenzieles war die, daß Mitarbeiter Freiheit und Verantwortung bekommen sollten, ihre eigenen Rollen zu formen, solange sie die Idee und das Thema des Schauspiels akzeptierten, etwas, das Carlzon selbst immer angestrebt hatte. Wenn die Mitarbeiter diese Ideen nicht akzeptierten, war es laut Carlzon besser, daß sie sich für etwas anderes engagierten. Persönliche Beziehungen durften nie so stark werden, daß die Mitwirkenden nicht im Sinne des Schauspiels gewechselt werden konnten.

Die Ideen wurden zum Thema in einem sozialen Drama, in dem die Arbeit neugestaltet, Dienste entwickelt und neue Akteure angestellt wurden. Der Regisseur war die Schlüsselfigur. Das Schauspiel trug seinen Stempel, so wie es ihm gleichzeitig die Möglichkeit gab, sich selbst zu formen und Aufmerksamkeit zu bekommen. Gleiches galt auch für andere Hauptfiguren. Das Ganze bekam seine Spannung und seinen Charakter dadurch, daß es jenseits der etablierten Praktiken und Methoden lag.

Carlzon erhielt durch die Fortschritte der SAS und durch sein bewußtes Ausnutzen der Medien eine beträchtliche Aufmerksamkeit. Er konnte diese Erfolge jedoch nicht lange genießen, denn erreichte Ziele wurden uninteressant und drohten, ihn in der Alltagsroutine festzuhalten. Deshalb galt es die ganze Zeit, neue Herausforderungen anzunehmen und neue Entwicklungsprojekte zu initiieren, was in einer dynamischen Umgebung produktiv war.

Die Fähigkeit Carlzons zu gestalten und Ideen in Vision, Ziel und Strategie auszudrücken, die die Werte und Problemerfahrungen in der Organisation auffingen, inspirierten viele, ihren Teil des Ganzen zu verändern.

Bei Byggbolaget wurde der geschäftsführende Direktor extern angeworben, um sich des in eine wirtschaftliche Krise gekommenen Unternehmens anzunehmen. Die Stagnation in der Branche und große Verluste bei einigen Aufträgen ließen die Zukunft von Byggbolaget unsicher erscheinen. Sowohl der Besitzer als auch die Angestellten warteten auf neue Initiativen, die die Rentabilität wiederherstellen sollten. Der geschäftsführende Direktor initiierte und beteiligte sich persönlich an allen wichtigen Projekten wie Organisations- und Geschäftsentwicklung, war auch bei der Förderung von Ausbildung aktiv. Allmählich zeigte sich, daß es für einige schwer war, Projekte in eigener Verantwortung voranzutreiben, ohne daß der Geschäftsführer auf die eine oder andere Art einen starken Einfluß kraft seiner Kompetenz, seines Analysevermögens und seiner Arbeitskapazität ausgeübt hätte.

Während seiner ganzen Jugend war der Geschäftsführer von guten Arbeitsleistungen angespornt worden. In der Schule und in der Freizeit engagierte er sich und leistete einiges. Seine eigenen Erfahrungen waren in erster Linie Projektierung und Leitung von Bau- und Anlagearbeiten, was zur Folge hatte, daß die von ihm eingebrachten konkreten Ideen und Erfahrungen die Welt der Planung, des Kalkulierens und der Organisation eines Großunternehmens widerspiegelten.

In seiner Arbeit als Geschäftsführer spürte er selbst neue Geschäftsmöglichkeiten auf und betrieb persönlich wichtige Geschäfte (wie etwa Direktankäufe). Er bekam einen starken Einfluß dadurch, indem er sich stets gut informiert hielt, Rat bei speziellen Geschäften gab und ein Forum für Informationsaustausch schuf. Der Kontrollbedarf bedeutete gleichzeitig, daß der Geschäftsführer Probleme und Geschäfte durchdrang und analysierte. Er schuf eine Systematik und einen Professionalismus im Betrieb in den Bereichen Information, Kalkulation, Angebote und wirtschaftliche Überprüfung und fand bei vielen dafür Zuspruch. Ferner regte er die Entwicklung eines dringend notwendigen Kontrollsystems an.

Der Geschäftsführer erwartete, daß sich Mitarbeiter für das Unternehmen engagierten und die gleiche Arbeitseinstellung wie er zeigten. Er war leicht moralisierend und schlug auf alles ein, was er für Verschwendung, Nachlässigkeit oder fehlendes Pflichtgefühl hielt. Durch seine analytische Fähigkeit und sein starkes Kontrollbedürfnis schuf er, ohne sich dessen bewußt zu sein, enge Grenzen für Spontaneität und eigene Initiative.

Er regte zu Zukunftsdiskussionen, Planungstreffen und Entwicklungsinitiativen an, um für die Zukunft bereit zu sein. Aber er hatte Schwierigkeiten, einer Zielrichtung des Betriebes Ausdruck zu

geben, so daß andere ein Gesamtbild bekommen konnten. Statt dessen wurde er von Ideen anderer abhängig, die er als richtig einstufte und die er somit zu den seinen machen konnte.
Bei Byggbolaget wurden viele Ideen erprobt und Projekte begonnen, doch im Vergleich zu ihrer Anzahl waren die praktischen Resultate mager. Durch die vielen Initiativen wurde das Unternehmen für seine Entwicklungsorientiertheit bekannt. Maßnahmen, die oberflächlich so aussahen, als würden sie Initiative und lokale Handlungsfreiheit begünstigen, waren indessen Ausdruck für Bereitschaft und Kontrolle.
Der starke Bedarf an Kontrolle machte den Geschäftsführer ziemlich unempfindlich gegen die Gefühle und Anregungen seiner Mitarbeiter. Seine eigenen Werte hinderten ihn auch daran, ein wirksames Medium zu sein, das die Energie der anderen kanalisieren und befreien kann. Da er selbst seine Ideen in Begriffen wie Steuerungs- bzw. Arbeitsweise ausdrückte, wurden sie mehr zu Instruktionen als zu energiegebenden Zielen und Strategien. Das Steuern mit Ideen wurde statt dessen ein Steuern von Ideen, ohne daß dies beabsichtigt gewesen war.
Sowohl SAS als auch Byggbolaget sind relativ gut eingeführte und homogene Betriebe. Die Möglichkeiten des Geschäftsführers, eigene Geschäfts- oder Entwicklungsprojekte zu schaffen, sind in einem differenzierteren und komplexeren Betrieb natürlich andere. In dieser Art von Betrieb ist es eher eine Frage der Einstellung, der Ressourcenprioritäten, mit Schlüsseleinsätzen bei verschiedenen Projekten zu helfen und die direkt Beteiligten durch persönliches Interesse zu motivieren.
In unseren Studien gibt es Beispiele dafür, daß in einem differenzierten und komplexen Bereich mit vielen verschiedenen Projekten für den Geschäftsführer das Risiko besteht, den Überblick zu verlieren, so daß er gezwungen ist, sich stark an einzelnen Projekten zu beteiligen. Vor allem wenn, wie es oft der Fall ist, die Ideen hauptsächlich von Spezialisten in der Führungsgruppe entwickelt werden und er folglich ein Medium für die Aspiration anderer wird.
Dieses Risiko verstärkt sich dann, wenn der Geschäftsführer persönlich den starken Ehrgeiz hat, in einer Führungsgruppe Harmonie und Übereinstimmung zu schaffen. Seine Arbeitskapazität und Energie können dann allzusehr in dem Streben gebunden sein, sich

loyal und kompetent als ein Vertreter für Übereinstimmung im Unternehmen zu zeigen, besonders wenn er intern angeworben wurde und sich seine ganze Karriere im Unternehmen selbst vollzogen hat.
In dieser Situation kann es für den Geschäftsführer schwer werden, der zusammenhängenden Idee für den Betrieb eine Form zu geben und eine Strategie auszuarbeiten, um damit die Komplexität zu bewältigen. Die schwache Bindung zwischen ihm als Person und einer übergreifenden und sammelnden Geschäftsidee kann dazu führen, daß Zielsetzungen und Strategien verwässert und allgemein gehalten sind und ihre Leuchtkraft verlieren. Als Konsequenz daraus kann sich keine differenzierte Gestaltung einer Geschäftsidee entwickeln.
Die Beispiele oben haben alle die Einstellung der Unternehmen beachtet, aber die persönlichen Beispiele standen mit ganz anderen Botschaften in Verbindung, Botschaften, die auf dem eigenen persönlichen Beispiel des Geschäftsführers beruhten. Bei Byggbolaget war die Entwicklung stark mit der Person des Geschäftsführers verknüpft, der die Lust der anderen dämpfte, die Initiative zu ergreifen. Bei SAS konnte sich der Geschäftsführer von der operativen Kontrolle und den jeweiligen Beziehungen fernhalten, um durch gute Ideen zu leiten. Aus der Perspektive einer differenzierten und komplexen Tätigkeit haben wir auf die Gefahr hingewiesen, daß der Geschäftsführer sowohl gefühlsmäßig als auch handlungsmäßig so damit beschäftigt ist, durch andere und deren Ideen zu arbeiten, daß »das persönliche Beispiel« lediglich eine Reproduktion des Ehrgeizes und der Ideen anderer wird.

Die Gestaltung der offenen Botschaft – die bewährten Ideen

Die Durchschlagskraft von Ideen ist teilweise eine Formfrage, das heißt, sie ist abhängig von der Macht des Wortes. Die Macht des Wortes, Gedanken zu steuern, und die Fähigkeit, die Sprache als Hilfs- und Machtmittel zu nutzen, ist in der ideengesteuerten Führungsschaft von wesentlicher Bedeutung. Die Form kann in sich etwas Neuem zum Ausdruck bringen und mit früheren Traditionen und

Wertungen brechen. Die Sprache gibt kein vollständiges Bild, stellt aber die neuen Ideale, die bevorzugten Ideen also, in den Mittelpunkt.
Die Ideenschrift bei SAS – »Laßt uns anfangen zu kämpfen« – kann als Beispiel für die symbolische Bedeutung der Sprache dienen. Hier brechen die alltägliche, schlagwortartige Sprache und die gezeichneten Illustrationen, die den Flugzeugen Leben und menschliche Charakteristika geben, wirkungsvoll mit der dominierenden Experten- und Bürokratiesprache. Der Versuch, einen komplexen Sachverhalt auf diese vereinfachende Art wie in einem Malbuch für Kinder auszudrücken, ist herausfordernd und zeigt eine ganz neue Art, die Wirklichkeit zu beschreiben.
Die Debatte, die intern vor dem Druck der Broschüre ausbrach, zeigte deutlich, daß die Broschüre wegen eines Mangels an Sachlichkeit und falschen Vergleichen mit Konkurrenten kritisiert wurde. Das eigentliche Gesamtbild indessen provozierte nicht. Viele waren mißtrauisch, einige waren direkte Widersacher der Broschüre, da ihr Expertenwissen abgewertet wurde.
Der eigentliche Inhalt gibt eine Analyse der Unternehmenssituation, der Konkurrenz sowie eine übergreifende Zielsetzung wieder. Sie vermittelt auch die Wertungen von Mensch und Organisation und stellt einen übergreifenden Handlungsplan vor. Letzterer gibt die Hauptzüge der veränderten Zielsetzung des Betriebes wieder: Firmenstrategie, Produkte, Dienste und Organisation.
Die Broschüre zeigt auch auf, was jeder einzelne unmittelbar machen kann. Analyse und Handlungsprogramm wechseln zwischen Übersicht und konkreten zahlenmäßigen Abbildungen und Vergleichen. Dem Eindruck nach gibt es eine Vielzahl von Handlungsmöglichkeiten.
Der Titel selbst fordert auf, sich für die eigene Arbeit und Zukunft einzusetzen. Es soll ein gemeinsamer Kampf und gegenseitige Hilfe sein. Die Herausforderungen werden durch Begriffe wie »gefürchtete Konkurrenten« und »hohe Eigenkosten« ausgedrückt. Man soll zusammen kämpfen, um bessere Dienste und zufriedene Kunden zu bekommen.
»Laßt uns anfangen zu kämpfen« ist ein Weg bei dem Versuch, die Organisation für eine neue Einstellung zu gewinnen. Die rote Schriftfarbe erregt Aufmerksamkeit, und das Format macht es

leicht, die Broschüre mitzunehmen. Die Verteilung erfolgte an alle Angestellten, aber auch über die Unternehmensgrenzen hinaus, so daß die Mobilisierung öffentlich war.

Die Verbreitung der Ideen geschieht fast gleichzeitig durch viele Kanäle und mit einem hohen Grad an Festigkeit. Die Ausbildung für das Personal, etwa in Service- und Managementkursen, führt die ganze oder Teile der Botschaft aus. Direkte Information vom Geschäftsführer und der Unternehmensleitung, interne Information via Unternehmenszeitung, Information durch externe Medien sowie Marktmitteilungen vermitteln einstimmig Ideen, Strategien und Maßnahmen. Die Unternehmensleitung verschafft sich auf diese Art ein Informationsübergewicht. Die Botschaft wird durch ständige Wiederholung erstens intern im Unternehmen, zweitens extern auf dem Markt, drittens an übrige Interessenten zu Bewußtsein gebracht. Die Kommunikationskosten steigen kräftig. Dem Unternehmen wird Aufmerksamkeit und Interesse entgegengebracht – es steht somit im Mittelpunkt.

Wir haben auch Beispiele dafür gesehen, daß Forderungen von Angestellten und der Umgebung zu neuen Ziel- und Strategieformulierungen geführt haben, um die Ziele des Unternehmens deutlich zu machen. Nicht selten gibt es dabei einen klaren Unterschied zwischen externer und interner Information.

Im Verkstadsföretaget, einem anderen praktischen Fall, richtete sich zum Beispiel die interne und detailliertere Information über Geschäftsideen, Ziele und Strategien in erster Linie an die Vorgesetzten, von denen man erwartet, daß sie die Botschaft in der eigenen Organisation weiterleiten. Die Botschaft spiegelt den Ehrgeiz nach Vollständigkeit wider, wo verschiedene Gebiete, wie übergreifende Ziele, Marktstrategie, Produkt- und Systementwicklung, Entwicklungsressourcen, Materialversorgung und Produktion, durchgegangen werden und der Ehrgeiz zum Ausdruck gebracht wird, aber der Bezug zu Handlung unklar ist. Der Ehrgeiz ist allumfassend, und die Botschaft wird dadurch undeutlich.

Der einzelne Vorgesetzte, der im allgemeinen Spezialist auf seinem Gebiet ist, kann durch die vielen Aspekte beeindruckt werden, aber auch gleichzeitig Schwierigkeiten bekommen, das Gesamtbild in den Griff zu bekommen, da dieses so detailliert beschrieben ist. Noch schwieriger ist es für sie zu sehen, was, außer härter zu arbeiten, noch getan werden muß. Es gibt einen gewissen Zweifel unter den führenden Leuten, ob man wirklich etwas erreicht. »Wir brauchen kurzfristige und konkrete Ziele, denen Maßnahmen folgen. Ich bin nicht sicher, ob es uns gelungen ist, Ziele und Strategien verständlich zu machen. Die Mitarbeiter können sich fragen, ob wir es ernst meinen und Handlungen folgen lassen.«

In der Botschaft an breite Gruppen der Angestellten sowie an Außenstehende ist man vielmehr allgemein, was Einstellung, Ziele und Strategien betrifft, aber sehr viel konkreter in bezug auf organisatorische Arrangements. Das Ziel erhält den Charakter eines Wunschzieles, da keine deutlichen Veränderungen vorgespielt oder konkrete Maßnahmen vorgeschlagen werden. Es wird vermutet, daß den Angestellten gemeinhin die Fähigkeit fehlt, die strategischen Zusammenhänge zu verstehen, was viele, die ein gutes Verständnis dafür haben, frustriert.

Trotz des offensichtlichen Ehrgeizes, die Kommunikation zu verbessern, handelt die Unternehmensleitung, als ob es klar abgesteckte Geschäftsideen, Ziele und Strategien gibt, die nur verständlicher gemacht werden müßten – im Grunde nichts anderes als eine Verteidigung des Status quo. Große Gruppen der Angestellten erwarten Veränderungen und neue Züge, aber sie finden in der Botschaft keine deutlichen Richtlinien für Maßnahmen.

Bei Byggbolaget, das von seiner Größe her viel kleiner ist als die übrigen Unternehmen, wird das meiste direkt in Führungsgruppentreffen, Informationsveranstaltungen mit dem Personal und in Führungsseminaren mitgeteilt. Nach dem Wechsel des Geschäftsführers ist die Diskussion in der Führungsgruppe durch große Lebhaftigkeit und Energie gekennzeichnet. Lediglich der Dialog wurde weniger lebhaft.

Die neue Organisation, die kurz nach dem Chefwechsel eingeführt wurde, hatte ein Abziehen der Stabsressourcen zu dem, was einmal die selbständigen Produktionsgruppen werden sollten, zum Inhalt. Es zeigte sich, daß die Voraussetzungen, selbständig zu handeln, begrenzt waren, da der Geschäftsführer eine große Kontrolle über die Verteilung von wichtigen Arbeiten zwischen den Gruppen hatte und ein Ergebnisrechenschaftsbericht für jede Gruppe nicht als Kontrollmittel ausgenutzt werden konnte. Ein gutes Ergebnis bewies somit noch lange nicht große Selbständigkeit.

Die Botschaft über die Einstellung geschah hauptsächlich durch Lösungen und Vorschläge, bei denen andere als der Geschäftsführer einen begrenzten Anteil hatten. Die Vorgesetzten, die ihre Tätigkeit selbständig beschreiben wollten, wurden unschlüssiger, und einige verließen das Unternehmen. Allmählich entwickelte der Geschäftsführer einen Weg, die Ziele der Tätigkeit des Unternehmens in vier unterschiedliche Kategorien einzuteilen: Angebot unter Konkurrenz, Direktankauf, Reparatur und Instandhaltung sowie neue Tätigkeiten.
Es zeigte sich, daß diese Kategorien die Ziele der Diskussion in der Führungsgruppe zeitweilig lösen konnten. Man benutzte eine einfache Sprache, um die Gleichheiten und Unterschiede zwischen verschiedenen Gruppen und einer Gesamtzielsetzung des Unternehmens zu beschreiben. Auf Dauer waren sie als Analyseinstrument anwendbar, aber nicht dafür geeignet, ein Zukunftsbild zu schaffen.
Die Botschaften in den drei Beispielen sind in ihrer Form und ihrem Ausdrucksmittel eindeutig verschieden. Bei SAS wird Aufmerksamkeit geschaffen und zur Unterstützung einer neuen Firmeneinstellung ermahnt. Bei Verkstadsbolaget ist die Botschaft entweder allgemein gehalten oder speziell expertenbetont, wobei die konkrete Einstellung von der Leitung bestimmt wird. Bei Byggbolaget ist die Botschaft persönlich und hat oft den Charakter von Handlungsregelungen oder Konstruktionen.
Die Botschaften spiegeln unterschiedliche Einstellungen zu Veränderungen wider. Bei der ersten werden Veränderungen, die auf der gleichen Linie mit den Zielen und Strategien liegen, legitimiert. Bei der zweiten wird zu Ideen ermuntert, deren Interpretation jedoch der Leitung vorbehalten bleibt. Bei der dritten wird der Geschäftsführer persönlich der vorrangigste Vertreter für Veränderungen.

Die Gestaltung der versteckten Botschaft – die unterdrückten Ideen

Die Ideologie vermittelt Information auch dadurch, daß etwas nicht oder nur indirekt bzw. implizit gesagt wird. Dies kann dann festgestellt werden, wenn die Botschaft aus einer anderen Erfahrung und von anderen Bewertungen heraus interpretiert wird als denen, die die Grundlage für die verbreiteten Ideen sind. Deshalb wird die Botschaft früher oder später ihre Gegenreaktion erfahren. Die versteckte Botschaft ist ein Ausdruck für die eingebauten Gegensätze, die es in einem durchgreifenden Veränderungsprozeß immer gibt.

Bei SAS gab es einen Gegensatz zwischen Expertenkenntnis, vor allem technischen Charakters, und den Kenntnissen über Service und Geschäfte, die durch die neuen Ideen nach vorne geschoben wurden. Der Gegensatz zwischen früher und heute wurde automatisch dann geschaffen, wenn die Rede von Wiedergeburt, neuer Strategie, neuer Organisation und ähnlichem war, wobei die neue Unternehmensführung teilweise frühere Ideen ohne Anerkennung an die frühere Leitung zu den ihren machte. Besonders in Problemsituationen, als beispielsweise eine DC-10 der SAS von der Landebahn des Kennedy-Flughafens in New York rutschte, wurde Platz für eine Debatte über Flugsicherheit geschaffen, wobei alternative Ideen und Bewertungen Durchschlagskraft bekamen.

Die starke Betonung auf die Verantwortung des einzelnen, auf die Führungsrolle der Leitung und auf die Verantwortung des Vorgesetzten, den Weg zu weisen, schufen durch ihre enge Anknüpfung an den Geschäftsführer und seinen Führungsstil Ängste bei einigen Mitarbeitern, da sie befürchteten, den Erwartungen nicht genügen zu können. Die Loyalität gegenüber dem Unternehmen, die sich in einem langen und treuen Dienst widerspiegelte, wurde nicht genauso hoch bewertet. Im Zusammenhang mit den Anstrengungen, eine straffere Organisation aufzubauen, fand diese Unruhe sogar in den Medien einen stärkeren Widerhall.

Es zeigte sich auch ein Gegensatz zwischen ausgeprägteren respektive kurzen Beziehungen und oberflächlich solchen, die während der kurzen Interaktionen zwischen Kunden und Angestellten entstanden waren. Hier gab es Möglichkeiten zwischen Spiel und Manipulation. Manchmal wurde es so aufgefaßt, als wolle man dem Kunden etwas vormachen. Die Debatte, die in Zusammenhang mit den Servicekursen der SAS entstanden, wies deutlich auf diesen Gegensatz hin.

Die Veränderung des Unternehmens wurde durch Informieren und Begeistern der Mitarbeiter vorangetrieben, und die großen Probleme, die dadurch entstanden, daß etablierte Bedürfnisse und Verhal-

tensmuster nicht mehr zählten, wurde nicht offen zugegeben. Da Fähigkeiten und Charakter der Mitarbeiter dadurch idealisiert wurden, daß man ihnen Rationalität, Selbständigkeit, Initiativvermögen und eigene Verantwortung ohne Rücksicht auf Schwierigkeiten und Unvollkommenheiten zuschrieb, konnte die neue Ideologie leicht durch Manipulationsbegriffe wiedergegeben werden. Neben dem Übergewicht in der Kommunikation und der Forderung nach Zielerfüllung konnte das als traditionelle Machtausübung angesehen werden.
Die verborgenen Botschaften sind Realität in jeder ernstgemeinten Veränderung. Die Frage ist, wie man mit ihnen umgeht. Betrachtet man sie als legitime Ansichten, und wird die Ideologie durch diese Kritik verändert und entwickelt? Letzteres gilt vor allem dann, wenn die Kritik von rationellen Argumenten und Fakten unterstützt wird. Erweist es sich, daß die Leitung sich rationellen Argumenten nicht beugt, so wird das Vertrauen in sie und der Zustrom an Ideen unterhöhlt. Ist die Leitung allzusehr bereit, ihren Standpunkt ohne rationale Argumente zu modifizieren, wird auch die Ideologie unterhöhlt, indem sie undeutlich und ausgeglättet wird. Dieser Balanceakt ist mühevoll.

Zustrom zur Ideologie – eine selektive Auslegung

Die Ideologie kann in gewisser Beziehung mit einem projektiven Test verglichen werden, in dem die Individuen sich das zunutze machen, was in Übereinstimmung mit ihren eigenen Bewertungen und Erfahrungen steht und diese stützt. Die Untergebenen schreiben dem Leiter die Bewertung zu, die sie selbst vertreten – »projektive Identifikation« heißt das in der Fachsprache.
Bei SAS fanden wir mehrere Beispiele dafür. Eine der Schlüsselfiguren berichtete: »Meine Stärke ist, daß ich die Strategie verstanden habe. Ich denke an den Markt und kann Menschen motivieren.« Viele der Schlüsselfiguren verstanden und interpretierten die Führung des Geschäftsführers aus ihren eigenen Wertungen und Bedürfnissen heraus. Sie waren überzeugt, die Ideologie richtig zu interpretieren, und konnten somit daran arbeiten, sie zu verwirklichen. So

konnte der Geschäftsführer ihr Handeln ohne allzuviel Hilfe und direkten Kontakt legitimieren.
Verschiedene Schlüsselfiguren nahmen sich der unterschiedlichen Aspekte der Ideologie an. Ein Vorgesetzter beschäftigte sich mit Dezentralisierung, Unabhängigkeit und Verantwortung, während sich ein anderer der Risikobereitschaft annahm und ohne weiteres zugab, daß er in seinem Eifer, ein Resultat zu erzielen, andere überging. In diesem Falle übertrugen die Untergebenen ihre Werte auf den Leiter, der ihr Handeln dadurch legitimierte, daß er ihnen große Freiheiten ließ und nicht eingriff. Dies erleichterte die Mobilisierung der Angestellten, wenngleich es auch das Risiko enthielt, die Ideologie auf viele unterschiedliche Arten zu realisieren, was natürlich deren Deutlichkeit und Klarheit abträglich war.
Andere Vorgesetzte bei SAS hatten das Bedürfnis nach einer kontinuierlichen Verbindung zum Geschäftsführer, die von Loyalität und Respekt charakterisiert war. Sie verbrachten lange Zeit damit, wirklich zu verstehen, was er meinte, um es dann allmählich in sich aufzunehmen. Hier gab es den Ehrgeiz, sich den neuen Ideen und Idealen in ihrer Gesamtheit ohne weitere Bearbeitung anzunehmen. Als diese Vorgesetzten die selektive Interpretationen der anderen bemerkten, wurden sie frustiert. Und da der Geschäftsführer aus Mangel an Zeit und Interesse keine kontinuierliche persönliche Beziehung aufrechterhalten konnte, wurden sie ihrer Unsicherheit überlassen und neigten dazu, formalistisch, also buchstabentreu, zu werden.
Eine dritte Möglichkeit, sich den Idealen zu nähern, war es, deren Sprache anzunehmen, auch in der Hoffnung, die Veränderung würde nicht so dauerhaft werden, so daß die Betroffenen »überwintern« konnten. Ein Gewerkschaftler: »Die Vorgesetzten rechnen damit, daß der Tag der Rechenschaft so weit entfernt liegt, daß man ihn vergessen haben wird, wenn er kommt.«
Bei Byggbolaget zeigte sich, daß selektive Auslegung nur begrenzt Platz haben würde. In der engen Umgebung verließen Personen mit grundlegend anderen Auslegungen das Unternehmen. Andere verhielten sich den Maßnahmen des Geschäftsführers gegenüber loyal, da sie meinten, es sei wichtiger zu helfen als eine eigene Richtung einzuschlagen.
Bei Verkstadsföretaget gab es Raum für bedeutende Ungleichheiten im Schutze der Komplexität des Betriebes. Dies hatte zur Folge, daß

die Ungleichheiten nicht bemerkt wurden. Sie konnten somit bestehen, ob sie nun dem Betrieb von Nutzen oder von Nachteil waren.
Die Ideologie verändert Menschen nicht, jedenfalls nicht kurzfristig oder auf einfache Art. Sie kann indirekt beeinflussen, indem sie an Problemvorstellungen und Bewertungen anknüpft, die von den einzelnen zwar schon umfaßt, aber von der existierenden Organisation abgelehnt werden. Hier ist die Ideologie dann ein ungenütztes Potential – oder sie bietet die Möglichkeit, durch Macht, Einsicht und Ideen attraktiv zu werden.
In großen Organisationen ist dieser Prozeß nur indirekt steuerbar. Es gibt kein »master mind«, das es schafft, ihn zu steuern. Dies wäre dann auch eine Zurückweisung der befürworteten Ideologie. Die indirekten Wirkungen sind wichtiger, nämlich ob Strukturen und Voraussetzungen geschaffen werden, die die vorgezeigte Ideologie unterstützten. Es müssen eine Organisation, ein Beobachtungssystem und Zielsetzungen geschaffen werden, die Initiative, Selbständigkeit und Verantwortung erleichtern, sowie eine Führungsfunktion, die auf gleiche Art die vorgezeigten Bewertungen unterstützt. Wirkungsvolle Mittel können Anwerbung, Beförderung, Entwicklung und Gruppenbildung in Führungs- oder Arbeitsgruppen sein.

Das soziale Drama – Ausdruck der Ideen in der Handlung

Wenn eine Ideologie nicht an konkrete Ziele oder Strategien, die zu Maßnahmen führen, gekoppelt ist, hat sie nur begrenzte Wirkungskraft. Die Realisierung neuer Ideen in Projekten geschieht oft in Begleitung großer Dramatik, Emotion und Enthusiasmus. Es scheint dies ein Mittel zu sein, mit dem man die Unsicherheit und die Skepsis der verborgenen Botschaft gegenüber überwindet. Aus dem Blickwinkel der Leitung sind diese Reaktionen der entscheidende Beweis, daß die Ideen zum Engagement angeregt haben.
Bei Byggbolaget wurde der Versuch unternommen, sämtliche Angestellten für die Entwicklung des Unternehmens zu mobilisieren. In fünf Durchgängen aufgeteilt, nahmen die Angestellten an einer Klausurwoche teil, um Ideen für die Unternehmensentwicklung vorzubringen. Jede Woche begann mit einem Videofilm, in dem der

Geschäftsführer die Zukunft des Unternehmens und die erkennbaren Herausforderungen zur Diskussion stellte. Auf unterschiedlichen Wegen wurde eine große Anzahl Ideen entwickelt, die dann in einer weniger großen Anzahl von Projekten verdichtet wurden. In der zweiten Wochenhälfte diskutierte der Geschäftsführer mit den Teilnehmern der unterschiedlichen Projekte.
Es zeigte sich nicht selten, daß er als Hemmschuh für den Enthusiasmus empfunden wurde, der Anfang der Woche geherrscht hatte. Die Projekte, die begonnen wurden, verliefen entweder im Sande, oder sie brachten magere Ergebnisse.
Die Teilnehmer arbeiteten nicht in natürlichen Arbeitsgruppen, sondern in neuen Konstellationen. Dies schaffte nach der Rückkehr Schwierigkeiten, als man an den verschiedenen Projekten arbeiten wollte. Es war schwierig, die Kontakte aufrechtzuerhalten und unter dem Druck der wichtigen alltäglichen Anforderungen genügend Zeit zu finden. Das soziale Drama war von kurzer Dauer und hatte keine Möglichkeit, die bestehenden Strukturen zu brechen.
Bei SAS schuf man eine vom Geschäftsführer angeworbene neue Leitung. Unter anderem mit Unternehmensberatern zusammen, erarbeitete die neue Leitung etwa hundert Projekte, die, als Ganzes gesehen, die festgelegte Strategie konstituierten. Die Projekte wurden bevorzugt und bekamen Hilfsmittel. Sie schufen und setzten Energie im Unternehmen frei. Dadurch, daß es für das Ganze schon ein Leitthema gab, konnte die Rolle der Unternehmensleitung weniger operativ sein. Der Enthusiasmus wuchs mit dem nachgewiesenen Fortschritt.
Bei Byggbolaget versuchte man das Ganze ohne ein bestehendes Thema, was letztlich mißglückte, da auch keiner etwas Gleichwertiges formen konnte. Jedes Projekt wurde auf eigene Verdienste hin geprüft, und somit gab es keinen Halt in einer übergreifenden Idee. Es zeigte sich auch, daß dem Geschäftsführer und der Geschäftsleitung die Kapazität und die Ressourcen fehlten, sich mit allen Ideen beschäftigen zu können.
Bei Internationella Företaget versuchten der Geschäftsführer und die Geschäftsleitung, den Konzern für einen entscheidenden Einbruch auf einen Markt zu mobilisieren. Anfangs gelang es, Enthusiasmus in den von dem Projekt am meisten betroffenen Abteilungen zu schaffen. Aber nachdem der Geschäftsführer selbst nicht eine

antreibende Rolle spielte und der nächst Verantwortliche skeptisch der Sache gegenüberstand, war die ganze Angelegenheit schlecht verankert. Der ursprüngliche Enthusiasmus wurde offensichtlich gedämpft, als sich zeigte, daß das Projekt trotz seiner großen Bedeutung schwer umzusetzen war. Es wurde zu einem zähen Alltagsprojekt, das in Konkurrenz mit anderen Projekten um Unterstützung und Ressourcen kämpfte.

Bei SAS war der Geschäftsführer aktiv an der Mobilisierung von Ressourcen, beim Aufbau einer Organisation und dem Anwerben von Schlüsselfiguren beteiligt. Der ganze Prozeß war durch einen hohen Grad an Offenheit charakterisiert. Der Geschäftsführer trieb die Entwicklung der neuen Firmeneinstellung voran, war aber an der operativen Durchführung nicht beteiligt. Bei Byggbolaget beteiligte sich der Geschäftsführer an der Initiative, aber nicht am eigentlichen Schaffungsprozeß, sondern er kam in einer kontrollierenden Funktion. Bei Internationella Företaget war der Geschäftsführer anfangs aktiv dabei, ließ dann aber jegliches Engagement vermissen. Der nächst Verantwortliche war nicht enthusiastisch, weshalb das Ganze keine Energie mehr bekam.

Bei SAS machte man neue Erfahrungen und übte neue Führungsstile aus. Dadurch, daß die Aufgaben sowohl die Gefühle als auch die Kompetenzen ansprachen, engagierten sich die Angestellten. Durch Rentabilität, Marktanteile und Pünktlichkeit bekam das Ganze eine Verankerung in der Wirklichkeit, die es auch konstruktiv machte. Bei Byggbolaget wurde jedes Projekt weiter verfolgt, doch es konnten nur wenig Fortschritte registriert werden, und so sank die Begeisterung. Bei Internationella Företaget war eine konsequente Weiterverfolgung des Projektes nicht zu beobachten, so daß Maßnahmen erst dann wieder konkret ergriffen wurden, als eine drohende Krise bevorstand.

Die Unsicherheit der ideengesteuerten Leitung

Eine bewußte Leitung mit Ideen kann ein kraftvolles Führungsinstrument sein, ist aber gleichzeitig mit speziellen Schwierigkeiten und Unsicherheiten verknüpft. Die Stärke einer ideengesteuerten

Leitung liegt in der Sicherung einer gemeinsamen Einstellung. Dies wird ein immer größeres Problem, je komplexer und dynamischer die internationale Geschäftswelt wird und je mehr die Geschäfte nach lokaler Handlungsfreiheit verlangen. Ein gemeinsames Ideensystem oder eine gemeinsame Ideologie schaffen Sicherheit und Zukunftsglaube, wenn es um die Einstellung geht, und regen die Menschen an, etwas zu wagen, wobei jedoch die Unsicherheit über das praktische Ergebnis von Ideen besteht, da nichts bewiesen werden kann, bevor die Ideen in der Praxis nicht ausprobiert worden sind.

Aufgrund empirischer Studien können wir drei spezielle Schwierigkeiten ideengesteuerter Leitung feststellen: Empfänglichkeit für die Persönlichkeit und die Wertungen des Leiters, die selektive Auslegung und die verborgenen Botschaften. Der Vorgesetzte, vor allem der Unternehmensleiter, ist der wichtigste Katalysator für die Ideen- und Idealbildung eines Unternehmens. Die von uns analysierten Beispiele zeigen uns, wie gute Ambitionen einen gegenteiligen Effekt erreichen können, wenn die eigenen Forderungen und Bewertungen des Vorgesetzten mit denen der Untergebenen bzw. der Umgebung übereinstimmen. Die persönliche Leitung rückt deshalb in den Brennpunkt, obwohl eigentlich die grundlegenden Ideen und Bewertungen hier wichtig sind.

Die selektive Auslegung ist eine Bedrohung der Leuchtkraft und Prägnanz einer Ideologie. Durch zu unterschiedliche Auslegung werden die Ideen verschlissen und können die Organisation nicht zu einer einheitlichen Einstellung mobilisieren. Es besteht die Gefahr eines Abnutzungseffektes, der teilweise dazu führen kann, daß Ideen und Ideale verbraucht werden, wenn nicht eine Erneuerung auch mit Blick auf das Ideensystem geschieht. Die Möglichkeit, direkt gegen eine Person auf der Basis einer Art ideologischer Kontrolle zu intervenieren, ist gefühlsbetont, da diese Person leicht der Einstellung und der lokalen Handlungsfreiheit, die man anstrebt, entgegenwirken kann. Letztlich zählt nur das Resultat.

Die verborgenen Botschaften schließlich sind eine potentielle Bedrohung der Ideologie, aber auch gleichzeitig die Möglichkeit zur Erneuerung, wenn das Unternehmen auf neue Herausforderungen und Bedingungen trifft. Es braucht eine gewisse Fähigkeit, mit Unterschieden und Konflikten umzugehen, und nicht die Augen davor zu verschließen. Außerdem muß man Argumenten gegenüber offen und bereit sein, über die vorherrschenden Ideen zu sprechen. Wenn die Richtpunkte der neuen Doktrin aufrechterhalten werden, so verhärtet sich die Ideologie zu einem Dogma und kann auf diese Art eher zu einer Quelle der Unterdrückung als der Erneuerung werden.

Trotz der mit der ideengesteuerten Leitung verbundenen Schwierigkeiten ist es schwer sich vorzustellen, wie lokale Handlungsfreiheit, hohe Motivation und eine deutliche gemeinsame Einstellung miteinander zu vereinbaren sind, ohne daß die Leitung expliziter ideenorientiert und bedeutend und unabhängiger von Anordnungen und Instruktionen wird.

Kapitel 5

Die produktiven Wertungen

5

Die Einstellung zum Menschen, die in der neuen Doktrin exponiert wird, hebt vor allem die Wertungen der Mitarbeiter als eine neue und damit sehr wichtige produktive Kraft in der Tätigkeit des Unternehmens hervor. Unternehmensentwicklungen, die wir unter anderem bei Eka Nobel, SAS und Volvo untersucht haben, deuten durchweg auf die wichtige Rolle hin, die die Wertungen der Mitarbeiter spielen, wenn ein Unternehmen sein Handeln neu definieren will. Beim Nobel-Konzern ist sogar ein kontinuierliches Projekt im Gange, das sich speziell mit den Wertungen in der Organisation beschäftigt.

Anhand des Ausgangspunktes, der in drei aktuellen Forschungsstudien von Konsultföretaget, SAS und dem Strafvollzugsamt festgestellt worden ist, werden wir in diesem Kapitel untersuchen, wie Wertungen und Wertegemeinschaft produktive Triebkräfte in der Unternehmensentwicklung sein können. Gerade wenn es um Unternehmensentwicklung geht, ist es oft so, daß Werte und Ideale, die früher für Fortschritt gebürgt haben, unter den neuen Voraussetzungen leicht als Hindernisse einer Entwicklung gesehen werden. Den alten Werten wird sämtliche Relevanz abgesprochen, was eine Umgebung für Gleichschaltung schafft, die oft zu einer Trägheit bei den Veränderungsbestrebungen führt und sowohl Konflikte als auch Resignation schürt.

Der Blickpunkt auf Wertungen und Wertegemeinschaft bringt somit eine Selbstverständlichkeit zur Sprache, da der positive Begriff Wertegemeinschaft die Tendenz hat, etwas zu verbergen, nämlich die Tatsache, daß Menschen unterschiedlich sind. Dies ist eine Einsicht und Erfahrung, die wir alle gemacht haben, bei der es uns aber schwerfällt, sie auf konstruktive Art zu verwenden – und dies nicht zuletzt im Arbeitsleben. Oft werden die Wertungen hinsichtlich der Firmenidee somit normgebend und steuernd in bezug auf das, was richtig oder falsch ist. In dem komplexen Bereich der Ungleichheiten in einem Unternehmen haben wir uns auf die Unterschiede in den grundlegenden Bewertungen der Mitarbeiter beschränkt – und hier vor allem auf die, die für Meinungsbildung und Identität in der Arbeit mehr verantwortlich sind als andere.

Soziale Verankerung der Wertungen

Wir nehmen an, daß Wertungen im Zusammenspiel zwischen Menschen und anderen Lebensbedingungen im weiteren Sinne geformt werden. Die Beziehungen zu den Eltern und anderen prägenden Personen in unserer frühen Kindheit sind in diesem Zusammenhang besonders wichtig.

Die Werte werden jedoch nicht nur in der Kindheit, sondern auch im Erwachsenenalter geformt, und zwar sehr stark im Geschäfts- und Gesellschaftsleben. Wir müssen also Grenzen und Möglichkeiten der Ungleichheit in den Institutionen der Gesellschaft suchen, wie beispielsweise in Familie und Schule, aber auch im Machtverhalten des Arbeitslebens, sowie in der Technologie und in den verschiedenen Betriebsformen. Die These der produktiven Werte – was heißen soll: Menschen mit unterschiedlichen Werten können von der Strategie eines gemeinsamen Zieles motiviert werden – spiegelt folgende Überzeugung wider: Es gibt Gründe, die etablierte und oft unbewußte Sichtweise in bezug auf Gleichheit und Ungleichheit unter den Menschen zu überdenken, wenn die institutionellen Bedingungen verändert werden.

Wie schon die Begriffe »grundlegende Werte« oder »Wertorientierung« ausdrücken, nehmen wir an, daß unsere Werte ziemlich stabil sind. Das widerspricht nicht dem oben Erwähnten, daß sich Individuen kontinuierlich entwickeln. Es zeigt sich indessen, daß frühere Erfahrungen und Erlebnisse unsere spätere Entwicklung begrenzen. Die grundlegenden Wertungen sind mit psychologischen Konstanten zu vergleichen, die unserem Leben und unserer Arbeit einen Inhalt und uns selbst Identität geben. Bekommen wir die Möglichkeit, gemäß unserer Werte zu arbeiten, fühlen wir uns wohl, während wir frustriert sind, wenn wir sie nicht in unserer Arbeit ausdrücken können.

In einem Unternehmen werden Wertungen beeinflußt und damit auch Ungleichheiten organisatorischer Übereinkünfte des administrativen Systems und der Führungsprinzipien, die entwickelt werden. Unterschiede im Lohn, in der Macht, in der Kompetenz, Ungleichheiten im Zugang zu Informationen und Unterschiede im Einfluß können teilweise durch bewußte Wahl und Strategie bestimmt werden. Sie geben an, welche Ungleichheiten aus der Sicht der Organisation wichtig sind und welche Unterschiede als angemessen und akzeptabel angesehen werden.

Während einer langen Zeit war die Maschine die vorherrschende Metapher, etwa für das Organisationsdenken. Dessen Ausgangspunkt ist die Technik bzw. die »Maschine«. Als es nämlich technisch möglich wurde, Produkte in Massen herzustellen, war es für ein Unternehmen wichtig, daß man das Verhalten der Mitarbeiter standardisierte, um Toleranz- und Qualitätsansprüche erfüllen zu können und damit eine hohe Produktivität zu erreichen. Die Technik war ein Unsicherheitsfaktor, der durch ein vorhersehbares Verhalten gehandhabt werden konnte.

Das Verhalten des Menschen wurde jetzt in vielem von der Technik bestimmt. Die Arbeitsrolle wurde mit dem Gedanken an Voraussagbarkeit und Kontrolle geformt. Arbeitsinstruktionen und Arbeitsbewertung sind für dieses Denken klassische Symbole. In der Maschinenmetapher liegt die Auffassung vom Menschen als einem Zahnrad innerhalb der Maschinerie implizit vor. Dieses Zahnrad funktioniert am besten und ist am leichtesten zu ersetzen, wenn das Verhalten und die Kenntnisse von Menschen programmierbar sind.

Diese Metapher stützt auch eine Machtstruktur, die darauf basiert, daß einige planen und Instruktionen geben, während andere kontrolliert werden und die Arbeit ausführen. Die Kontrolle erhält ihren Wert dadurch, daß sie vom Blickwinkel der Technologie her funktionell und produktiv ist, und zusätzlich dadurch, daß sie denen, die planen und Anweisungen geben, Macht verleiht. Dies impliziert, daß sich Wertungen, deren Rationalität nicht in Frage gestellt wird, durch eine traditionelle Machtstruktur konservieren.

Die soziale Beeinflussung, die außerhalb des indirekten Arbeitslebens in der Familie und Schule geschah, formte Werte und Ideale, die mit dem Produktionsdenken des Arbeitslebens übereinstimmten. Eine Studie des Vaters des Fließbandes, Frederick W. Taylor, zeigte, daß sowohl Taylors persönlicher Kontrollbedarf als auch die damals herrschende wirtschaftliche und soziale Situation und die stärker werdenden Forderungen der Massenproduktion nach Vorhersehbarkeit bei den Angestellten zum Taylorismus führte und somit nach den damaligen Werten zu einem vereinfachten Blick vom Menschen als einer Maschine. Macht, Technologie, Wertungen und Ideale wurden zu einer starken Struktur zusammengesetzt, die sowohl die Entwicklung der Organisation als auch der Menschen bestimmte.

Häufiger Arbeitsplatzwechsel, schlechte Arbeitsmoral und niedrige Produktivität wurden gegen Ende der sechziger Jahre ein Zeichen, daß die Grundwerte der Menschen nicht länger in Einklang mit der Gestaltung der Industriearbeit standen. Dies regte Versuche über neue Arbeitsformen an. Ein Versuch, der sich speziell mit den unterschiedlichen Werturteilen der Menschen beschäftigte, wurde von dem amerikanischen Unternehmen Harmann Industries gemacht. Die Arbeit wurde an die unterschiedlichen, grundlegenden Einstellungen der Angestellten zur Arbeit angepaßt. Dies geschah beispielsweise durch Unterstützung ihres Ausbildungsehrgeizes oder durch die Entwicklung von Freizeitaktivitäten. Das Akzeptieren von Unterschieden führte zu einer offensichtlich größeren Motivation bzw. Produktivität und auch dazu, daß die Angestellten größere Zusammengehörigkeit und Loyalität empfanden, nachdem das Unternehmen durch sein Handeln gezeigt hatte, daß es ihre Eigenarten respektierte.

Die wesentliche Frage für ein Unternehmen heute ist, wie man sich der Unterschiede annehmen kann, so daß diese innerhalb der Struktur, die die Geschäftsidee des Unternehmens oder die Hauptaufgabe der Abteilungen ausmacht, konstruktiv werden können. Ist es uns vielleicht sogar möglich, solche vorteilhaften Effekte zu schaffen, so daß 1 + 1 = 3 wird? Unterschiede bei Grundwerten können bei so relativ offenen und demokratischen Formen, wie wir sie in Schweden haben, nicht auf entscheidende Weise verändert werden. Hingegen kann ein Unternehmen unterschiedliche Vergütungs- und Sanktionssysteme formen, so daß die menschlich produktiven Seiten, wie etwa schöpferisch, selbständig und realistisch zu sein, aktiviert und verstärkt werden, anstatt das Verhalten direkt zu steuern und zu beeinflussen.

Unterschiede bei den grundlegenden Wertungen

In unserer Forschung haben wir mit Hilfe von Tiefeninterviews, Fragenformularen und projektiven Tests die grundlegenden Werte der Menschen in bezug auf ihre Arbeit analysiert. Dadurch, daß unsere Interviews auch Familien- und Jugendbedingungen umfaßten, war es möglich, auch Einsicht darüber zu erlangen, wie frühere Erfahrungen und Beziehungen die Einstellung zur Arbeit beeinflußt haben und noch immer mitprägen.
Wir fanden drei grundlegende Werturteile, die wir sowohl bei privaten Unternehmen, wie SAS, als auch bei öffentlichen Verwaltungen, wie der Strafvollzugsbehörde, mit gutem Erklärungswert angewandt haben. Die drei Einstellungen können wir in diesem Zusammenhang begriffsmäßig Kontrolle, Beziehung und Entwicklung nennen.
Personen mit Kontrolle als Grundeinstellung sind zufrieden, wenn sie ihre Situation kontrollieren. Kontrolle ist kein objektiver, wohldefinierter Begriff mit gleicher Bedeutung für alle. Einigen reicht es, etwas einzusehen und zu verstehen, Kenntnisse über einen Augenblick oder eine Situation zu haben, während andere verlangen, das Geschehen aktiv beeinflussen, beherrschen, manipulieren oder steuern zu können. Subjektiv gesehen, muß Kontrolle jedoch irgendeine Form von Ordnung und Methode, Struktur, Regelmäßigkeit bzw. Gesetzmäßigkeit enthalten. Etwas, über das man keine Kontrolle hat, wird als chaotisch, wirr, unstrukturiert oder irrational empfunden.
Nachdem wir einige hundert Interviews analysiert hatten, bemerkten wir, daß die Unterschiede mit den wirtschaftlichen Gegebenheiten in der Jugend und mit der Beziehung zu den Eltern, vor allem zum Vater, zusammenhängen. Das Hinwenden zur Kontrolle nimmt unterschiedliche Ausdrücke an, je nachdem wie der einzelne seine Autoritätsabhängigkeit gelöst hat. Die etwas Unabhängigeren und Selbständigeren akzeptierten Autorität, vor allem Kenntnisautori-

tät. Meist sind es die jüngsten Kinder, wobei die finanzielle Situation der Familie oft gut gewesen war (bzw. man zumindest keine finanziellen Probleme hatte). Die Umgebung des Heranwachsenden war durch Freiheit, Vertrauen, Respekt und Integrität gekennzeichnet. Die Autoritätsabhängigen ihrerseits sind hellhörig auf das, was andere Autoritäten sagen. Nach oben zeigen sie Loyalität und erwarten ihrerseits von ihren Untergebenen Respekt ihnen gegenüber.

Die Zeit des Heranwachsens ist für den Autoritätsgläubigen auch eine andere gewesen. Meist sind es Individuen, die entweder das älteste oder das einzige Kind waren und einen dominanten Vater hatten. Die Kenntnisse und die Sichtweise des Vaters in bezug auf Arbeit regelten im großen und ganzen das Familienleben. Fehlt einmal bei einem der Beispiele die Autorität des Vaters, so finden wir statt dessen eine starke Moral und/oder eine große wirtschaftliche Verantwortung, die bei der Mutter liegt. Die festen Normen und Wertungen, die vorkommen, sind aus der wirtschaftlichen Situation der Familie heraus oft berechtigt. Handwerker und Kleinunternehmer sind in diesen Familien die üblichen Berufe. Als Kinder mußten sie früh anfangen zu arbeiten. Werte wie »Ordnung halten« und »sich gut benehmen« sind üblich.

Für diejenigen, die Beziehung als grundlegende Wertbestimmung haben, ist das »in einer Beziehung zu sein« der Sinn und Inhalt der Arbeit. Für die Beziehungsorientierten ist es wichtig, anderen zu helfen oder Begeisterung und Freude in der Arbeitsgruppe zu schaffen, um sich bestärkt und geliebt zu fühlen. Die Leistungen sollen eine gefühlsmäßige Stimulanz von Nähe, Engagement und Freude geben. Wenn die Leistungen wichtiger als der eigentliche Prozeß werden, stimmt die Welt mit ihren Grundwerten nicht länger überein.

Auch den Beziehungsorientierten bedeuten die Unterschiede im Verhalten zur Autorität viel. Die etwas Autoritätsgläubigen suchen Unterstützung und Aufmerksamkeit auf eine fast selbstaufopfernde Art, indem sie selbst durch Kenntnisse und Gefühle helfen. Sie schätzen bzw. überschätzen eher die Anforderungen der Vorgesetzten an sie. Oft kommen sie aus einem unteren Beamtenmilieu, wo der Vater es für wichtig hält, daß die Kinder lieb sind und keinen Krach machen. Die Mutter ist wohlwollend, fürsorglich und hilfsbereit. Leistungsanforderungen irgendwelcher Art gibt es nicht.

Diejenigen, die nicht autoritätsabhängig sind, erwarten sich von ihnen nur Gutes. Sie strengen sich an, um zu gefallen und Aufmerksamkeit sowohl bei Kollegen als auch an höherer Stelle zu erregen. Es macht sie zufrieden, auf der Arbeit gute Stimmung und Freude zu schaffen. Ihre Eltern sind in auffallender Weise oft hochgebildet (Arzt, Jurist, Diplomingenieur). Sie wohnen in Großstädten, und es geht ihnen wirtschaftlich gut. Sie sind entweder Einzelkinder oder zumindest die jüngsten. Die Mutter ist sozial aktiv und berufstätig. Die Eltern nehmen ihren Beruf nicht so extrem ernst und haben Freizeitinteressen, die gänzlich anders sind als ihre Arbeit, und die Freizeitbeschäftigungen sind von schaffender, künstlerischer oder unterhaltender Art. Es ist wichtig für sie, angenehme soziale Formen zu schaffen.

Die Personen, die die beschriebene Entwicklung als grundlegende Orientierung haben, schätzen Herausforderungen und Veränderungen. Im Durchschnitt sind sie jünger als diejenigen der anderen Gruppen. Ihre Erlebnisse mit Autorität scheinen keinen größeren Einfluß sowohl auf ihre Werte als auch auf ihre Einstellung zur Arbeit gehabt zu haben.

Aber die Einstellung reicht noch nicht aus, diese Gruppe als entwicklungsorientiert zu bezeichnen, da auch Personen aus den beiden vorigen Gruppen Veränderungen schätzen können. Die Entwicklungsorientierten indessen schätzen Herausforderungen, wo sie sowohl Aufgabe als auch Beziehungen verändern und entwickeln können. Dadurch, daß sie sich selbst auf die Probe stellen, oft außerhalb ihres Zuhauses, bekommen diese Personen Impulse für die eigene Entwicklung. Sie hatten die Freiheit und die Möglichkeit zu erproben, zu experimentieren und Dinge selbst zu erledigen. Die Mehrzahl dieser Gruppe erprobt sich auch weiter durch Mehrarbeit, Sport, Theater, Kunst und Hobby. Somit werden sie vielseitiger in ihren Erfahrungen. Auch wenn die Schularbeit dadurch manchmal etwas litt, gab es Erlaubnis oder Unterstützung für diese Aktivitäten.

Entwicklung impliziert für diese Gruppe ein hohes Maß an Beweglichkeit. Der größte Teil von ihnen hat alle drei bis fünf Jahre die Arbeitsaufgaben gewechselt. Auch die Wahl ihrer eigenen Arbeit gab Ausdruck über Entwicklung. Der ganz dominierende Teil findet sich in den grundsätzlichen Auffassungen des Betriebes wieder.

Einzelne Individuen sind aus Wertungsmustern zusammengesetzt, die von Kontrolle, Beziehung und Entwicklung beeinflußt sind. Empirische Studien zeigen, daß es in den meisten Fällen eine dominierende Werteorientierung gibt. In ein und demselben Unternehmen finden sich diese grundlegenden Unterschiede auch bei den Angestellten wieder. Dies verhindert nicht, daß Machtverhältnisse dazu führen können, daß eine gewisse Einstellung zur Arbeit als richtig und normgebend angesehen wird. Oft ist es so, daß der Vorgesetzte selbst die vorherrschende Einstellung im Unternehmen umfaßt und symbolisert.
Innerhalb der Führungsforschung ist die Entwicklung von den Anstrengungen, ein standardisiertes und einheitliches Modell für erfolgreiche Leitung zu finden, dahin gegangen, differenziertere Modelle zu entwickeln, die sich besser an die situationsbedingten Forderungen oder an Bedingungen der Tätigkeit anpassen. Die Einsicht wächst, daß Einheitlichkeit oder Standard in bezug auf die Wertungen von Menschen unproduktiv ist, ob es sich nun um Vorgesetzte oder Untergebene handelt. Dies wird immer offensichtlicher, wenn die hierarchische Steuerung in den marktorientierten Unternehmen unterminiert wird.

Konsultföretaget – ein Beispiel

In einem Beratungsunternehmen mit 750 Angestellten wurde von der kürzlich neurekrutierten Führungsgruppe, die aus dem Geschäftsführer, dem Buchhalter (controller), dem Marketingdirektor und dem Personalchef bestand, eine neue Firmenstrategie entwickelt. Der Personalchef war der einzige, der schon längere Zeit im Unternehmen beschäftigt war. Die drei neuen waren für das meiste im Unternehmen tonangebend, und es hatte oberflächlich den Anschein, daß sie gut miteinander auskamen. Hingegen bemerkten sie selbst, daß der Personalchef eine Ausnahme machte. Es schien, als passe er nicht richtig in diese Führungsgruppe, da er Zweifel und Kritik aussprach und Veränderungen zu blockieren schien.
Man begann ein Handlungsprogramm im traditionellen Sinn sowohl mit Ausbildung und Information über Ziele und Strategien als auch über Führungsprinzipien durchzuführen. Nachdem man bemerkt

hatte, daß das Interesse daran gering und das Engagement für die neue Unternehmensrichtung zu wünschen übrig ließ, wurde eine genaue Untersuchung durchgeführt. Ein Symptom war das folgende: Es gab wenig Interne, die sich um die freien Vorgesetztenstellen bewarben. So standen zwei Interne, die sich für eine gehobene Stelle beim Marketing beworben hatten, etwa achtzig Bewerbern von außerhalb entgegen.

Eine weitere Untersuchung der Firmenstrategie zeigte: Eine Vielzahl Angestellter hatte sich um die Strategie überhaupt nicht gekümmert bzw. sah darin keinen praktischen Sinn. Eine allgemeine Auffassung war: »Das ist etwas für die Führung. Wenn sie sich damit beschäftigen, haben sie etwas zu tun. Worum es bei unserer Arbeit geht, verstehen sie nicht.« Die Mehrheit der Angestellten fand nicht, daß die Strategie ihnen half. Sie wirkte auf sie mehr oder weniger unsinnig. Die neuen, von der Führungsgruppe entwickelten Wörter und Begriffe beschrieben für sie eine Pseudowirklichkeit.

Die Berater hatten ihre Arbeitsruhe, solange sie nicht offen kritisierten. Nachdem die Leitung bestimmt hatte, was zu erörtern sei, lernten viele der Angestellten die neue Sprache auswendig, um an den rituellen Gesprächen mit der Leitung teilnehmen zu können. Es entstand ein falsches Einverständnis. Man spielte Zustimmung und Gleichheit vor, während unter der Oberfläche grundlegende Meinungsverschiedenheiten herrschten, die nie offen zur Sprache kamen. Warum?

Die Firmenstrategie war auf einer Analyse der Markt- und Konkurrenzsituation gegründet. Hier war sie professionell durchgearbeitet, und wahrscheinlich war in ihr selbst kein eigentlicher Fehler. Das Problem war wohl, daß die Führungsgruppe sich nicht um die Blickweise und Werte kümmerte, die es in der eigenen Organisation gab. Die Firmenstrategie war nicht glaubwürdig. In der Art, wie die Leitung die Strategie entwickelte, teilte man durch die Handlungsweise mit, daß man eigentlich nicht kundenbezogen war, was aber ein Grundgedanke dieser Firmenstrategie war. Unbewußt teilte man mit, daß man für Aussprachen nicht empfänglich war, obwohl bewußt das Gegenteil gemeint war. Die Mitarbeiter reagierten entsprechend.

Eine Reihe von Interviews sowohl mit der Führungsgruppe als auch mit den übrigen Angestellten wiesen auf grundlegende Unterschiede in der Einstellung zur Arbeit hin. Diese entsprachen den drei Werteinstellungen Kontrolle, Beziehung und Entwicklung, auf die wir schon eingegangen sind. Ein Unterschied in der vorliegenden Studie besteht darin, daß wir hier zwei unterschiedliche Gruppen der Kontrolleinstellung haben. Die eine betont Kompetenz, Qualität und Struktur, während die andere das Resultat und die Aktivität betont. Die Interviews zeigten die unterschiedlichen Möglichkeiten der Interpretation bei den Schlüsselbegriffen der Firmenstrategie durch die Angestellten.

Ein Delegieren von Verantwortung war wesentlich, um eine bessere Marktorientierung zu schaffen. Wir finden vier verschiedene Interpretationen, die auf den Unterschieden bei der Einstellung beruhen:

- Eine Strukturorientierung, in der das Delegieren eine größere Möglichkeit bietet, selbständig Probleme zu lösen, was als stimulierend empfunden wird. Es ist eine Art klarer Rahmen für die Handlungsfreiheit aller zu schaffen. Durch Delegieren steigen die Möglichkeiten der Kontrolle.
- Eine Ergebnisorientierung, in der das Delegieren ein Instrument ist, Resultate zu erzielen, und diese Ansicht von allen geteilt wird.
- Eine Beziehungsorientierung, in der das Delegieren als eine Art und Weise, gute Beziehungen aufzubauen, gesehen wird. Man sieht es als Zeichen der Hochschätzung und des Vertrauens seitens der Vorgesetzten an, aber auch als eine Art zu belohnen und Vertrauen zu zeigen.
- Eine Entwicklungsorientierung, in der die Möglichkeit des Delegierens eine Voraussetzung ist, Menschen zu motivieren, etwas Neues zu lernen.

Ein weiterer Grundgedanke der Firmenstrategie ist es, genauer zuzuhören und den Kunden bessere Leistungen zu bieten. Auch hier zeigt sich bei den Interviewten eine unterschiedliche Einstellung bei dem Begriff Service.

- Service impliziert Produktsicherheit, hohe Qualität und gute Leistung (Struktur).

- Service ist es, dem Kunden das zu geben, was er haben möchte und auch bezahlt (Resultat).
- Service ist es, gute Beziehungen zu haben und das zu halten, was man verspricht – und vielleicht auch etwas darüber hinaus, wenn der Kunde dadurch zufriedener wird (Beziehung).
- Service ist es, dem Kunden das zu geben, was er braucht, mit ihm zu diskutieren und zu lernen (Entwicklung.

Die Firmenstrategie schließt auch einiges an Veränderungen in Organisation, Produkteinstellung und administrativem System ein. Bei einer näheren Analyse der Einstellung von Mitarbeitern in bezug auf Veränderungen kristallisieren sich auch bedeutende Unterschiede heraus.

Struktur
Sie unterstützt aktiv Veränderungen, die zu höherer Qualifikation führen. Sie hat es leicht, rationelle Veränderungen zu analysieren, wie etwa dann, wenn es geboten ist, in einer wirtschaftlich gefährdeten Lage Ressourcen zu sparen. Es ist wichtig, daß Veränderungen mit Fakten untermauert sind, die auf die Lösung erkannter Probleme zielen.

Resultat
Die Zielsetzung ist wichtig. Aus dem Ziel heraus werden neue Aktivitäten, Strukturen und Kompetenzen bestimmt.

Beziehung
Sie ist nicht daran interessiert, eine Veränderung zu betreiben, hilft aber, wenn es nicht allzu viele Konflikte gibt.

Entwicklung
Die Veränderung an sich ist wichtig. Veränderungen sind fast immer von Nutzen, und es ist wichtig, daß etwas Neues geschieht.

Wir könnten diese Beispiele mit dem gleichen Muster von Ungleichheiten als Ergebnis fortsetzen. Das vorherrschende Werturteil bei der Führungsgruppe war Kontrolle durch Aktivität und stand somit im Gegensatz zu der Meinung der meisten Mitarbeiter. Bei den Mitarbeitern herrschte die Einstellung nach Beziehung respektive Struktur vor. Die erste Gruppe wurde durch die Gefühllosigkeit der Leitung anderen Menschen gegenüber und deren mangelndem Können, zu unterstützen und aufzumuntern, frustriert. Die zweite Gruppe wurde durch das fehlende Interesse der Führungsgruppe in bezug auf Qualität und gute Lösungen abgeschreckt. Zuviel wurde von der Leitung auf dem Altar der Rentabilität geopfert.

Nachdem die Führungsgruppe sich nicht bereiterklärte, die existierenden Unterschiede zu beachten bzw. zu respektieren, entstand ein Spielraum, der nur durch Verstellung überwunden werden konnte. Ein offener Dialog über den Tätigkeitsbereich und dessen Probleme und Möglichkeiten wurde blockiert. Die Führung wurde in wichtigen Beziehungen von der operativen Tätigkeit abgeschirmt. Somit hatten die internen Dialoge der Leitung nur eine begrenzte Auswirkung auf die Tätigkeiten.

Eine weitere Analyse über das Zusammenspiel in der Gruppe zeigte, daß der 45jährige Geschäftsführer gewillt war, seine Person respektiert zu wissen. Er achtete auf seinen Status und seine Position und forderte Loyalität und Anerkennung, um sich in seiner Rolle als Vorgesetzter sicher zu fühlen. Seinen Äußerungen nach war sein eigener Vater unartikuliert und uninteressant gewesen. Sicherlich hatten den die Erfolge seines Sohnes erfreut, doch größere Notiz hatte er davon nicht genommen. Statt dessen waren die Urteile und Forderungen der Mutter maßgebend gewesen. Ihr war es wichtig, daß der Sohn beliebt und ordentlich war und daran interessiert, einen sozialen Aufstieg zu schaffen. Sie erwartete, daß er ihre Werte teilte und ihr zu Willen war. Und so gelangten diese Werte in den Lebensstil des Geschäftsführers. Mitarbeitern, bei denen er sich sicher fühlen konnte und die ihn nicht bedrohten, schenkte er Aufmerksamkeit und Beifall.

Die prinzipielle Unsicherheit, die der Geschäftsführer in seiner Rolle als Autorität erkannte, spiegelte sich in den Beziehungen zu seinen beiden engsten Mitarbeitern wider, und zwar dem Buchhalter und dem Marketingdirektor, die etwa so alt wie er waren. Einer der beiden sagte frei heraus: »Ich werde keine Konflikte mit dem Geschäftsführer eingehen, da er das nicht mag.« Der Geschäftsführer selbst sagte, er sei ein schlechter Verlierer. Wie sein eigener Vater drückte er sich bei Anforderungen undeutlich aus. Dies bescheinig-

ten seine beiden Mitarbeiter: »Ich weiß nicht, was er [der Geschäftsführer] selbst will und was er von mir will.«
Die Mitarbeiter sagten auch, wie sie ihren Vorgesetzten haben wollten. Einer von ihnen meinte: »Er soll Interesse zeigen und ein Gesprächspartner sein. Meine Grundeinstellung war, daß er zu mir kommen sollte, und ich fand, daß dies auch in seinem Interesse liegen müßte. Mein Bereich könnte ja auch interessant sein.« Aber da der Geschäftsführer damit beschäftigt war, seine eigenen Forderungen nach Aufmerksamkeit zu befriedigen, konnte er die der Mitarbeiter nicht zufriedenstellen. Der andere Mitarbeiter meinte: »Ich will wissen, was von mir erwartet wird, etwa erhöhte Effektivität, mehr Projekte, Anwerben von Vorgesetzten mit gewissen Voraussetzungen. Darin ist der Geschäftsführer schlecht, doch er ist schon besser geworden.«
Die beiden Mitarbeiter mußten Verantwortung für das Wohlbefinden des Geschäftsführers übernehmen, und sie taten dies auch. Es zeigte sich, daß sie selbst die ältesten Kinder gewesen waren, stützende Mütter gehabt hatten und Väter, die entweder oft nicht zu Hause oder auf Distanz zu ihren Kindern gewesen waren. Früh hatten sie gelernt, Verantwortung zu übernehmen. Dies führte indessen nicht zu offenen Beziehungen, in der die Unterschiede deutlich wurden. Vorbilder aus der Familie und Erfahrungen in der Dynamik der Familienbeziehungen wurden auf die Führungsgruppe reproduziert, wo die Macht des Chefs einen entscheidenden Einfluß darauf hatte, welches Familienideal wiederhergestellt wurde.
Unbewußt war die ganze Organisation ein Bereich, in dem der Geschäftsführer tüchtig sein und Liebe und Aufmerksamkeit erhalten konnte. Den Schein von Fortschritt und Tüchtigkeit aufrechterhalten zu wollen wurde so wichtig, daß jede Bedrohung dagegen verneint oder unterdrückt wurde. Die meisten im Unternehmen wurden durch eine Struktur- und Resultatsorientiertheit umfaßt und konnten somit die Federfuchserei des Chefs weder verstehen noch daran teilhaben. Sie merkten, daß der Geschäftsführer eine bewußte und eine unbewußte Firmenstrategie hatte. Ihr Widerwille, seinen Sicherheitsbedarf zufriedenzustellen, drückte sich darin aus, daß sie den Wirtschaftsplan des Geschäftsführers ignorierten. Sie hatten ebenfalls kein Interesse daran, sich um die Vorgesetztenstellen des Unternehmens zu bewerben.

Eine Sicherheit vor der Ungleichheit

Damit Unterschiede in den Grundanschauungen nicht bedrohend sind, muß Offenheit und Sicherheit geschaffen werden, die es ermöglichen, daß Ungleichheiten an die Oberfläche kommen und sichtbar werden. Wie wir gerade an unserem Beispiel gesehen haben, kann ansonsten die Führung behindert werden.

In einer Studie von drei Führungsgruppen in der technischen Abteilung von SAS fanden wir, daß unterschiedliche Vorgesetzte auch unterschiedliche Bewertungsmuster hatten. Sie wurden von Idealen geleitet, die ihnen selbst oft unklar waren. Die drei Vorgesetzten schafften sich ihre Bewertungsmuster durch Einstellungen und Beförderungen. Sie selbst wie auch ihre Mitarbeiter benutzten oft den Ausdruck »Personenchemie«, um ihre Wahl zu erklären. Durch eine solche Wahl können große Ungleichheiten in einer Führung entwickelt werden bei untereinander gleichgearteten Tätigkeiten.

Die technische Versorgungsbasis in Kopenhagen ist ein Betrieb mit etwa 1500 Angestellten, in dem man Wartungen an Flugzeugen ausführt, die entweder zwischenlanden bzw. über Nacht bleiben. In der Führungsgruppe dieser Basis gab es zwischen 1983 und 1986 eine Gruppe von drei Leuten, die bei wichtigen Entschlüssen und Entwicklungen tonangebend waren. Diese innere Gruppe gab in einer Art Konzentrat die in der Organisation vorherrschenden Werte an, bestimmten auch, von welchen Werten inwieweit abgewichen werden konnte.

Eine nähere Analyse zeigte, daß der Leiter der Basis für eine Beziehungsbewertung war. Der Arbeitsplatz, für den er verantwortlich war, sollte ein guter Platz sein, an dem die Menschen sich untereinander gut verstehen. Die unterschiedlichen Funktionen sollten reibungslos zusammenarbeiten. Er verstand sich selbst als integrierenden Faktor, dem es in kleinen Gruppen am besten gefiel. Dort strebte er nach Übereinstimmung. Er wollte gerne Beschlüsse formulieren, aus denen hervorging, daß es gemeinsame Beschlüsse waren. Der Basisleiter legte ebenso großen Wert auf Kommunikation und auf eine gute, eigene Ausdrucksweise wie auf Zuhören. Er übernahm selbst dafür die Verantwortung, daß andere sich gut fühlen konnten.

Es zeigte sich, daß auch seine beiden nächsten Mitarbeiter, die er selbst eingestellt hatte, seine grundweg positive Menscheneinstellung teilten. Beide kamen aus Familien, in denen kein Elternteil dominiert hatte und etwaige Meinungsunterschiede der Eltern bekannt, akzeptiert und respektiert wurden. Einer der beiden Mitarbeiter stand für die Entwicklung, der andere für Kontrolle. Ihre Stärke lag darin, daß sie ihre unterschiedlichen Meinungen akzeptierten und sie als etwas Positives ansahen. In der Entwicklung der Basis waren beide tonangebend hinsichtlich der aktiven Gestaltung. Sie hatten es beide leichter als der Basisleiter, mit Konflikten fertig zu werden und Veränderungen voranzutreiben. Indessen brauchte man Maßnahmen, die sich auf Organisations- und Personalentwicklung konzentrierten, und diese wurden unter großer Mitwirkung der Gewerkschaften und betroffener Mitarbeiter vorangetrieben.

Es gelang, eine ganz neue Organisation mit Erfolgseinheiten zu schaffen, in der die gemeinsame Macht der einzelnen Abteilungen verringert wurde und ein Teil des Personals neue Arbeitsaufgaben in den früheren Werkstätten bekam. Die Veränderungen belasteten zwar den Zusammenhalt in der Führungsgruppe, konnten ihn aber nicht zerbrechen. Gleichzeitig war klar: Wenn es eine solche Qualität der Zusammenarbeit, die teilweise auf Offenheit zueinander beruhte bzw. auf der Gewißheit, sowohl mit Dingen als auch mit gefühlsmäßigen Situationen fertig zu werden, nicht gegeben hätte, wären diese aus dem geschäftlichen Blick heraus notwendigen Veränderungen nicht zustande gekommen. Die prinzipielle Sicherheit und menschliche Rücksicht, für die der Basisleiter stand, waren eine gute Voraussetzung für das Handeln der anderen. Prinzipientreue und Entwicklungsvorstellungen konnten mobilisiert werden, um Veränderungen nach vorne zu führen.

In der Versorgungsbasis in Oslo hatte es eine entsprechende Veränderung gegeben – der Stationsleiter trat für Kontrollbewertung ein. Er betonte in seiner Führung Ergebnisse, Systematik und Kompetenz, symbolisierte den guten und fordernden Vater. Seine beiden nächsten Mitarbeiter, die er sowohl eingestellt als auch gefördert hatte, standen für die Entwicklungs- bzw. Kontrollbewertung. Seine »Söhne« waren rund fünfzehn Jahre jünger als er.

Die Veränderungen in der Versorgungsstation in Oslo gingen schrittweise vorwärts, wobei unterschiedliche Projekte einander ablösten.

Diese Projekte betrafen den ganzen Betrieb. Die Grundzüge der neuen Organisation glichen denen in Kopenhagen mit reduzierten Stabseinheiten, wobei eine größere Betonung der Werkstätten und ein erhöhter Einsatz in der Personalausbildung zu beobachten war. Frühzeitig erforschte man das Organisationsklima als Grundlage für Beschlüsse neuer Maßnahmen. Das grundlegende Motiv für die Veränderung war, von einer engen ergebnisorientierten zu einer flexibleren und entwicklungsorientierteren Organisation zu gelangen. Dies war durch die Unterschiede, die in der strategischen Führungsgruppe der Versorgungsbasis eingebaut waren, zu einer praktischen Realität geworden.

Die Unterschiede hatten durch die gefühlsmäßige Sicherheit, die dadurch entstanden war, daß trotz allem die Führungsgruppe für Kontrollbewertung war, zu einem positiven Ausdruck kommen können. Aber auch in dieser Konstellation gibt es gewisse Belastungen, nämlich dann, wenn die entwicklungsorientierte Schlüsselperson meint, die Herausforderungen seien zu klein und die Organisation selbst sei zu steif. Die Konstellation war jedoch während des ganzen Veränderungsprozesses intakt.

Ein drittes Beispiel mit einer ganz anderen Konstellation grundlegender Bewertungen fanden wir in der Führungsgruppe der Versorgungsbasis auf dem Flughafen Arlanda. Der Chef der Basis war fünfzehn Jahre jünger als seine Kollegen in Oslo und Kopenhagen. Er stand für Kontrollbewertungen, die in der Hauptsache auf Resultate und Aktivität ausgerichtet waren. Er schätzte Autonomie und Selbständigkeit und wollte, daß auch seine Mitarbeiter selbständig handelten. Sein Motto: Laßt tausend Blumen blühen.

Der Chef der Basis hat zwei nahe Mitarbeiter selbst rekrutiert. Der eine war für Kontrollbewertung und der andere für Beziehungsbewertung. Beide waren daran gewöhnt, für sich selbst zu arbeiten, unter Rücksicht auf einen begrenzten Bedarf an Koordination. In der Arbeitsgruppe lag die emotionale Sicherheit darin, selbständig in dem Gefühl der Stimulanz an einer gemeinsamen Aufgabe handeln zu dürfen. Eine Grundannahme war, daß andere Vorgesetzte auf gleiche Weise handelten.

Es zeigte sich, daß man in der Versorgungsbasis vor allem bei der Vertriebsführung zu wichtigen Resultaten gekommen war. Hingegen hatte man keinen Durchbruch bei dem Rest des Betriebes gehabt,

wo die Vorgesetzten unsicher und unschlüssig waren, als man plötzlich von ihnen selbständiges Handeln erwartete, nachdem man früher unter starker Kontrolle tätig gewesen war. Mehr durchgreifende Veränderungen des Ganzen und ein Austauschen der Vorgesetzten wurden nicht durchgeführt. Teilweise als Konsequenz hieraus gab der Chef der Basis auf.
Die Führungsgruppe kann als »Clique« bezeichnet werden, die eine offene und kameradschaftliche Atmosphäre schuf, die durch eine jargonartige Sprache gekennzeichnet wurde. Der Zusammenhalt bestand teilweise darin, gegen die traditionellen Werte zusammenzuhalten, sich zu behaupten und Alternativen zu betonen, die neue Cliquenmitglieder anlocken konnten. Diejenigen, die so nicht angeworben werden konnten, durften bleiben und erfüllten dann ihre Funktion als abschreckendes Beispiel.
Die Führungsgruppe schuf eine wesentlich größere Offenheit und Flexibilität, in der die Menschen mitarbeiten oder die sie ohne größere Probleme verlassen konnten. Auf der anderen Seite wurden der Zusammenhalt und die Geborgenheit auf andere Art problematisch. Sie wurden nicht in erster Linie durch ein familienähnliches Band, sondern durch selbständiges Handeln und Unterstützung der Ideen und der Programme der Gruppe gelöst. Es zeigte sich indessen, daß die übrige Organisation diese Werte nicht teilte.

Anwendung der Werturteile

Sowohl das Beispiel des Konsultföretaget als auch die Studien der Führungsgruppe innerhalb der technischen Abteilung von SAS spiegeln die Bedeutung der Kenntnisse über Bewertungen wider, um das, was in der Organisation geschieht, nicht zuletzt im Hinblick auf Führung, analysieren und verstehen zu können.
Ein Beispiel, wie Werturteile an die Oberfläche kommen können und in einem Bereich »praktisch« angewendet werden, zeigt ein Aktionsforschungsprogramm innerhalb des »Reichsamtes für Strafvollzug und Bewährungshilfe«. Statt mit einer traditionellen Analysetechnik auf das Problem zuzugehen und die Strukturen direkt anzugreifen, um somit eine erhöhte Effektivität zu erreichen, begann man zu beobachten, wie Menschen mit unterschiedlichen

Wertmaßstäben das System, in dem sie arbeiten, beeinflussen bzw. von ihm beeinflußt werden. Betrachtet man die Wertmaßstäbe in der Grundstruktur einer Organisation, so sucht man auch nach den innersten Triebkräften in ihr, also danach, was Leben und Dynamik in der Arbeit ausmacht und bei den Angestellten ein Gefühl des Sinns bzw. der Frustration bewirkt. Diese mehr oder weniger unausgesprochenen Kräfte können für ein Veränderungsstreben zu einer unsichtbaren Bremse werden.

Gemäß unserer früheren Grundannahme kann man sagen, daß die dominierenden Bewertungen in einer Organisation aus einem Zusammenwirken der existentiellen Verhaltensweisen der Menschen entstehen, die die Entwicklung der Grundwerte der Menschen und die Struktur der Organisation beeinflussen. Der wichtigste psychologische Faktor ist die existentielle Verhaltensweise, die insbesondere bei der Einstellung zur Autorität zu beobachten ist. Dies wird auch durch die Position und die Rolle, die der einzelne im Unternehmen hat, beeinflußt. Generell kann man sagen, daß Zufriedenheit und Wohlbefinden in der Arbeit durch die Tatsache beeinflußt werden, in welchem Maße man die Möglichkeit hat, gemäß seiner existentiellen Verhaltensweisen tätig zu sein. Wird man gezwungen, dagegen zu arbeiten, besteht die Gefahr, daß Motivation und Engagement für die Arbeit verlorengehen.

Bei der oben genannten Behörde begann die Arbeit, die Organisation zu effektivieren, damit, die grundlegenden Werte deutlich zu machen. In Seminaren, die einen Querschnitt der Organisation und der Führungskräfte der unterschiedlichen Ebenen darstellten, wurden diese Analysen benutzt, um mit Hilfe von Forschern seine eigenen Verhaltensweisen zu identifizieren, zu klassifizieren und zu besprechen, um dann darzustellen, für welche Werte man in bezug auf die Ziele der Organisation, die Veränderungsarbeit und die Verteilung von Beschluß und Verantwortung stand.

Auf einen Querschnitt von etwa siebzig Personen gestützt, konnte man im großen und ganzen drei verschiedene existentielle Verhaltensweisen feststellen: eine beziehungsorientierte, eine kontrollorientierte und eine ständig integrierende. Die Inhalte der einzelnen Gruppen beeinflußten natürlich auch, wie man zu den Zielen der Organisation, zur Veränderungsarbeit und zur Verteilung von Beschluß und Verantwortung stand.

Wertungen, die die Ziele der Organisation betreffen

Die Beziehungsorientierten nutzten in erster Linie ihre Energie für die Personen, mit denen sie in direkten Kontakt kamen. Für sie war es wichtig, Beziehungen aufzubauen, die von Gegenseitigkeit, gemeinsam zu fühlen und Verlassen auf den anderen gekennzeichnet war. Sie betonten Zusammenarbeit, Freiheit und/oder die Bedeutung, die Entwicklung von Menschen zu unterstützen, ferner Humanität und Rehabilitierung als Ziele der Organisation.
Die Kontrollorientierten richteten sich in erster Linie darauf, das Leben der (anderen) Menschen zu schützen. In ihrer Wertung von den Zielen des Strafvollzugs schätzten sie sich selbst als einen strengen Vater ein, der dem Kind beibringen sollte, Verantwortung zu tragen. Ihre vornehmlichste Aufgabe war für sie, einen Auftrag zu erfüllen, den man von der Gesellschaft bekommen hatte, und den Strafvollzug mit maximaler ökonomischer Effektivität zu betreiben.
Die dauernd Integrierenden waren dadurch gekennzeichnet, daß sie sich ständig darüber bewußt waren, daß es in den Zielen der Tätigkeit eingebaute Konflikte gab. Ein Teil von ihnen wurde angeregt, sich mit den widerstrebenden Zielen auseinanderzusetzen. Andere wollten die Ziele differenzieren – entweder in bezug auf den Hintergrund und die Art des Verbrechens der Inhaftierten oder in bezug auf ihre Gefahr für die Gesellschaft und ihre Zugänglichkeit für eine Rehabilitation.

Wertungen im Verhältnis zur Veränderungsarbeit

Die Beziehungsorientierten sahen in erster Linie auf die menschlichen Ressourcen der Organisation. Unter den Werten dieser Gruppe können die Entwicklung der Zusammenarbeit, die Stärkung der Fähigkeit der Organisation, für die Sache der Außenseiter zu kämpfen, den einzelnen Menschen mehr Freiheit zu geben und die Entfaltung der personellen Ressourcen innerhalb der Organisation genannt werden.
Die Kontrollorientierten sahen bessere, klarere und eindeutigere Regeln als das wichtigste der Veränderungsarbeit an. Auch war es für sie wichtig, daß man in seiner Arbeitsweise zielgerichteter und systematischer wurde.
Die ständig Integrierenden sahen den Veränderungsbedarf, aus der Perspektive gegensätzliche Ziele zu integrieren bzw. sie für die ein-

zelnen Teile der Organisation zu differenzieren oder ganz einfach die eigene Position zu stärken.

Wertungen, die sich auf das Delegieren von Beschluß und Verantwortung beziehen

Die Beziehungsorientierten wollten eine größere Bewegungsfreiheit für die Angestellten haben. Für einen Teil war es wichtig, daß man sein Vertrauen »von oben« zeigte, indem man delegierte. Für andere entsprach das Delegieren einem erhöhten Freiheitsbedarf und für wieder andere eine Möglichkeit, sich zu entwickeln und größere Verantwortung zu übernehmen. Die Kontrollorientierten sahen einen klareren Zusammenhang zwischen formellem und informellem Beschlußrecht als Ziel des Delegierens, während die ständig Integrierenden dem Delegieren überhaupt zwiespältig gegenüberstanden. Auf der einen Seite wollte man gerne, daß ein Integrieren sich widerstrebender Ziele weiter nach unten in die Organisation verschoben werden sollte, auf der anderen Seite wollte man selektiv sein und betonte das Gewicht einer weiteren Verfolgung der Angelegenheit, um sicherzustellen: Es geht so, wie ich mir das vorgestellt habe.

Über die Studien bei der Strafvollzugsbehörde kann man sagen, daß die psychologischen Methoden, die angewandt wurden, um die vorherrschenden Werturteile der Organistion darzulegen und zu verstehen, wie diese die Strategien einer Veränderung und erhöhten Effektivität beeinflußten, eine sehr große Rolle für die Lehre der Organisation spielten. Dies zeigte sich vor allem daran, daß Personen, die am Projekt teilnahmen, auf direktere Art als andere ihre Kenntnisse über Wertungsunterschiede in ihren speziellen Verantwortungsgebieten anbringen konnten. Es gibt beispielsweise eine Führungsgruppe auf der strategischen Führungsebene, in der man nun bewußt die unterschiedlichen Blickweisen und Wertungen der Mitglieder, etwa bei Problemanalysen und Diskussionen über die Aufgabenziele, unterstützten kann. Früher hatte es oft Kämpfe untereinander gegeben, die Unsicherheit und in gewissen Bereichen auch so etwas wie Anarchie. Man kam zu der Einsicht, daß Unterschiede, wenn sie denn bekannt sind, durchaus fruchtbar sein können und es somit eine Sprache für die Grundmaßstäbe gibt, die bei Problemanalysen und für die Angabe der Zielsetzung benutzt werden kann.

Konsequenzen aus den Erfahrungen

Wenn man versucht, die Grundwerte der Organisation als einen Teil einer konkreten Führungsstrategie einzukalkulieren, stößt man natürlich auf viele praktische Probleme. Das Resultat wird selten direkt dramatisch, ja manchmal nicht einmal meßbar. Indirekt kann man jedoch bemerken, daß die Motivation bei der Beteiligung an Zielen und Strategien unter den Mitgliedern der Organisation groß ist. Auch wird das Betriebsklima von der Mehrheit als gut bewertet. Wird das Klima als kreativ verstanden, kann man fast sicher sein, daß unterschiedliche grundlegende Blickweisen und Grundbewertungen befriedigt wurden.

Bezogen auf die Strafvollzugsbehörde, führte die Studie dazu, daß sowohl die strategische als auch die fachliche Leitung erkannten, wie eine bessere Organisations- und Führungsphilosophie entwickelt werden kann, basierend auf erhöhtem Bewußtsein der Interessenrespektive Wertungsperspektive.

Es schien, daß auch eine erhöhte Mobilisierung von Personal und Ressourcen stattgefunden hatte, um die Ziele zu erreichen und zu Resultaten zu kommen. Die Leitung engagierte sich dadurch stark bei der Arbeit: Man vereinfachte die Lenkung durch Regeln, deutete die Richtlinien klarer aus und formulierte deutlichere Forderungen an Kostenbegrenzungen und Einsparungen. Ein Versuchsprojekt mit einer Dezentralisierung von Beschluß und Verantwortung in der Organisation wurde gestartet, dessen Gestaltung durch die erhöhte Kenntnis der Bedeutung von Werturteilen beeinflußt wurde. Die Leitung wurde auf der einen Seite deaktiviert und nahm ihrerseits noch mehr Veränderungen in der Umgebung vor als früher.

Die Freiheit stieg, auf lokaler Ebene die Initiative zu ergreifen und die Entwicklung zu beeinflussen. Für die Vorgesetzten bedeutete dieses erhöhte Bewußtsein über die vorherrschenden Werte der Organisation auch, bessere Kenntnisse zu haben, um die Vorgesetztenrolle spielen zu können, und sie erlebten, daß das Versuchsprojekt auch als Vorgesetztenentwicklungsmethode fungierte.

Auf allen Ebenen innerhalb der Strafvollzugsbehörde sah man vor allem die Veränderungen auf der strategischen Führungsebene. Besonders hervorgehoben wurde die positive Einstellung der Leitung und ihre konkreten Maßnahmen, das Delegieren und Dezentralisieren zu unterstützen. Aber je tiefer man in dieses System kam, desto weniger erfaßte man die Wirkungen. Die guten Absichten auf der zentralen Führungsebene waren, mit anderen Worten, nicht in die niedrigeren Gruppen der mittleren Vorgesetzten eingedrungen.

Ausgangspunkt war ein starker Widerstand der zentralen Führung gegen Dezentralisierung und Delegierung. Es gab keine bekannte und ausgesprochene Führungs- bzw. Organisationsphilosophie hinter dem Handeln, dagegen aber ein starkes gegenseitiges Mißtrauen zwischen der Leitung und den Vorgesetzten vor Ort. Das Fehlen einer übergreifenden Strategie, in der die Einsicht wie die grundlegenden Werte der Organisation und ihre Kupplung an Motivation und Effektivität den Entwicklungsehrgeiz beeinflußten, machte sich auch im Frühjahr 1987 stark bemerkbar. Die Strategien wurden von den Grundeinstellungen der Schlüsselpersonen sehr stark beherrscht, und eine Integration ist immer noch nicht geschehen. Die einen werden getrieben, um Kontrolle bis ins kleinste zu behalten, während andere angeregt werden, die Balance zwischen Ungleichheiten und Konflikten in der Organisation aufrechtzuerhalten.

Ein Prozeß ist im Gange, aber die Schwierigkeiten, in alle unterschiedlichen Bereiche der Organisation zu kommen, sind beträchtlich. Auf den niedrigeren administrativen und mandantenbezogenen Ebenen hat man beispielsweise nur einen Teil positiver und praktischer Maßnahmen erfaßt, ohne diese jedoch an einer übergreifenden Idee einer neuen und effektiven Einstellung der Tätigkeit festmachen zu können.

Die produktive Ungleichheit

Die Beispiele, die wir geben konnten, sind nur Fragmente der wichtigen Rolle, die Werturteile in einer Arbeitsorganisation spielen, in der viele Menschen gemeinsam auf dasselbe Ziel hinarbeiten sollen – und das auf eine effektive und engagierte Weise.

Wenn man, wie es in vielen Unternehmen heute der Fall ist, gemeinsame Werte schaffen will, die die Geschäftsidee des Unternehmens

betreffen, bauen diese oft auf einer vereinfachten Auseinandersetzung auf. Das Problem ist, die Unterschiede bei den grundlegenden Werten zu koordinieren. Das Analysieren der Unterschiede und Übereinstimmungen dieser Werte ist ein Vorgehen, das andere ist, aus diesem Verständnis heraus eine Führungsphilosophie zu schaffen, die darauf aufbaut und sich der Unterschiede der Werte annimmt, um eine gemeinsame Strategie zu verwirklichen.
Bestimmte Unterschiede sind selbstverständlich bedrohend, wenn sie genau das herausfordern, für das die Firmenidee steht, während andere sich vermutlich sehr gut in die Struktur der Firmenidee integrieren lassen. Es gilt, die Unterschiede zu Wort kommen zu lassen, und es gilt, unterschiedliche Perspektiven und Anschauungen über die Firmenidee zu bekommen. Die Herausforderung, für die eine gute Führungsphilosophie steht, ist es, eine gemeinsame Strategie zu formen, in der Unterschiede und Übereinstimmungen in den Werten nicht zu einem unproduktiven Chaos führen, dessen Spannungen von vornherein Veränderungen entgegenwirken.
Wenn der Betrieb durch feste, etablierte Hierarchien oder durch ein mehr oder weniger bürokratisches Regelwerk gelenkt wird, spielen die grundlegenden Werte keine so große Rolle, da ja das System relativ unengagierte und instrumentell arbeitende Mitarbeiter voraussetzt. Wenn, wie es in immer mehr schwedischen Unternehmen der Fall ist, das Regelwerk von Ideencharakter ist und eine zusammenhängende Ideologie für das Handeln bildet, wird das Verständnis der Leitung für Werte und Wertunterschiede in der Organisation von einer ganz anderen Wertigkeit, wofür die Strafvollzugsbehörde ein hervorragendes Beispiel ist. Es ist die Verbindung grundlegender Werte mit Engagement sowie Meinungs- und Identitatsbildung in der gesamten Arbeitssituation, die sie in einem heutigen modernen Unternehmen so wertvoll werden läßt.

Kapitel 6

6

Beteiligung als Motivationskraft

Wenn es das Primäre der neuen Doktrin ist, mit Ideen anstelle von Instruktionen und Befehlen zu leiten – und dies in erster Linie durch Appellieren an die Werturteile der Menschen geschieht –, so kann eines der wichtigsten Ziele dieser Einstellung das Streben nach einem Zustandekommen von Beteiligung in der ganzen Organisation sein, wenn es um die Geschäftsidee des Betriebes geht.
Beteiligt zu werden in einem auf Ideen basierenden organisatorischen Zusammenhang schafft das Erlebnis von Zugehörigkeit (vgl. religiöse Gemeinschaften, Volksbewegungen, politische Parteien, Vereine etc.), auch wenn die Stärke der Zugehörigkeit gegebenermaßen von individuellen Unterschieden und dem Zusammenhang abhängig ist. Energie wird freigesetzt für eine erhöhte Verantwortungsbereitschaft, für erhöhte Kreativität, für Bereitschaft und Willen, die Fähigkeiten und die Ressourcen zu nutzen, die früher weder gefragt waren noch in irgendeiner bewußten oder konkreten Form von jedem einzelnen selbst genutzt wurden. Beteiligung und Zugehörigkeit sind mit anderen Worten in bezug zur Motivation die Triebkräfte, die einer Organisation ihre entscheidende Energie und Entwicklungskraft geben. In einer Führungsdoktrin, die von Idealen wie Mobilisieren und Entwicklung von Fähigkeiten geprägt ist, sind deshalb die Fragen nach Motivation von sehr großer und entscheidender Bedeutung, vor allem in einer Situation, in der eine motivationsschaffende Beteiligung nicht länger nur auf eine kleine Anzahl von Schlüsselfiguren im Unternehmen bezogen werden kann, sondern so tief wie möglich im Unternehmen greifen sollte.
Es hat den Anschein, daß das Schaffen von Beteiligung an einer Idee, bei dem viele Menschen beteiligt sind, eine unerhört langfristige und schwere Aufgabe ist. Es gibt wohl nur wenige Unternehmen,

in denen die Beteiligung de facto eine Realität geworden ist, wenn es um die Definition der Firmenidee und deren Anwendung geht. Aber um in irgendeiner Form beleuchten zu können, wie Beteiligung geschaffen wird und sich verhält, werden wir uns einem Forschungsprojekt zuwenden, in dem in einer Zeitungsredaktion Untersuchungen über Arbeitsklima und Engagement in bezug auf die Einstellung und die Ziele der Redaktion gemacht wurden.
Im übrigen bezieht sich das empirische Material in diesem Kapitel auf Studien bei Eka Nobel, wo sich der Ehrgeiz nach Beteiligung mehr in einem visionären Stadium befindet und eines der Ziele eines neuen Firmendenkens und einer neuen Leitung ist, was letztlich nicht ausschließt, daß eine Beteiligung in bestimmten Bereichen des Unternehmens schon Fuß gefaßt hat.
Beteiligung und Zugehörigkeit als neue Begriffe im Wirtschaftsvokabular spiegeln wider, daß die Arbeit nun neue Bedingungen erfahren hat, Bedingungen, die es im Hintergrund schon immer gegeben hat, die aber durch den Zuwachs der neuen Doktrin immer weiter in den Vordergrund geschoben wurden. Dieser stabile Trend, der – in einigen Bereichen – in dem industrialisierten Teil der Welt zu beobachten ist, enthält mehrere Veränderungswege, die zusammen eine deutliche Motivationsverschiebung von physischen zu psychologischen und auch zu solchen Bedürfnissen hin ergeben hat, die man geistig oder zumindest existentiell nennen kann.

Arbeit unter neuen Bedingungen

Das erhöhte Ausbildungs- und Informationsniveau läßt die Menschen heute in stärkerem Maße als früher nach Arbeitsaufgaben, Verantwortung und Befugnissen streben, die den erhöhten Fähigkeiten entsprechen. Die wirtschaftliche und allgemein gesehen materielle Entwicklung hat einen relativen Wohlstand mit sozialen Sicherheitsmechanismen bewirkt.
Dies bedeutet, daß das Risiko, die Arbeit zu verlieren, kleiner als früher ist, und daß ein Verlust nicht wie in früheren Zeiten eine rein physische Gefahr bedeutet. Urbanisierung, Aufbruch aus dem Jugendmilieu, Spaltung der Generationen, erhöhte Scheidungsraten und der geringe Stellenwert der Familie ließen Arbeit, Arbeits-

platz und dessen menschliche Umgebung bedeutungsvoller werden, um die sozialen und psychologischen Forderungen zufriedenzustellen. Die Säkularisierung, das heißt die geringere Bedeutung religiöser Werte, hat auch die arbeitsmoralischen Voraussetzungen verändert. Das Pflichtgefühl, »seinen Teil von etwas zu tragen«, das aus dem protestantischen Wertearsenal stammte, gibt es in dieser Form der arbeitsmoralischen Bewertungen nur noch bei der älteren Generation. Die heutige Generation – und hier vor allem der jüngere Teil – arbeitet nicht aus einem Pflichtgefühl oder aus der Angst heraus, sonst nicht zum Leben berechtigt zu sein. Die Arbeitsmoral hat andere Quellen bekommen. Diese entstammen der Loyalität zu einer Aufgabe, einer Organisation und deren Inhalten oder einer Gruppe von Menschen gegenüber.

Die Säkularisation bedeutet auch, daß existentielle und metaphysische Werte ausgedünnt werden. Das entstehende geistige Vakuum wird von vielen Menschen durch die Arbeit ausgefüllt. Aber abgesehen davon, daß Arbeit im tieferen geistigen Sinne die Religion nicht ersetzen kann, so schließt sie doch das Suchen nach dem existentiellen Sinn einer Aufgabe ein. Die Folge: Die Einstellung der Menschen zur Arbeit und ihre Forderungen an sie verändern sich.

Die Tätigkeit und die Einstellung des Unternehmens werden für das Engagement von Bedeutung. Man sieht nicht länger lediglich nur einen Maschinenreparateur oder lediglich nur einen Programmierer, sondern man ist es in der einen oder anderen Form ja auch.

Das Unternehmen als Ideenträger

Ist es möglich, Menschen durch eine Beteiligung an der Geschäftsidee des Betriebes zu motivieren? Und wie ginge das in so einem Falle vor sich? Motivationstheoretisch gesehen, knüpft das an die vielen verschiedenen Typen menschlicher Bedürfnisse an. Einer Ideengemeinschaft anzugehören bringt Befriedigung sozialer Bedürfnisse. Anbindung an eine soziale Gemeinschaft ist eine grundlegende menschliche Triebkraft. Gemeinsame Werte und Sichtweisen, Unterstützung bei Vorstellungen und Ideen schweißen die Menschen zusammen und ergeben ein positives Gemeinschaftsgefühl, eine

Zugehörigkeit. Es bringt auch Identität und Selbstgefühl mit sich, wenn man an eine Organisation oder Bewegung mit bekannten Ideen angeschlossen ist.

Bei den wegweisenden Ideen in einem Unternehmen oder einer anderen Form von Organisation gibt es zwei prinzipiell unterschiedliche Arten. Die eine Gruppe hat mit dem Inhalt und der Einstellung des Ganzen zu tun, während die andere Art von Ideen die Form und die Funktion des Ganzen betrifft.

Der erste Typ wird gebildet von »Geschäftsideen«, wenn es um kommerziell arbeitende Organisationen geht, von »Zwecken«, wenn man von öffentlichen Institutionen spricht. IKEA verkauft unmontierte Möbel, was ein wichtiger Teil dieser Geschäftsidee ist. Bei dieser Art von Vertrieb kann man auf den Postversand zurückgreifen, so die Preise niedrig halten und sich auch die Lagerräume sparen. SAS hat sich auf die Beförderung von Geschäftsleuten ausgerichtet, also auf eine Gruppe, die Regulärpreise bezahlt und nicht Rabattpreisen nachjagt. Die »Anonymen Alkoholiker« sind eine Organisation, die sich Alkoholabhängiger annimmt und diese mit ehemaligen Süchtigen zusammenbringt, die »wissen, wie das ist«, und somit auf diese Art Experten in bezug auf die Krankheit, deren Erscheinungsformen und Behandlungsmöglichkeiten sind. Die kommunalen Freizeitheime haben zur Aufgabe, sich in den Stunden nach Schulschluß um die Schulkinder zu kümmern, bis die Eltern von der Arbeit nach Hause kommen.

Alle diese Organisationen haben eine Handlungsidee als Grundlage. Aber nicht alle haben eine so klar umrissene Form, weder extern noch intern. Unklarheit über die Firmenidee kann in bestimmten Fällen darin begründet sein, daß man von ihrer Existenz und Bedeutung nichts weiß. Die Leitung und die Mitarbeiter einer Firma – nennen wir sie X – betreiben ihr Geschäft Jahr für Jahr nach einer alten Tradition, ohne sich näher darüber Gedanken zu machen, daß vor allem die Tradition ein Träger von Ideen ist. Bürokratische Organisation und kontrollierende Arbeitsleitung halten das Ganze in Betrieb, wobei die Angestellten jedoch nicht das Gefühl haben, in einem größeren Rahmen beteiligt zu sein. Jeder erledigt seinen Bereich, bekommt seinen Lohn und denkt nicht über den weiteren Inhalt seines Einsatzes nach. Diesen Mangel eines Erlebens von Beteiligung und Zusammenhang nennen die Soziologen »Entfremdung«.

In vielen Fällen beruhen diese Unklarheiten auf einem bewußten Schweigen oder einem absichtlich diffusen Sprachgebrauch, der auf Inkongruenz, doppelter Moral, Zweideutigkeiten oder einem Veränderungszustand beruht, der die Leitung verwirrt und lähmt. Beispiele für eine Inkongruenz bei den Tätigkeitsinhalten gibt es genug. Der Strafvollzug soll sowohl bestrafen als auch Fürsorge betreiben, sowohl die Gesellschaft gegen den Inhaftierten verteidigen als auch ihn oder sie in diese Gesellschaft zurückführen. SJ (schwedische Staatsbahn) soll auf der einen Seite »die Eisenbahn des ganzen Volkes« sein und andererseits nach wirtschaftlichen Prinzipien arbeiten, was dazu führen kann, daß »das ganze Volk« auf die Menschen reduziert wird, die zufälligerweise in den großen Städten und in den dichtbesiedelten südlichen Landesteilen wohnen. Tobaksbolaget soll Zigaretten produzieren und verkaufen und auf der anderen Seite die Leute vom Rauchen abbringen. Bofors soll durch den Bau von Kanonen Geld verdienen und somit einer großen Region Arbeit bieten, während man indessen keine dieser Kanonen an Kunden verkaufen soll, die diese unter Umständen dann auch benutzen. Die Gegensätzlichkeiten all dieser Forderungen, die Doppelmoral, die dahintersteht und was daraus wurde, ist der informierten Allgemeinheit durchaus bekannt.

Man kann die Tätigkeitsidee bzw. eine Idee als die Philosophie einer Organisation ansehen, und zwar im Hinblick auf deren »Daseinszweck«. In diesem Zusammenhang ist es mittlerweile allgemeiner Sprachgebrauch geworden, von der »Geschäftsphilosophie« eines Unternehmens zu sprechen und damit auf die Geschäftsideen zu zielen. Man benutzt auch den Begriff »Unternehmensphilosophie«, bezieht sich dann aber im allgemeinen auf den anderen, den grundsätzlichen Ideentyp, der Form und Funktion der Tätigkeit betrifft. Hierbei handelt es sich um Organisationsprinzipien und Führungsschaft, die sich auf Annahmen oder Ansichten über die menschliche Natur, auf Motivation, auf Kommunikation und auf Systemeigenschaften gründen.

In unserem nächsten Beispiel wollen wir die Beteiligung und Motivation einer Zeitungsredaktion, die wir untersucht haben, beleuchten. Die Redaktion, die für eine Seite der Zeitung pro Tag verantwortlich war, bestand zum Zeitpunkt der Untersuchung aus sieben Personen, die alle Frauen waren.

Die Zeitungsredaktion

Die Zeitung hat ein konservatives Profil, und die Absicht der Chefredaktion in bezug auf die Spezialseite, die uns hier interessiert, war (als man mit ihr vor zehn Jahren begann) die, eine typische konventionelle »Frauenseite« herauszubringen. Aber es wurde ganz anders. Die Redaktionschefin gab ihr von Anfang an ein anderes Profil.
Man begann, über menschliche Aspekte und Probleme, wie existentielle und zwischenmenschliche Fragen, zu schreiben, und auf diesem Weg machte man weiter. Der Mensch wurde immer in den Mittelpunkt gestellt. Man schrieb nicht über Haushaltsgeräte, Garnqualität oder schwedische Kleidermode, obgleich sehr wohl eine Artikelserie über das Phänomen Modetrends geschrieben werden konnte, um es aus soziologischen, tiefenpsychologischen und kommerziellen Aspekten heraus zu beleuchten.
Die Redaktion hat etwas Neues in den schwedischen Tageszeitungsjournalismus eingeführt. Man schreibt nicht über Tagesereignisse, und man wühlt nicht nach Skandalen oder aufsehenerregenden Ereignissen. Aber man war auf andere Art aktuell, indem man nämlich Gebiete fand, die die Menschen gerade jetzt interessierten. Und wenn man nicht danach strebt, einen »scoop« in seiner gängigen journalistischen Art zu machen, so ist es auf jeden Fall auf die eine Art geglückt: Man hat immer wieder lange Interviews mit weltberühmten Persönlichkeiten machen können, die ansonsten eher sparsam mit solchen Interviews waren.
In der Marketingabteilung kann man bestätigen, daß die Seite der Zeitung neue Leser und Abonnenten erschlossen hat. Teile der Artikelserie konnten wegen der großen Nachfrage im Leserkreis sogar als Taschenbücher herausgegeben werden, wurden in großer Auflage verkauft und brachten dem Zeitungsunternehmen einen hohen wirtschaftlichen Gewinn, da man sie im eigenen Verlag herausgeben konnte. All dies festigte die Situation sowohl der Seite als auch die der Redaktion, obwohl man manchmal Dinge schrieb, die mit der konservativen Einstellung der Zeitung nicht übereinstimmten.
Die Grundphilosophie ist es, Menschen zu studieren und sie mit ihren Problemen aus einer ganzheitlichen Perspektive heraus zu beschreiben – die Fragen werden in einen größeren Zusammenhang gesetzt und aus vielen Blickrichtungen heraus durchleuchtet. Man

wollte den Themen, die man behandelte, eine positive Richtung geben, wollte den Lesern Hoffnung durch eine Beschreibung interessanter, neuer Denkweisen geben und auf alternative Gesichtspunkte verweisen. Das Motto der Redaktion war es, die Speerspitze des Zeitgeistes zu sein. In einer Grundsatzrede beschrieb die Redaktionschefin das Anliegen folgendermaßen: Das Leben des Menschen in der modernen Gesellschaft ist facettenreich und kompliziert. Einfache Erklärungen gibt es nicht mehr. Wir sehen es als unsere Aufgabe an, auf die vielen Veränderungen hinzuweisen und damit auch auf die vielen Möglichkeiten.

Die Arbeitsphilosophie der Redaktionschefin bot ein offenes Diskussionsklima an, in dem man Unterstützung und Aufmunterung zu Ideenreichtum bekam. Die Ziele erforderten es, Herausforderungen an hohe Leistungen und manchmal auch an erhöhte Risikobereitschaft anzunehmen. Dies ermöglichte den einzelnen Redaktionsmitgliedern auch, sich in »ihr Thema« tief einzuarbeiten und mit ihrem ganzen Ich die Dinge auch einmal anders zu sehen, was als sehr stimulierend und sehr produktiv empfunden wurde.

Seitens der Mitarbeiterinnen stand man dieser Philosophie aufgeschlossen gegenüber. Man konnte sich mit der Aufgabe identifizieren und durch das Herstellen »seiner« Seite in der Arbeit eine große Befriedigung finden. Das sehr starke Gefühl von Herausforderung, das das Klima in der Redaktion kennzeichnete, hatte seine primären Ursachen in der Identifikation der Mitarbeiter mit der Aufgabe und dem Produkt.

Wenn es um Strategien und Zielfestlegung eines Bereiches geht, gibt es wenig geschriebene Regeln. Das Arbeiten mit diesen wichtigen Fragen ist ein kontinuierlich andauernder Prozeß, der nie fertig und klar umrissen ist, was eine sehr große Bedeutung für die Arbeit in der Redaktion hat. Dieser Prozeß trägt sowohl zur Lebendigkeit im Klima als auch zu dem Gefühl der Mitbeteiligung an der Arbeit bei.

Die Art der Führung, die in der Redaktion ausgeübt wird, ist sehr deutlich. Es sind die Werte, Ziele und Fähigkeit als Journalistin, die, von der Redaktionsschefin geprägt, von Anfang an der Seite die jetzige Zielrichtung gegeben haben. Die Mitarbeiterinnen identifizieren sich mit diesen Werten, und im Zuge dieser Werte haben sie gute Möglichkeiten, die Gestaltung der Seite mit zu beeinflussen. Der in

der Gruppe ständig in Bewegung befindliche Prozeß der Formulierung von Richtlinien und Philosophie hat ein starkes emotionelles Engagement der Mitarbeiterinnen bei der Arbeit und dem gemeinsamen Produkt zur Folge, und sie erleben Herausforderung und Sinn in ihrer Aufgabe.
In dem Forschungsprojekt kamen einige Umstände vor, die als sehr wichtig für das Redaktionsklima eingestuft wurden. Unter anderem

- hatte man eine gemeinsame Vorstellung von der Aufgabe, die in der Gruppe gut integriert war.
- Man hatte eine Vorgesetzte, die sowohl die Idee als auch die Gruppe vertritt.
- Die Formulierung von Richtlinien und Philosophie ist ein ständig laufender Prozeß innerhalb der Gruppe.

Gegen dieses Modell kann sicherlich angeführt werden, daß es zwar ein deutliches Beispiel einer Situation ist, in der ideenorientierte Führung ein adäquates Mittel für Beteiligung und Kreativität in der Arbeit ist, jedoch aufgrund der speziellen Tätigkeit und dem speziellen Menschentyp nur eine begrenzte Gültigkeit hat. Die Redaktion besteht aus einer kleinen Gruppe von Individuen gleichen Geschlechts und gleicher Ausbildung (akademisch) sowie einer ähnlichen Lebensauffassung, und sie kann aufgrund dieser Tatsachen eine Idee und ein Produkt, die Zeitungsseite nämlich, entwickeln. Selbstverständlich liegt solch eine Situation nicht oft vor. Auf der anderen Seite kann man sich durchaus fragen, ob so etwas nicht auch in anderen Bereichen möglich sein könnte. Ist die Art der Tätigkeit oder der Typ von Menschen entscheidend dafür, ob eine ideenorientierte Leitung motivierend und stimulierend sein kann und so zu einer starken Mitbeteiligung und Identifikation mit dem Unternehmen führen kann? Oder gibt es etwas anderes, das wichtiger ist, etwa wie weit, ja »weitsichtig« der Unterbau der Idee ist oder wie die Prozesse aussehen, durch die Ideen geformt und verbreitet werden?

Die Wäscherei – ein fiktives Beispiel

Wir stellen uns vor, daß wir eine Wäscherei mit etwa zehn Angestellten, alles Frauen, haben, die als einzige Ausbildung den Hauptschulabschluß vorweisen können. Weiterhin nehmen wir an, daß die Arbeit in einer Wäscherei einen geringen Status hat, demnach also auch die Bezahlung gering ist, was wohl Auswahl und Einstellung des Personals beeinflußt. Der Unterschied inhaltlicher und personeller Art im Vergleich zur Zeitungsredaktion ist so groß und so ungleich, wie Berufstätigkeit in unserer Gesellschaft nur sein kann.

Nehmen wir weiterhin an, daß die Wäscherei einer Unternehmensgruppe gehört, deren sonstiger Tätigkeitsbereich ganz anders gelagert ist. Der Chef der Wäscherei ist somit ein Angestellter und nicht der Besitzer, aber er ist derjenige, der die Wäscherei aufgebaut hat. In unserem angenommenen Beispiel haben wir auch einige Parallelen zur Zeitungsredaktion: die Anzahl der Angestellten, eine allein für sich stehende Einheit innerhalb einer großen Organisation und einen Chef, der von Anfang an dabei war und dem Betrieb seinen Stempel aufgedrückt hat.

Wenn nun die Grundidee der Wäscherei ist, es dem Kunden leichter zu machen, diese Wäscherei der der Konkurrenz vorzuziehen, und wenn dem Chef daran gelegen ist, den Kundendienst zu verbessern, dürfte es gute Voraussetzungen für die Angestellten geben, mit Meinungen und Vorschlägen dazu beizutragen. Wahrscheinlich gäbe es eine Vielzahl von Ideen, gäbe es Kreativität – ein Umstand, der mit dem in der Zeitungsredaktion vergleichbar wäre.

Wenn es sich bei den Ideen lediglich darum handelte, andere Öffnungszeiten als die in der Branche üblichen zu haben, so wäre dies nur eine begrenzte Ideenbasis. Hielte der Chef allerdings beharrlich an der gerade geltenden Strategie fest, so würde natürlich der Ideenstrom der Mitarbeiter sehr dünn werden – zum einen, weil der Raum für neues Denken sehr begrenzt, zum anderen weil die rigide Einstellung des Chefs für Ideen auch innerhalb der jetzigen Strategie hemmend wäre. Die Situation wäre mit der vergleichbar, die entstanden wäre, wenn die Leiterin der Zeitungsredaktion etwa verlangt hätte, daß lediglich Fragen über Heim und Familie in den Artikeln behandelt werden sollten. Kreativität und Beteiligung wären aller Wahrscheinlichkeit nach bedeutend geringer gewesen, und die Mitarbeiterinnen hätten wohl versucht, in einer anderen Redaktion zu arbeiten.

Die Stimmung in der jetzigen Redaktion kann als von innen heraus stimulierend beschrieben werden, soll man doch über Themen berichten, die aus zwischenmenschlichen und existentiellen Aspekten heraus interessant sind, und diese Themen aus unterschiedlichen Blickwinkeln heraus beleuchten. Begebenheiten in der Umwelt sollen nicht routinemäßig abgehandelt werden, wie das beispielsweise in einer Sport-, Film- und Theater- oder Nachrichtenredaktion der Fall ist. Die Idee der Tätigkeit und die Leitung in der Redaktion machen es möglich, daß die Journalistinnen Ideen für Artikel oder Artikelserien innerhalb eines weitreichenden Gebietes und auch Berichterstattungen vorschlagen können, die umfangreich und – unter Umständen auch mit Blick auf Richtlinien und Philosophie – grenzüberschreitend sein können. Es »lohnt« sich demnach für die Mitarbeiterinnen, kreativ zu handeln. Menschliche Bedürfnisse, die mit Beeinflussen, Schaffen und Meinungsvielfalt zu tun haben, werden durch kreatives Handeln, das auf der Linie der grundlegenden Philosophie und den Werten der Redaktion liegt und in Übereinstimmung mit der »Kultur« der Redaktion ist, gern gesehen. Die Motivation, Ideen zu haben und sie vorzuschlagen, ist enorm, da ein solches Verhalten für Journalisten von hohem Wert ist.

Sollte die Redaktion anstelle dieser breiten Ausrichtung zur Aufgabe haben, gewisse Arten von Ereignissen und Erscheinungen der Gesellschaft in Reportageform abzuhandeln, wäre mit großer Wahrscheinlichkeit die Leitung, die dies verlangt hätte, von dirigierender Art, da sie alles planen und überwachen würde. Die Mitarbeiter wären dann nicht interessiert, mit neuartigen Vorschlägen zu kommen, sondern sie würden sich lediglich darauf beschränken, ihre vorgeschriebenen Aufgaben gut zu erfüllen. Der Raum für neues Denken wäre in einer so markant abgegrenzten Arbeitsform deutlich begrenzt. Auch wenn die Einstellung der Redaktion nicht, wie beschrieben, von außen gesteuert und routinebetont, sondern etwas mehr von innen heraus stimulierend und ideenorientiert wäre, aber mit einer engeren und festgelegten Vorstellung (»über Heim und Familie zu schreiben«), so wäre die Motivation für neues Denken wahrscheinlich wesentlich geringer, als sie es jetzt ist. Es würde »sich

nicht lohnen«, wenn die Mitarbeiter mit neuen Ideen kämen, da diese wahrscheinlich abgewiesen werden würden.
Einen entsprechenden Gedankengang kann man auch für das fiktive Beispiel der Wäscherei annehmen. Die Angestellten dort haben im Prinzip das gleiche Bedürfnis, etwas zu beeinflussen, Probleme zu lösen und sinnvolle Beiträge zu leisten, wie die Mitarbeiterinnen der Zeitungsredaktion. Das Ausdrücken der Bedürfnisse ist zwar aufgrund der Unterschiede in Lebenserfahrung, Persönlichkeit, Ausbildung und Begabung ein anderes, aber die grundlegenden psychischen Bedürfnisse sind vorhanden und können auch in einer anscheinend einfachen Tätigkeit wie die in der Wäscherei eine treibende Kraft zu neuem Denken sein. Würde den Menschen dort eine Problemlösung durch eine breite, flexible Vorstellung des Betriebes angeboten, so würden Denkprozesse und Unterbreiten von Vorschlägen folgen, vorausgesetzt, das Angebot ist echt und nicht eine manipulierte Geste in irgendeiner Form.
Und man kann weitere Parallelen zur Zeitungsredaktion ziehen. Wenn die Wäscherei durch eine detailgesteuerte, kontrollierende und bürokratische Weise geführt würde, sind sowohl Raum als auch Motivation für neues Denken klein. Auch wenn eine gewisse ideenorientierte Leitung vorkäme, eingezwängt jedoch durch enge, unumstößliche Richtungsangaben, wäre wahrscheinlich ein Neudenken der Angestellten in bezug auf die Arbeit sehr schwach, ebenso wie dies unter ähnlichen Umständen auch in der Redaktion der Fall wäre.

Eka Nobel

Was den Begriff »Beteiligung« betrifft, so sind natürlich die Voraussetzungen in einem großen Chemiekonzern ganz andere als in einer kleinen Zeitungsredaktion. Aber die kleine Arbeitseinheit und der große Konzern sind zwei entgegengesetzte Organisationsformen, die es de facto in der schwedischen Wirtschaft gibt – mit unterschiedlichen Bedingungen und Voraussetzungen, die jedoch nicht ausschließen, daß sie auf der Ideenebene durch die gleiche Vision vereint sind, nämlich Motivation durch Beteiligung herzustellen. Die praktischen Möglichkeiten sind natürlich ganz verschieden und

somit auch die Perspektive für Beteiligung, wenn es um die Geschäftsvorstellung des Ganzen geht.
Die Geschichte des Chemiekonzerns geht auf die Jahrhundertwende zurück. Im Gegensatz zur Zeitungsredaktion oder dem fiktiven Beispiel der Wäscherei handelt es sich bei dem Unternehmen um einen traditionsreichen großen Betrieb innerhalb eines Industriezweiges. Die Geschäftstätigkeit war lange hauptsächlich darauf ausgerichtet, effektiv Ausgangschemikalien zu produzieren und zu vertreiben. Doch in den sechziger Jahren sank die Rentabilität dieser vorherrschenden Produktgruppe – die Situation wurde durch höhere Umweltschutzforderungen der Behörden erschwert, und man war von der Schließung bedroht. Die Umstellung auf neue Produkte und Märkte erforderte neue Organisationsstrukturen und eine andere Personalpolitik.
Der jetzige Unternehmensleiter kam Anfang der siebziger Jahre ins Unternehmen. Es begann nun eine Veränderung auf das hin, was wir in diesem Buch Doktrinwandel nennen. Man entwickelte ein neues Firmendenken und begann, ein darauf zugeschnittenes Führungsideal zu formen. Anfang der achtziger Jahre wurde es somit notwendig, neue kräftige Anstrengungen auf dem bereits eingeschlagenen Weg zu unternehmen. Veränderungen in der Marktlage, bei den gesellschaftsbezogenen Werten und die Forderungen der Angestellten in bezug auf Arbeit und Arbeitsverhältnis machten dies erforderlich. Eine beträchtlich stärker marktorientierte Organisation wurde, mit einem darauf ausgerichteten Firmendenken, als notwendig betrachtet, ferner eine stärkere Betonung auf jeden einzelnen Mitarbeiter, bei gleichzeitiger gradueller Abkehr von der früheren, mehr produktions- und technikorientierten Einstellung. All das sollte, so hoffte man, zu einer wirtschaftlich besseren Stellung des Unternehmens führen. Da man mit gefährlichen Produkten umging und sie produzierte, wurde es auch immer wichtiger, Umweltbewußtsein in die Grundwerte des Unternehmens einzubeziehen. Im Jahre 1981 begann deshalb die systematische Ausarbeitung einer neuen Unternehmensphilosophie, die ihre Wurzeln in den Veränderungen der siebziger Jahre hatte. Man begann von den drei Ms als den Grundsteinen zu sprechen: Markt, Menschen, Milieu. Die Werte, auf denen die Philosophie beruht, können wie folgt zusammengefaßt werden:

- den Glauben an den Willen und die Fähigkeit des Menschen, Verantwortung zu übernehmen, Probleme zu lösen, zu lernen und auf konstruktive Weise zu verändern;
- offene, ehrliche und vertrauensvolle Kontakte und Beziehungen unter den Menschen;
- Erfindungsgeist, Kreativität, Unternehmensgeist, Initiative, Experimentier- und Zukunftsgeist;
- Toleranz zu zeigen bei unterschiedlichen Auffassungen und verschiedenen Denkansätzen. Glaube an die Vielfalt und die daraus resultierende Auswirkung in bezug auf die Sichtweise. Akzeptieren von Konflikten als einem natürlichen Bestandteil von Handlungsmustern.

Die Unternehmensphilosophie, die somit zum Ausdruck kam, kann man zweifelsohne als »humanistisch« bezeichnen. Sie betont die große Bedeutung, die mitbeteiligte Menschen für das Ergebnis eines Unternehmens haben. Sie schreibt den Menschen gute Fähigkeiten bei neuem Denken, Problemlösung und Verantwortung zu. Der Grundtenor: Wenn positive Bedingungen für eine aktive Beteiligung und Anteilnahme an den Zielen und Visionen des Unternehmens durch eine Unterstützung durch die Leitung, die Organisation, die Personalpolitik und das Arbeitsklima vorliegen, wird Energie, Kreativität und persönliches Wachstum bei den Angestellten frei, was dann zu guten Ergebnissen des Unternehmens führt.
Wie klappte die Umorientierung des Unternehmens? Welcher Art waren die Konsequenzen bei den verschiedenen Zielen?
In einer Studie des Unternehmens von 1984 werden diese Fragen beleuchtet. Folgende Fakten können konstatiert werden:

1. Das Verkaufsvolumen erhöhte sich für sämtliche Produktgruppen ab Mitte der siebziger Jahre. Besonders markant ist die Steigerung ab 1981.
2. Die Rentabilität ist gut. Im letzten Jahr des Forschungsberichtes, 1983, betrug sie ca. 20 Prozent. Die Wirtschaftlichkeit des arbeitenden Kapitals lag im Durchschnitt bei 16 Prozent in den Jahren 1973 bis 1983.
3. Die Einlage für Forschung und Entwicklung lag bei 8 bis 10 Prozent des Umsatzes, was für diese Branche sehr hoch ist. Während

der Studie gab es eine Menge im Gang befindlicher Produktentwicklungsprojekte. Das größte davon machte gute Fortschritte und führte das Unternehmen auf einen Markt, auf dem es vorher nicht tätig war, nämlich den der Papierchemikalien. Auch viele andere Projekte begannen, Gewinn zu bringen. Ein Projekt, ein »spin-off« eines großen Projektes, bildete die Basis für eine sogenannte Absplitterung, eine Gesellschaftsgründung.

4. Dem Unternehmen gelang es, seine Mitarbeiter, Angestellte und Arbeiter an einer umfassenden Verbesserungskampagne zu beteiligen. Während einiger aufeinanderfolgender Jahre führte das Unternehmen die Statistik über den Umfang der Verbesserungsvorschläge bei schwedischen Unternehmen und Verwaltungen an, die vom Institut für Verbesserungsvorschläge zusammengestellt wird. Die Massenmedien, auch die ausländischen, wurden auf die Verbesserungsaktivitäten des Unternehmens aufmerksam. Eine Reportage der englischen BBC aus dem Jahre 1986 berichtete über die Art des Unternehmens, die Angestellten an den Verbesserungen zu beteiligen. Aktive Verbesserungsvorschläge wurden sowohl von Organisationsforschern als auch von Praktikern als ein sicheres Zeichen einer positiven Einstellung des Personals zum Unternehmen und zur Bereitschaft, die Konkurrenzkraft zu verbessern, gewertet.
5. Die Studie 1984 zeigte deutlich, daß es dem Unternehmen gelungen war, dem Gespenst der Bürokratie gewachsen zu sein. Die Angestellten sahen sich weder Formalismus noch lästigen Beschlußwegen ausgesetzt.
6. Die Studie zeigte auch sehr deutlich, daß die Arbeit Spaß machte. Zwischen 80 und 90 Prozent der Mitarbeiter bescheinigten das.

Man kann somit feststellen, daß das Unternehmen seit der Durchführung der neuen Einstellungen in den wesentlichen Punkten – wie Gewinn, Innovationen und Engagement des Personals – Fortschritte gemacht hatte. In dieser Aufrechnung der Tatsachen lassen sich die Zeichen dafür erkennen, daß die neue Doktrin Auswirkungen durch die Verminderung der Bürokratie auf Organisation und Motivation gehabt hat und daß sich die Mitarbeiter an der Durchführung von Verbesserungen beteiligten. Fazit: Die Kraft in der Organisation und die Beteiligung sind gestiegen.

Eine Frage, die sich bei Unternehmensangaben dieser Art notwendigerweise stellt, ist, wie viele der Fortschritte auf die geänderte Strategie und Philosophie zurückzuführen sind und wie viele eventuell auf Veränderungen in der Umgebung des Unternehmens beruhen. Ebenso kann man sich fragen, wie weit und wie tief die neuen Werte in die Organisation eingedrungen sind und in welchem Maße sie das Ergebnis bestimmen.
Es gibt darüber keine sicheren Erkenntnisse. Aber Tatsache ist, daß das Unternehmen die schweren Anpassungen mit Hinblick auf den Markt bewältigt hat. Ferner zeigen die Regelungen, daß die Strategien angemessen waren. Neue Produkte, neue Applikationen und neue Technologie waren für das Erscheinungsbild des Unternehmens kennzeichnend.
Es erscheint höchst wahrscheinlich, daß es abwärts gegangen wäre, wenn diese Veränderungen nicht zustande gekommen wären. Die Anpassungen hätten mit einem Produktionsdenken als dominierendem Wert nicht durchgeführt werden können.
Indessen herrscht in einer Abteilung immer noch das alte Produktionsdenken vor. Auch in dieser Abteilung ist das Verkaufsvolumen, in absoluten Zahlen ausgedrückt, in der betroffenen Zeit ständig gestiegen, und auch die Wirtschaftlichkeit ist gut gewesen. Aber relativ gesehen ist der Anteil dieser Abteilung am Gesamtumsatz des Unternehmens von 70 Prozent 1973 auf 30 Prozent 1983 gesunken. Das Vorhandensein dieser Abteilung zeigt, wie eine alte »Doktrin« und ihr Produktionsdenken in einem Unternehmen fortbestehen kann, obwohl die restlichen Abteilungen verändert wurden. Die Voraussetzungen in diesem Falle waren, daß die alten Vorstellungen in dem Abteilungsleiter einen starken Verteidiger hatten und der Bereich weiterhin lohnend war.
Im Hinblick auf den Umweltschutz läßt sich jedoch sagen, daß diese Produktgruppe keine Zukunft haben wird. Die Abteilung muß deshalb umorientiert werden und Kenntnisse zur Herstellung und Entwicklung neuer Produkte angewandt werden. Die Absicht der Unternehmensleitung ist es, diese Abteilung im Hinblick auf die neue Philosophie zu einer marktorientierteren und innovativeren umzugestalten.
Aber es sind nicht nur Umweltanforderungen, die die Zukunft dieser Abteilung unsicher machen. Jüngere Neuangestellte akzeptieren

die autoritäre Kultur, die eine Beibehaltung der Ideale jener alten Doktrin ist, nur schwer. Es könnte schwierig werden, neues Personal anzuwerben und den Anforderungen der jungen Menschen an die Arbeit zu entsprechen, wenn die alte Doktrin nicht auf die neue, übergreifende Philosophie des Unternehmens abgeändert wird.

Voraussetzungen der Beteiligung

Sich an der Organisationsidee, zum Beispiel der des Unternehmens, zu beteiligen, bedeutet: Man muß sich selbst als Individuum sehen, das Träger von Ideen ist. Man ist nicht nur darüber informiert, sondern man hat auch seinen Teil dazu beigetragen, das heißt, man »glaubt« an sie. Man teilt die Idee mit anderen und erlebt so eine Zugehörigkeit.

Sobald man die Teile der Betriebsidee assimiliert hat, die mit der eigenen Identität vereinbar sind, liegt es einem daran, zum Fortschritt des Betriebes und zur Verwirklichung der Ideen beizutragen, da man ja gleichzeitig die eigene Identität bewahrt und stärkt. Diese einfache und lebensnahe Psychologie ist es, die die Beteiligung an einer Idee auch in einem Tätigkeitsbereich mit speziellen Forderungen und Voraussetzungen zu einer sehr starken Antriebskraft werden läßt.

Diese allgemeine Behauptung erfordert indessen eine gewisse Nuancierung und einen gewissen Vorbehalt. Der Inhalt der Ideen in einem Bereich muß für einen ständigen Interpretations- und Überprüfungsprozeß offen sein. Beteiligung setzt die Teilnahme an einer kontinuierlichen Auseinandersetzung mit Ideen und Zielen voraus, und auch, wie konkrete Ereignisse und Situationen verstanden und vor dem Hintergrund der Ideen behandelt werden müssen. Das Beispiel der Zeitungsredaktion zeigt dies besonders deutlich.

Nicht alle Angestellten eines Unternehmens stehen jedoch hinter den neuen Ideen. Es gibt Menschen, die es aus verschiedenen Gründen vorziehen, im Unternehmen zu verbleiben, obwohl sie der Basis der Ideen und der Ideologie befremdet gegenüberstehen. Sie machen ihre Arbeit, sind aber entfremdet. Vielleicht kann eine solche Entfremdung in einem ideengesteuerten Bereich noch offensichtlicher als in einem eher bürokratischen Bereich empfunden wer-

den, da ja der Kontrast zu einer engagierten Umgebung als stark und lästig empfunden werden kann. Bei Eka Nobel fanden wir dafür ein Beispiel. Viele Mitarbeiter der immer noch produktionsbezogenen Abteilung fühlten Unsicherheit und Bedrohung von der neuen Denkweise ausgehen. Sie konnten die Botschaft der Unternehmensleitung hinsichtlich Entwicklung, Risikobereitschaft und Innovation weder verstehen noch akzeptieren. In einer Wirtschaftsabteilung bei SAS, die wir ebenfalls untersucht hatten, gab es einige Mitarbeiter, die nicht hinter den neuen Werten und den neuen Ideen standen, obwohl es offensichtlich war, daß sie vorherrschend wurden. Sie fanden den Versuch anstrengend, nach dem neuen Stil zu arbeiten.
In einem Arbeitsleben, das beginnt, von Motivation und durch ein Steuern aus einer Beteiligung an einem Ideensystem heraus geprägt zu werden, sind grundlegende und sehr tiefe Teile der treibenden Kräfte und der Lebenseinstellung eines Menschen berührt. Aus ethischen, psychologischen und demokratischen Aspekten heraus ist es wichtig, daß eine große Spannweite des Grades der Anknüpfung an die Firmenidee toleriert wird.

Kapitel 7

Vorgesetzte und Visionen

7

Aus der Sicht der neuen Doktrin heraus läßt sich sagen, daß die ausgedrückte Geschäftsidee eine programmatische Erklärung des Betriebs an die Umwelt ist, das heißt an Kunden, Konsumenten, Lieferanten, Mitarbeitern, Gesellschaft etc. Diese Firmenidee drückt nun nicht nur das Vorhandensein oder die Beschaffenheit der Dienste, Anwendungsgebiete und die Fähigkeiten des Unternehmens aus, sondern hat den Charakter einer Vision, die das Unternehmen oder die Organisation ideologisch und geschäftsmäßig festlegt. Sie drückt Werte aus, für die das Unternehmen und wahrscheinlich auch der Leiter einstehen wollen, dazu die Herausforderungen, die die Umwelt stellt und die das Unternehmen vor sich sieht.

Die Vision als ein Teil der Firmenidee handelt vor allem von der Herausforderung, die das Unternehmen auf sich zukommen sieht, von den Zielen, die die Kraft der Organisation in Richtung eines Geschäftssystems kanalisieren soll. Die Visionen gehen letzten Endes um Vorstellungen über Welt und Menschen, um Entwicklung und Rationalität und darum, für die Umwelt »von Nutzen zu sein«.

Das Glied zwischen Unternehmen und Vision, also die Auffassung darüber, was für das Unternehmen die Herausforderung ist und wie man ihr begegnen kann, ist natürlich ein kompliziertes Muster von Initiativen und Ideen. Aber im großen und ganzen kann man behaupten, daß der Leiter für einen Betrieb vermutlich der ist, der mehr als andere über die Möglichkeiten verfügt, die Herausforderungen zu definieren und auszudrücken, um sie somit in Form von Vorstellungen dem Unternehmen deutlich zu machen. Dieses Definieren einer Herausforderung in Form von Vorstellungen, die auch anzeigen, wie das Unternehmen ihr begegnen will, verlangt nicht

nur Kenntnisse über Geschäfte und Unternehmensleitung, sondern beteiligt auch die Verhaltensweisen und Grundforderungen des Leiters an sich selbst und anderen: Vorstellungen mit tiefen Wurzeln in der Persönlichkeit, dem Charakter und dem Weltbild des Leiters.
Dieses Kapitel hat seinen Ausgangspunkt in einer Studie über schwedische Topmanager innerhalb der Wirtschaft und beleuchtet die Art der Direktoren, den Herausforderungen zu begegnen, wie sie heute und in Zukunft den Betrieb einstellen und welche Bedeutung ihr Charakter und ihre Lebenshaltung für die Vorstellung hat, die sich für den Betrieb herauskristallisiert.

Der Direktor als Individuum

Jeder Mensch hat ein mehr oder minder stabiles Persönlichkeitsmuster – eine einzigartige Charakter- bzw. Wesensstruktur. Und hier ist die an und für sich interessante Fragestellung, ob Menschen, die Vorgesetzte werden, im Vergleich zu anderen eine andersartige Wesensstruktur haben, völlig irrelevant. Sozusagen ist es der »Teil« der Wesensstruktur, der in der Vision des Unternehmens wichtig ist. Um die Offenbarungen des Charakters heute versehen zu können, muß man seine Entwicklung verstehen.
Es gibt eine Vielzahl von Theorien, die sich alle mit der Charakterentwicklung beschäftigen – und alle haben gemeinsam, nicht exakt zu sein. Wenn eine Unvollkommenheit es verdient, positiv genannt zu werden, so ist es das Unvermögen der Persönlichkeitstheorien, menschliches Verhalten präzise vorherzusagen. Freud hat gesagt, man könne mit einer guten Persönlichkeitstheorie auf glaubwürdige Art erklären, was geschehen sei, doch man könne keine glaubwürdigen Voraussagen anstellen. Der Mensch ist zu komplex und vielschichtig, um in ein theoretisches Modell zu passen, das menschliches Verhalten aus dem Vorhandensein spezifischer Charakterzüge heraus vorhersagen kann.
Unter den Persönlichkeitstheorien wird jedoch allgemein akzeptiert, daß der Grundcharakter eines Menschen vor seinem sechsten Lebensjahr geformt wird und daß das Wesentlichste seiner Persönlichkeitsentwicklung während der ersten zwanzig Jahre stattfindet. Hier wird im großen und ganzen das eigentliche Ich im Verhalten zu

anderen Menschen und zu der Umgebung geformt. In dieser Zeit reift der Mensch und lernt, sich sowohl an äußere und innere Enttäuschungen anzupassen als auch mit seinen starken und schwachen Seiten zu leben.
Führung im Erwachsenenalter enthält neben erlernten Kenntnissen auch eine Verhaltensweise, deren Bausteine (in den Grundzügen) in den früheren Kindheits- und Jugendjahren geformt wurden. In dieser Zeit lernt der Mensch, wie man Kompromisse zwischen eigenen Wünschen und den Möglichkeiten der Wirklichkeit schließt, und lernt auf jeden Fall, wie die Wirklichkeit so umgeformt werden kann, daß Unbehagen und negative Gefühle minimiert und ertragen werden. Solche Kompromisse kommen auch bei Interessen, Meinungen und Wertvorstellungen zum Ausdruck, die nicht nur die großen Beschlüsse im Leben beeinflussen, sondern auch die vielen des täglichen Lebens, die weniger wichtig sind.
In einem voll entwickelten Wesen hat die geistige Energie eine mehr oder weniger überzeugende und sich wiederholende Art gefunden, mentale Tätigkeit auszudrücken. In bezug auf Führung ist vor allem die Einstellung zur Arbeit interessant. Hier haben unter anderem Erich Fromm – und später Michael Maccoby – wertvolle Beiträge zum Verständnis des Wesens von Vorgesetzten und dessen Zusammenhang mit vorherrschenden Wertungen der Gesellschaft geleistet. Vereinfacht ausgedrückt, legt Fromm großes Gewicht auf die existentiellen und sozioökonomischen Bedingungen während des Heranwachsens und der Entwicklung des Menschen, während Maccoby auch die generellen Bedürfnisse nach Würde, Freude, Spiel, Kontrolle und Kenntnissen herausstellt. Diese Kenntnisse haben zu einer anderen Betrachtungsperspektive geführt – die Art, wie der Vorgesetzte seine Vision hervorbringt und dabei unterschiedlichen Herausforderungen begegnet.
Äußerungen des Charakters können in den Beziehungen und Empfindungen einer Person beobachtet werden. Aber sie zeigen sich auch in seinen wirtschaftlichen, sozialen, politischen und religiösen Einstellungen und selbstverständlich ebenso in den beruflichen, sportlichen, ästhetischen und kulturellen Interessen und Wertungen.
In diesem dem Kapitel zugrundeliegenden Forschungsprojekt sind hauptsächlich Fromms und Maccobys Perspektiven hinzugezogen

worden, um zu verstehen, wie der Vorgesetzte seine Visionen formt und diesen den Herausforderungen, vor denen das Unternehmen steht, begegnen.

Wie ein Chef Herausforderung definiert

Es sind externe Veränderungskräfte, die im Unternehmen einen Doktrinwandel erzwingen, aber in erster Linie sind es die Chefs, die die Herausforderungen definieren und somit den Bedarf an Änderungen, vor denen das Unternehmen steht. Die Vision wird somit das entscheidende Glied zwischen Chef und Unternehmen.
Das Wort Vision wird oft mit einem fast übernatürlichen Vermögen, in die Zukunft zu sehen, verknüpft. Unseren Studien zufolge ist dies ein Fehlurteil. Eine wirkungsvolle Vision hat starke Wurzeln in der Beständigkeit – sowohl in den grundlegenden Werten des Chefs als auch in der Geschäftswelt, in der er tätig war und ist. Bei näherem Hinsehen ist dies ganz natürlich und notwendig. Wie anders könnte eine Vision behilflich sein, den intellektuellen und gefühlsmäßigen Herausforderungen des Tages entgegenzutreten. Nicht einmal visionäre Chefs können sich von den Erfahrungen und Erlebnissen, die das Leben mit sich gebracht hat, freimachen.
Mit Hilfe einer Analyse einiger bekannter schwedischer Unternehmensleiter wollen wir ihre Art, Herausforderungen zu begegnen, beleuchten und zeigen, daß ihre Visionen starke historische Wurzeln in ihrem eigenen Wesen, in ihrer eigenen Erfahrung und in ihrer Umwelt haben. Dies ist eine wichtige Voraussetzung, um sie als innovativ und neugestaltend für sich selbst und das Unternehmen aufzufassen.

Percy Barnevik

Barnevik wuchs in einem Kleinunternehmermilieu auf. Der Vater begann mit der Barneviks Druckerei AB in Uddevalla, nachdem er seine Stellung bei der Zeitung Bohuslänningen aufgegeben hatte. Die Mutter war ebenfalls am Unternehmen beteiligt, und Percy Barnevik arbeitete zusätzlich als Setzer in der Druckerei. Wie bei vielen anderen Kleinunternehmen waren Berufs- und Familienleben mit-

einander verbunden. Der Kleinunternehmer engagiert sich bei allem, und durch die Nähe zum Kunden, zur Produktion und zur harten Arbeit überprüfte er auch das meiste.
Barnevik hat eigentlich den Kontakt zur Praxis nie verloren, auch nicht während seiner akademischen Studien an der Handelshochschule in Göteborg. Durch die Studien kam er in Berührung mit Datentechnik sowie administrativer Systementwicklung und erkannte, daß Probleme im Unternehmen mit Hilfe der Technik gelöst werden konnten. Durch zusätzliche Arbeit bei dem Beratungsunternehmen Stanford Research Institute konnte er seine theoretischen Kenntnisse in der Praxis erproben. Die Neigung zu den Herausforderungen der Praxis trugen dazu bei, daß er seine Doktorandenstudien an der Stanford University abbrach, um bei dem Dienstleistungsunternehmen Datema eine Stelle anzunehmen, wo er seine Arbeit mit der administrativen Systementwicklung innerhalb des Johnson-Konzerns fortsetzen konnte.
Für Barnevik sind es die Fähigkeiten eines Menschen, die zählen. Als Setzer sammelte er Berufskenntnis und durch seine Studien eine mehr forschungsbasierende Kenntnis. Eine gute Systementwicklung ist entscheidend von technischen Kenntnissen und von der Nähe zu den Benutzern abhängig. Wissen, das nicht in die Praxis umgesetzt werden konnte, war für Barnevik ohne Wert. Er probierte selbst die Hilfsmittel aus, was später in der Anwendung von Bostonmatrizen und anderen Techniken für strategische Planung zum Ausdruck kam. Normale menschliche Mängel, Unvollkommenheiten oder gefühlsbetonte Reaktionen durften die Systementwicklung nicht stören, und mangelnde Kenntnisse konnte Barnevik nur schwer tolerieren.
Mit nur 28 Jahren wurde Barnevik als Controller nach Sandvik geholt und war für die administrative Systementwicklung verantwortlich. Der expansive Hartmetallmarkt gab Barnevik ein weltumspannendes und stark markt- und ertragsorientiertes Betätigungsfeld, in dem er arbeiten konnte. Unter seiner Leitung wurde ein internationales, umfassendes Lagersteuerungs- und Wirtschaftssystem entwickelt, das eine schnellere und detailliertere Verfolgung der Ergebnisse der Tochtergesellschaften ermöglichte.
Barnevik konnte das gewagte Bemühen und den großen Ehrgeiz, den ein solches Projekt darstellte, mit detaillierter Analyse und

Interesse an Details kombinieren. Ökonomie bedeutete auch etwas von traditioneller Sparsamkeit, und das Interesse für Einzelheiten gab ein Gefühl der Kontrolle. Beides waren Teile des sozialen Erbes seiner Jugend.

Als Geschäftsführer der amerikanische Tochtergesellschaft von Sandvik war Barnevik für einen kleinen Konzern mit Abteilungen, die für ihre Ergebnisse selbst geradestehen mußten, verantwortlich. Durch eine Vielzahl von Neuanstellungen, von denen einige weniger glücklich waren, baute er ein neues Firmensystem auf. Unter seiner Leitung expandierte Sandvik kräftig, auch wenn die Rentabilität noch nicht zufriedenstellend war. Nach vier Jahren in den USA kehrte er als stellvertretender Geschäftsführer nach Sandvik zurück, bis er kurz darauf als Geschäftsführer nach ASEA ging.

Barneviks Beziehungen zu seinen nächsten Mitarbeitern folgten nicht dem alten patriarchalischen Modell. Eine Führungsgruppe – oder etwas Vergleichbares – wurde zu einer Mannschaft berufsmäßiger Kollegen, in der die Arbeit das war, was vereinte und Engagement herausforderte. Die professionelle Betonung wurde durch die Tendenz, auch das Familienleben miteinzubeziehen, etwas aufgelokkert. Barnevik hielt geschäftliche Treffen gerne zu Hause ab und organisierte Freizeitaktivitäten auf die gleiche professionelle Art wie die Arbeit.

Bei ASEA sah er als seine wichtigste Aufgabe an, den Konzern effektiver zu strukturieren. Er konzentrierte den Betrieb auf expandierende Marktgebiete und strukturierte sich nicht lohnende Bereiche um bzw. trennte sich von ihnen. Die Tätigkeit wurde in für ihre Ergebnisse selbst verantwortliche Gebiete eingeteilt, und die wirtschaftliche und strategische Leitung und Kontrolle wurden verstärkt. Viel wurde darangesetzt, die Unternehmensleitung professioneller zu gestalten, mit einer Betonung von Ausbildung und Weiterbildung von Führungskräften. Überhaupt kennzeichnet Barneviks Denken deutliche Prioritäten in bezug auf Personal und Wirksamkeit aus. In der sehr technikorientierten, bürokratischen und patriarchalischen Umgebung bei ASEA wurden die neuen Ideen visionär. Es gab weitverbreitete Erwartungen im Unternehmen bezüglich neuer Ideen, was letztlich Barneviks Arbeit erleichterte.

Für Barnevik gehen die Vorstellungen über Geschäftsmäßigkeit, Rentabilität, Delegierung, Professionalismus und Kontrolle wie ein

vereinendes Glied durch die Karriere. In seinem Wesen hat er die Werte von Kleinunternehmern hinsichtlich Kunden und Handeln, Bedeutung der Wirtschaftlichkeit für das Überleben und die Notwendigkeit, das Handeln in den Griff zu bekommen, integriert. Im Gegensatz zu Kleinunternehmern wird er indessen von ständig steigenden geistigen Herausforderungen vorangetrieben, wobei die Ergänzung nicht weit nach der Analyse kommt. Der letzte Teil in dieser Reihe ist die Fusion zwischen ASEA und Brown Boveri.
Durch ein ständiges Probieren und Testen seiner grundlegenden Ideen hinsichtlich Firmeneinstellung, Dezentralisierung und Leitung entwickelte sich Barneviks Vision dahin, auch eine Doktrin einzuschließen, das heißt Lehrsätze, die er selbst in fast allen Zusammenhängen zum Ausdruck bringt. Dies geschieht mit großer Überzeugung und mit Hilfe von Overheadbildern und mehreren Projektoren, was letztlich wiederum zeigt, daß Barnevik die Zeit rationell ausnutzt. Seine Ideen und Wertvorstellungen sind so stark in seinem eigenen Wesen und in seiner beruflichen Erfahrung verwurzelt, daß sie seine Wirklichkeit bestimmen.

Jan Carlzon

Der Vater Jan Carlzons war Kanzleidiener und Chauffeur bei der Provinzialregierung in Nyköping. Im Gegensatz zu Barnevik und Gyllenhammar hat Carlzon keine direkte Verbindung zum Unternehmertum. Durch Ausbildung, Mehrarbeit und Freizeitaktivitäten war er jedoch ständig dabei, neue soziale Umgebungen zu entdecken.
Carlzon hat schon früh dort gearbeitet, wo die Reaktionen der Öffentlichkeit, der Kunden und der Angestellten die erste Belohnung und die beste Kundenquelle waren. Seine Arbeitserfahrung erstreckt sich vom Journalismus bis hin zum Konzernchef bei SAS. Dienstleistungen zu entwickeln, die die Menschen haben wollen, geht als roter Faden durch seine Karriere. Als Organisator eines Studentenfestes, als Reiseleiter oder als Betriebsleiter bei Vingresor ist die Problematik ähnlich. E ist wichtig, ein Gefühl dafür zu haben, was die Öffentlichkeit bzw. die Kunden wollen, und dieses dann mit aller Konsequenz voranzutreiben. Es liegt auch eine antreibende Kraft darin, die Aufmerksamkeit und den Enthusiasmus der Menschen zu erleben, und dies spornt zu größeren Aufgaben an.

Bei Vingresor, wo Carlzon als Reiseleiter anfing und zum Direktor aufstieg, baute er seine Fähigkeit auf, ein Dienstleistungsunternehmen in dieser hart umkämpften Branche zu führen und weiterzuentwickeln. Zusammen mit seinen Mitarbeitern probierte Carlzon die Produktentwicklung in nahem Kontakt zum Markt aus, und zwar sowohl Produktdifferenzierung nach Marktbereichen als auch eine dezentralisierte Organisation, die einer Rentabilitätsforderung unterlag. Er beobachtete die ganze Zeit die Reaktionen des Marktes. Carlzon selbst betrachtete Vingresor als seine wertvollste Schulung. In einem Interview gegen Ende der siebziger Jahre zeigen sich die wichtigsten Bestandteile seiner Ideologie.
»Ich lernte, Flexibilität in der Organisation aufzubauen. Es durfte nicht die Rede davon sein, daß man zu viele Plätze in einem Flugzeug hätte oder nicht schnell genug Zuwachs zum Markt dadurch haben könnte, daß man die Plätze dort verkaufte. Wir konnten schnell expandieren, wenn es nur den Markt gab. Man mußte hier die Bandbreite verändern. Eine andere Sache, die ich lernte, war, daß man, wenn man flexibel arbeiten will, das Unternehmen nicht von oben steuern kann. Man muß die Verantwortung dezentralisieren. Die Leute, die dem Markt am nächsten sind und den schnellsten Zugang zu Veränderungen hatten, mußten auch diejenigen sein, die die Veränderungen durchführten. Wenn man viele Filter hat, gibt es keine Veränderungen. Somit lernte ich, mit den Leuten im Unternehmen zusammenzuarbeiten. Es durfte nicht zu Situationen kommen, die das Prestige beeinflußten. Es durfte auch keine wasserdichte Abschottung zwischen den Abteilungen geben. Ich mußte mit Motivation, Entwicklung und Schulung arbeiten, damit sie die Problematik verstehen konnten.
Durch seine Tätigkeit als Geschäftsführer bei Linjeflyg bekam Carlzon die Möglichkeit, seine Ideen in einem mehr traditionellen und ziemlich bürokratischen Milieu weiterzuentwickeln. Er sah den geschäftsmäßigen Bedarf einer Umorientierung ein und erkannte die Erwartungen der Angestellten nach etwas Neuem. Es war auch seine Stärke als Direktor, sowohl die Voraussetzungen des Handelns als auch die Gefühle und Erwartungen der Menschen analysieren zu können. Dadurch wurde er wahrhaftig auch in seiner Führung marktorientiert.
Ebenfalls als roter Faden laufen Unternehmen, Krisen und Heraus-

forderungen durch Carlzons Karriere. Aber gerade in solchen etwas chaotischen Veränderungen kam er zu seinem Recht. Mit dem ihm eigenen Gefühl für Timing war er zur Stelle oder akzeptierte ein Angebot, wenn Veränderungen offensichtlich waren. Es ist ganz natürlich, Carlzon als einen Regisseur zu verstehen, der daran arbeitet, neue Vorstellungen zu inszenieren. Nach einer erfolgreichen Premiere verliert er etwas an Interesse. Es müssen dann andere gefunden werden, die sich darum kümmern, daß das Stück während einer langen Saison jeden Tag mit der entsprechenden Qualität weitergespielt wird. Carlzon hat indessen schon wieder begonnen, neue Herausforderungen zu suchen.

Carlzon wurde unter anderem deshalb zur SAS gerufen, um die Forderungen eines marktbezogenen Denkens zu erfüllen (siehe Kapitel 2). Seine Vorstellung einer dienst-, leistungs- und marktbezogenen SAS war für ihn nicht so revolutionär wie für die Angestellten. Sie war das Resultat einer langen Erfahrung, aber selbstverständlich der Situation angepaßt. Doch sie brach mit der bei SAS etablierten Art, die Wirklichkeit zu sehen. Statt die Fluggesellschaft als ein kosteneffektives und qualitatives Liniennetz zu sehen, das seinen Ausgangspunkt in der Technik hatte, sah Carlzon es eher als eine Servicekette mit dem Ausgangspunkt im Markt. Dieses Denken wies natürlich einen Bezug zu Vingresor auf, wo die Reisen durch eine bewußte Wahl der Hotels und Ausflüge, der Flugreise und der Bodentransporte »verpackt« wurden und sich nach den Wünschen des Kunden richteten.

Gleichzeitig, wie Carlzons Vorstellungen mit dem Althergebrachten brachen, fingen sie viele Erwartungen der Angestellten, vor allem des Servicepersonals, auf und darüber hinaus einen beträchtlichen Teil konkreter Ideen, die durch die neuen Vorstellungen neuen Sinn und neue Bedeutung für das Ganze bekamen. Das Setzen auf Ausbildung und Marktsegmentierung konnte in die Vorstellungen einer neuen SAS integriert werden und wurden somit produktiv. Ohne die neuen Vorstellungen wären sie zu isolierten Projekten und Maßnahmen geworden, die sich im Unternehmen nicht durchgesetzt hätten.

Die Vorstellung von SAS als einem Reiseunternehmen, das die meisten Forderungen der Kunden während einer Geschäftsreise abdeckt, ist ein Produkt von Carlzons Erfahrungen aus dem recht unterschiedlichem Tochterunternehmen der SAS. Indessen ist es auch ein Ergebnis seiner Fähigkeiten, das Ganze zu sehen, das heißt eine Form des Systemdenkens, und darüber hinaus auch die Fähigkeit, die ganze Zeit die Forderungen des Marktes zu sehen und neue Erfahrungen durch neue Dienste zu schaffen. Carlzon lebt in den Veränderungen und ist auf diese Weise der ständige Reiseleiter. Er führt das Unternehmen in neue Herausforderungen, die die Phantasie anregen und bei der Mehrzahl für Enthusiasmus sorgen.

Pehr G. Gyllenhammar

Gyllenhammar wuchs im Unternehmermilieu auf und ist adligen Geschlechts. Der Vater war eine der treibenden Kräfte bei der Umstrukturierung der Versicherungsbranche und wurde Geschäftsführer bei Skandia, Schwedens größter Versicherungsgesellschaft. Wie sein Vater studierte Gyllenhammar Jura, praktizierte in Anwaltskanzleien in Schweden, setzte sich mit dem Seerecht in den USA auseinander, bevor er bei der Versicherungsgesellschaft Amphion in Göteborg anfing.

Gyllenhammar machte Karriere bei Skandia, wo er 1965 als stellvertretender Verwaltungschef begann und seinen Vater 1970 als Geschäftsführer ablöste. Er blieb dies nur drei Monate, bevor er, erst 35jährig, Geschäftsführer bei Volvo wurde.

Die Versicherungstätigkeit ist stark reguliert, wobei die Fähigkeit, Risiken zu beurteilen und einzuschätzen, im Mittelpunkt steht. Versicherungsunternehmen haben die spezielle Aufgabe, die Gelder der Versicherungsnehmer zu verwalten und die entstandenen Schäden an Leben oder Eigentum unvoreingenommen zu regulieren. Die Versicherungsbranche erhält somit eine wichtige Gesellschaftsfunktion. Unter anderem durch eine allgemeine Angestellten- und Beamtenrente beteiligt sich der Staat direkt im Versicherungsbereich.

Durch die neue Computertechnik gab es neue Möglichkeiten und ein neues Konkurrenzmittel in der Branche. Auf diesem Feld sollte Gyllenhammar sich selbst engagieren. Für Technik hatte er sich eigentlich nie interessiert. Statt dessen richtete sich sein Interesse darauf, wie Technik die Arbeits- und Lebensbedingungen der Menschen verbessern könnte. Laut Gyllenhammar soll neue Technik dazu angewandt werden, den Angestellten bessere Arbeitsbedingungen und den Konsumenten bessere Produkte zu geben. Dies ist die

Basis für gutes Wirtschaften. Geld ist an und für sich auch nur deshalb interessant, da es ein Zeichen ist, daß es dem Betrieb gutgeht – ferner ist es die Garantie, für Handlungsfreiheit und Sicherheit zu investieren.

Bei Skandia arbeitete Gyllenhammar im Bereich Organisationsfragen. Er war unter anderem an der Entwicklung der Organisation der Matrizen bei Skandia beteiligt. Auch war er an Investitionsbeschlüssen im Computerbereich beteiligt sowie an der Personalausbildung und bei Zukunftsfragen. Was die Zukunftsfragen betrifft, vertraute er eher den Gesprächen mit Fachleuten als formalisierten Planungssystemen.

Gyllenhammar beschäftigte sich die ganze Zeit mit den sozialen Strukturen innerhalb der Arbeitsorganisation, übergreifenden Organisations- oder Geschäftsstrukturen. Ideen und Werturteile waren immer das wichtige, und persönliche Bequemlichkeit und Rücksicht auf Machtverhältnisse sekundär. Es waren Strukturen für die Menschen und nicht umgekehrt.

»Wenn ich überlege, jemanden einzustellen, habe ich nicht schon vorher ein Profil entworfen. Ich schaue, ob ich die Reaktionen desjenigen mag. Ich will wissen, ob er eine eigene Person ist. Können wir nicht eine Nische finden, in die er hineinpaßt?«

Im Gegensatz zu Barnevik und Carlzon kam Gyllenhammar zu einer Zeit nach Volvo, wo es nicht eine direkte Krise oder eine allgemeine Forderung nach Veränderungen gab. Er erschien jedoch als Visionär schon alleine dadurch, daß seine Ideale und Grundsätze mit denen der Ingenieure und Marktleiter kontrastierten.

Gyllenhammar sollte sich durch eine Reihe sozialer Innovationen auszeichnen. Er stand für eine Blickweise in bezug auf die Arbeitsorganisation, die unter anderem den Beginn einer gewerkschaftlichen Repräsentation in der Leitung implizierte, eine Form sozialer Rechenschaft. Er engagierte sich auch persönlich an der Entwicklung neuer Fabriken, beispielsweise in Kalmar und Uddevalla. Außerdem faßte er Beschlüsse bzw. erprobte neue Strukturmaßnahmen, wie den Kauf von DAF, Fusionsverhandlungen mit Saab, das Norwegengeschäft und die Fusion mit Beijerinvest, um nur einige Beispiele zu nennen.

Vor diesem Hintergrund erscheint Gyllenhammar als ein Visionär, der das größte Unternehmen des Norden als Arena hat. Er setzte es

fort, Volvo in Richtung menschlicher Grundbedürfnisse zu lotsen. Dies ist weitsichtig in bezug auf die Nachfrage und die Möglichkeit, beständige und wertvolle Eingriffe zu tätigen. Risikoausgleich schien ein Leitstern zu sein. Die Abhängigkeit bei Personenwagen soll von anderen Firmeninhalten ausgeglichen werden. Auch verschiedene Märkte sollen sich gegenseitig ausgleichen, zum Beispiel die USA, Europa und die restliche Welt. Die Expansion ist regelmäßig und vorsichtig, und die Produktionsplanung nimmt einen großen Nachfragezuwachs nicht vorweg. Laut Gyllenhammar soll man bei Sturm nicht mit vollen Segeln segeln.
Gyllenhammar erscheint durch seine Person und Position als Staatsmann. Er selbst sieht seine Rolle als Anwalt des Unternehmens mit einer Verantwortung für Besitzer, Kunden und Angestellte. Die Umgebung bezeichnet ihn auch als König, und in seinem Hauptbüro, »Pehrstorp«, werden immer wieder ausländische Politiker und Staatsmänner empfangen.
Gyllenhammars Vorstellungen sind stark in seinem Charakter und in seinen Erfahrungen, die er als sozialer Erneuerer gemacht hat, verankert. Er wird davon angetrieben, ständig neue Bedürfnisse für Arbeits- und Lebensbedingungen zu sehen. Und er ist bereit, große persönliche Risiken auf sich zu nehmen, um wichtige Werte, die eine bessere Struktur garantieren, zu verteidigen.

Wir können die drei Beispiele der Führungspersönlichkeiten Percy Barnevik, Jan Carlzon und Pehr G. Gyllenhammar in einigen Punkten zusammenfassen. Erstens kann man an allen Beispielen deutlich erkennen, daß die Vorstellungen nicht übereilt angenommene Einsichten sind, sondern ihre feste Verankerung in den Werten und Grundsätzen der Leiter haben und in langer Praxis weiterentwickelt wurden. Es scheint, daß das Alter zwischen 25 und 30 das entscheidende dafür ist, wie die grundlegenden Ideen zu einer Geschäftsvision und Führungsphilosophie geformt werden, die in der Persönlichkeit verankert sind.
Weiter wird deutlich, daß Entwicklung bei allen dreien ein gemeinsamer Faktor ist, aber daß Bedeutung und Inhalt der Entwicklung für alle drei unterschiedlich sind. Unsere Analyse der Leiter spiegelt dies wider. Wichtiger indessen ist, daß alle drei ihre Blickweise über eine lange Zeit entwickelt haben und damit auch eine Doktrin schu-

fen, die auf der entscheidenden Verbindung zwischen Ideal und Handlung beruht. Schließlich predigen und wenden die drei Topmanager ihre Lehrsätze so an, daß sie für die Umwelt deutlich werden.

Drittens können wir feststellen, daß die Ideale und Grundsätze, die wir mit gewissen Variationen mit der neuen Doktrin verknüpfen, fest mit diesen Leitern verbunden sind. Führung ist ein Ausdruck ihrer eigenen Persönlichkeit. Die Menschenanschauung ist zwar unterschiedlich, aber dafür entwicklungsorientiert. Für Barnevik bedeutet Entwicklung erhöhte Fähigkeiten. Für Carlzon bedeutet sie, die Freiheit ohne bürokratische Regeln mit übergreifenden Zielen und Strategien aufzufüllen und die Mitarbeiter zu informieren und zu unterstützen. Für Gyllenhammar bedeutet sie Entwicklung menschlicherer Arbeitsverhältnisse, Einflußmaßnahmen und Ausbildung. Das Firmendenken ist in allen Fällen marktorientiert. Es gibt jedoch zum Beispiel Unterschiede darin, daß vor allem bei ASEA, aber auch bei Volvo die Tätigkeiten differenzierter sind als bei SAS. Die Konzernproblematik ist deshalb unterschiedlich.

Nicht ausgereifte Visionen

Ein Kapitel über Leiter und Visionen wäre unvollständig, wenn wir das Phänomen der nicht ausgereiften Visionen ausklammern würden. Dies impliziert, daß Herausforderungen des Unternehmens auf eine Weise definiert werden, daß sie nicht zu Maßnahmen oder Veränderungen im Unternehmen führen. Wir wollen kurz drei Ursachen berühren, weshalb Vorstellungen nicht umgesetzt werden, nämlich die Funktion der Vorstellungen, das Wesen des Leiters respektive die Fähigkeit.

Auch die schwedische Fernmeldeverwaltung (Televerket) gehört zu den Organisationen, die es als wichtig empfanden, ihre Firmenidee etwas offizieller darzustellen.

»Der Ausbau der Telekommunikation in der Gesellschaft hat keinen Eigenwert. Er ist nur von Nutzen, solange er unserer Geschäftsidee ›alle für alle‹ entspricht. Das gute an der Telekommunikation ist, daß sie eine offene Welt schafft, etwas, das es wirklich wert ist, danach zu streben.«

Da die Erklärung keine Andeutungen darüber macht, wie die Idee »alle für alle« realisiert werden soll oder welche Forderungen sie an Veränderungen im Vergleich zur früheren Praxis enthält, liegt es auf der Hand zu glauben, daß der Zweck der Erklärung nicht in erster Linie neue Maßnahmen sind. Sie kann vielmehr in den regionalpolitischen Forderungen, die Televerket zu erfüllen hat, begründet sein. Durch obenstehende Erklärung kann man die Werte ausdrücken, die regionalpolitischen Forderungen entsprechen, und somit Televerket legitimieren. Dies ist nichts Einzigartiges für staatliche Wirtschaftsbetriebe und kann genausogut für die Privatwirtschaft gelten. Der Zweck dieser Geschäftsidee ist es, der Umwelt gegenüber ein Bild zu schaffen, das Handlungsbreite garantiert und Interventionen von außen entgegenarbeitet. Aber die Vision bleibt unvollkommen.

Zu dem gleichen Resultat kommt es, wenn die Visionen in Konflikt zum Charakter des Leiters stehen. Wie es sich anhand unserer Studien (Kapitel 5) zeigte, ist es für diejenigen Vorgesetzten, die stark beziehungs- oder kontrollorientiert sind, schwer, für eine Definition neuer Herausforderungen zu stehen, die große Veränderungen mit sich bringen würde. Die Angst vor Konflikten bzw. die Angst, die Kontrolle zu verlieren, steht durchgreifenden Veränderungen im Wege.

Bei Serviceförtaget, einem anderen unserer praktischen Fälle, wollte der neue Geschäftsführer auf eine neue Organisation, Dezentralisierung, neue Ergebnisrechenschaftsberichte und auf eine bessere Ausbildung hinaus. Es zeigte sich, daß er sich mit den neuen Gedankengängen bei den älteren Vorgesetzten nur schwer Gehör verschaffen konnte, die sich zwar für Veränderungen aussprachen, in der Praxis aber wie bisher weitermachten.

»Meine Einstellung war immer, daß Dezentralisierung und Kundennähe sehr wichtig sind. Man muß an den Menschen glauben, damit die Organisation sich in Richtung einer größeren Dezentralisierung entwickeln kann. Wenn man beginnt, Vorgesetzte für die Resultate verantwortlich zu machen, ist es klar, daß viele Angst bekommen. In dieser Lage versuchte ich zu beruhigen und zu versichern, daß sie vorher geschult würden. Man muß sich auch Zeit lassen, um den Leuten nicht zu schaden. Man ist abhängig davon, daß andere sich an die Gedankengänge herantasten und sie in sich aufnehmen.«

Für den Geschäftsführer war der Bedarf an guten Beziehungen ein Hindernis, die notwendigen Konflikte auf sich zu nehmen, um die neuen Ideen durchzusetzen. Konflikte gingen gegen die grundlegende Überzeugung des Geschäftsführers und wurden für ihn ein Hindernis.
Bei Maskinföretaget war es hingegen der große Bedarf nach Kontrolle, der es dem Geschäftsführer erschwerte, seinen Visionen Durchschlagskraft zu geben. Durch seine Art war es schwierig für andere, sich ihm zu widersetzen und ihn zu beeinflussen. Deshalb wurde man zu abhängig von seiner eigenen Interpretation seiner Vorstellungen. Es gab keine Inspiration für die anderen, sich der Herausforderung anzunehmen, sondern führte zu einer größeren Abhängigkeit: Sie kontrollierten mit ihm, ob die Lösungen richtig waren. Allmählich wurde sich der Geschäftsführer seines Einflusses bewußt.
»Als ich jung war, wollte ich alles selbst machen, und oft ging vieles schief. Das begrenzte das Potential des Unternehmens.«
Aber es ist nicht richtig, die Ursachen einer nicht ausgereiften Vision nur im Charakter des Geschäftsführers zu suchen – teilweise sind sie auch situationsabhängig. Wie wir vorher schon gesehen haben, kann es sein, daß große Teile des Personals in einem Unternehmen Veränderungen erwarten, unter Umständen sogar fordern. In anderen Situationen können Veränderungen klar gegründet sein, doch gefühlsmäßig von den Menschen nicht angenommen werden. In letzterem Fall ist es für jeden Vorgesetzten schwer, in irgendeiner Form das Personal zu motivieren.
Wie schon aus Kapitel 2 hervorgeht, wo wir die Veränderungen im Firmendenken der SAS analysiert hatten, zeigt es sich, daß fehlende Erfahrungen, etwa in der Marktführung von Dienstleistungen, ein Hindernis sind, um neue Herausforderungen in Angriff zu nehmen. Der Markt war stark reglementiert und von mäßigem Zuwachs gekennzeichnet. Die Expansion war von bilateralem Übereinkommen und internationalen Verträgen abhängig, und die Preise wurden von einem Kartell bestimmt. Somit waren die Erfahrungen einer Marktführung in freier Konkurrenz natürlich beträchtlich begrenzt. Es wurde somit schwierig, konkrete Strategien zu formulieren, die dazu führen sollten, mit den Herausforderungen umgehen zu können.

Über die Vergänglichkeit von Vorgesetzten und Visionen

Wenn es um stark entwicklungsorientierte Vorgesetzte geht, ist man fasziniert von ihrer Fähigkeit und ihrem natürlichen Hang, ständig ihre Definition hinsichtlich der Herausforderungen des Unternehmens zu verändern. Es gibt die ganze Zeit eine Dynamik bzw. ein Wechselspiel zwischen Visionen und Wirklichkeit, wo gewisse Elemente verklingen und andere dazukommen und verstärkt werden. Jedoch gibt es die ganze Zeit eine Stabilität und Kontinuität in dem persönlichen Engagement. Dies bedeutet natürlich nicht, daß definierte Herausforderungen auch erfolgreich gehandhabt werden können. Wie wir sahen, haben alle drei schon Mißerfolge hinter sich. Es waren Fragen gewesen über Strategien, die sich als unwegsam erwiesen. Die Mißerfolge haben starke sachliche Kritik und gefühlsbetonte Reaktionen ergeben. Dadurch, daß die Vorstellungen stark in den eigenen Werten der Leiter verankert waren, haben sie somit ihr Handeln auf die Situation einstellen können, ohne jedoch ihre Werte aufzugeben, was letztlich ihre Stärke ausmacht.
Wird der Vorgesetzte durch seine eigenen Vorstellungen geblendet, vermindert sich auch die Fähigkeit zur Anpassung, das heißt, die Herausforderungen zu definieren – und der Chef wird zu einem Hindernis für die Entwicklung des Ganzen und dient nicht dem Fortschritt. Falls er von seiner eigenen Vision besessen ist, besteht die Gefahr, daß er unbewußt seine Umgebung verführt. Wenn die Mitarbeiter dies dann merken, wendet sich ihr Unbehagen gegen den Vorgesetzten und das, wofür er steht. Zu einer positiven Bewertung der Vision als ein Verbindungsstück zwischen Vorgesetztem und Unternehmen muß also auch deren Gegensatz beachtet werden. Die unausgereifte Vision kann zum Ziel für Widerstand und Aggression und somit eine unproduktive und für das Unternehmen verheerende Beziehung zwischen Leiter und Unternehmen werden.
Zusammenfassend zeigen die drei Beispiele, daß ein Doktrinwandel auch seine Basis in der Persönlichkeit der Menschen hat – und in der Fähigkeit des Chefs, neue Werte in Wort und Tat deutlich zu machen. Dies kann er nur, wenn diese Werte fest in seiner Person verankert sind. Erst dann wird es ihm möglich, Herausforderungen für das Unternehmen auf eine produktive Art zu beschreiben.

Kapitel 8

Geschäfte als Lebensstil

8

Ein Doktrinwandel, der anfängt, sich im Unternehmen bemerkbar zu machen, schließt in gewissem Sinne folgendes ein: Die Leitung des Betriebes bekommt – insgesamt gesehen – ein anderes Profil. Der Vorgesetzte als Individuum ist ein wichtiger Faktor geworden, und im großen und ganzen kann man sagen, daß Persönlichkeit und Charakter, also alles, was in dem Verhalten eines einzelnen zu sich selbst und zur Umwelt liegt, nun mit Fähigkeiten und Expertenkenntnissen als wichtiges Kriterium für Fortschritt innerhalb der Leitung gleichgestellt werden. Der Unternehmensleiter ist nicht länger »nur« eine Kombination aus professionellem Verwalter und talentiertem Gewinnmaximierer. In seinem Verhalten zum Unternehmen ist der Chef auch ein wichtiges Individuum mit Werten, Gefühlen und Lebensperspektiven, die mit der Firmenidee des Betriebes harmonieren sollen – genauso wie die professionelle Leitung eher von der Logik der Firmenidee als von alten, erprobten Führungsmodellen ausgeht.
Viel deutet darauf hin, daß professionelle Führung in der neuen Doktrin einen neuen Inhalt gefunden hat. Professionalismus bedeutet bei der neuen ideenorientierten Leitung auch, daß der Vorgesetzte sich emotional, intellektuell und unter Umständen auch existentiell beteiligen muß. Im Prinzip muß er seine Persönlichkeit in all diesen Bereichen einbringen, um eine Ideenstruktur des Unternehmens herauszukristallisieren, die teils in der Geschäftsidee und teils in der Auffassung der Mitarbeiter hinsichtlich Inhalt und Identität des Unternehmens ruhen. Der neue Professionalismus wird wahrscheinlich seine Wurzeln in den tieferen Schichten der Persönlichkeit des Chefs haben und sowohl eine Lebenshaltung als auch ein einsichtsvolles Verhalten zu der Rolle des Berufes ausdrücken, in der

die Fähigkeit zu reflektieren mindestens genauso wichtig ist wie die Fähigkeit zu handeln. Damit rückt der Vorgesetzte als ein Individuum in den Brennpunkt, was dafür spricht, daß für die neue Leitung einsichtige Menschen gebraucht werden. Dies ist ein wichtiger Faktor, der zusätzlich zu Expertenkenntnissen, allgemeinen Fähigkeiten, Führungserfahrung und Führungsausbildung hinzukommt.
In dem Kapitel »Vorgesetzte und Visionen« betrachteten wir die Vision als ein Verbindungsstück zwischen Vorgesetztem und Unternehmen und bezogen uns auf eine Studie über Vorgesetzte in schwedischen Unternehmen. In diesem Kapitel wollen wir die Identität und Lebenseinstellung als ein solches Verbindungsstück ansehen, das seinen Ausgangspunkt in einer wesentlich größeren und auch unbekannteren Kategorie von Vorgesetzten hat, nämlich im schwedischen Kleinunternehmer.
Der Chef eines kleinen Unternehmens wird oft – mehr oder weniger stark – zu generell charakterisiert. Bevor wir uns empirisch mit der Beziehung des Unternehmers zu Identität, Lebenseinstellung und Unternehmen befassen, wollen wir uns kurz und übersichtlich das gängige Bild von Personen anschauen, die besitzen, leiten und einen eigenen Betrieb führen.

Der facettenreiche Unternehmer

Alle, die sich für Filme der dreißiger Jahre interessieren, erinnern sich sicherlich an Leslie Howards klassische Darstellung der »Scarlet Pimpernell« und den Reim, der seine Rolle in dem Film charakterisiert.

»They seek him there they seek him there,
those Frenchies seek him everywhere!
Is he in heaven? Is he in hell?
That damned, elusive Pimpernell!«

Der Unterschied zwischen »Scarlet Pimpernell« und einem Kleinunternehmer kann in vielerlei Hinsicht als haarfein bezeichnet werden, besonders aus der Sicht des Forschenden. Es ist mit anderen Worten keine leichte Aufgabe, sich in die Vorstellungswelt von Kleinunternehmern zu drängen und seine bzw. ihre Art, sich den Geschäften gegenüber zu verhalten, zu verstehen. Bildlich gesprochen etwa dann, wenn man sich in die Welt eines anderen (Kleinunternehmers) mit Forschungsinstrumenten drängt, die eigentlich dafür geschaffen sind, Handelsgeschäfte zu untersuchen. Dies hat zur Folge, daß es im Vergleich zu Studien über Großunternehmen relativ wenige Studien über Kleinunternehmen gibt.

Erforschung von Kleinunternehmen hat ihren eindeutigen Ausgangspunkt im amerikanischen Unternehmertum. Bahnbrechend in dieser Hinsicht ist die Theorie über das Leistungsbedürfnis des Unternehmers (Am. need for achievement). In ihr meint man, einen generellen Zusammenhang zwischen dem hohen Leistungsbedürfnis und der Tendenz, einen Berufszweig, der viel persönliche Verantwortung verlangt, gefunden zu haben – ein Attribut, das oft gerade Kleinunternehmern nachgesagt wird. Doch all dies kann genausogut für viele andere Berufsgruppen gelten – ist nicht nur speziell auf Unternehmer zu beziehen. Dagegen zeigen die Erfahrungen im Arbeitsleben, daß ein extremes Nichtgefallen der früheren Tätigkeit stark zu dem Entschluß beigetragen hat, Unternehmer zu werden.

Risikobereitschaft ist ein weiterer Persönlichkeitszug, der Kleinunternehmern oft zugeschrieben wird. Aber die Resultate der Studien darüber sind nicht eindeutig, und »die Tendenz, etwas zu riskieren«, muß nicht streng an Unternehmerbeschlüsse oder den eventuellen Erfolg eines Unternehmens gebunden sein. Das Risiko eines Mißerfolges und dessen Konsequenz kann sehr wohl von spezifischen Umwelteinflüssen und nicht nur von den Persönlichkeitszügen des Unternehmers gesteuert werden.

Andere Theorien besagen, daß es trotz allem eine »grundlegende Voraussetzung« für alle Unternehmer gibt, die stark an die Gedanken des Leistungsbedürfnisses anknüpfen – aber auch an entgegengesetzte Kräfte, die das Leistungsbedürfnis schwächen. Starkes soziales Selbstgefühl, mit hohem gesellschaftlichen Status und Karrieremöglichkeiten gekoppelt, ist eine solche treibende Kraft. Entscheidend für den Entschluß, Unternehmer zu werden, ist, wie »reif« man dafür ist. Man spricht von »dem Zeitabschnitt der freien Wahl«, in der die Befähigung, Unternehmer zu werden, am größten ist (27 bis 36 Jahre).

Viele finden es nicht besonders fruchtbar, einen Unternehmerbegriff

in einer breiten, allgemeinen Bedeutung zu benutzen, sondern sie ziehen es vor, von unterschiedlichen Unternehmercharakteristika in bezug auf den Betrieb als solchen zu sprechen. Hier unterscheidet man drei Typen: das sogenannte »Randunternehmen«, wie etwa Wäschereien und Kleinboutiquen, »Betriebe mit hohem Potential«, wo von Anfang an die Absicht auf Zuwachs, das heißt auf ein Großunternehmen hin besteht, sowie »attraktive Kleinunternehmen«, wo es die Absicht ist, attraktive Gehalts- und Anstellungsbedingungen zu schaffen. In dieser Perspektive ist es das Wesen des Betriebes, das über die Art der Unternehmerschaft entscheidet – und nicht Persönlichkeitsbezüge und Triebkräfte beim Unternehmer selbst.
Abgesehen von der Theorie, hat die Kleinunternehmensforschung im großen und ganzen gezeigt, daß Unternehmerstudien nicht besonders sinnvoll sind, wenn der Unternehmer sein Lebenswerk, das kleine Unternehmen, falsch versteht.

Das kleine Unternehmen

Die kleine Arbeitseinheit eines solchen kleinen Unternehmens ruft in sich viele interessante Phänomene hervor, die vielleicht in etwas kleinerem Rahmen in einem Großunternehmen vorkommen. Gibt es beispielsweise einen Zusammenhang zwischen der Größe und der Moral, der sich in Arbeitsgruppen herauskristallisiert? Der tägliche Kontakt von Angesicht zu Angesicht, der in einem Kleinunternehmen besteht, beeinflußt oft die Arbeitsmoral in positiver Hinsicht, und vor allem die Art der Beziehungen im Berufsleben (Familiengefühl) haben einen moralerhöhenden Effekt – hauptsächlich auch dadurch, daß traditionelle Werte hinsichtlich der Arbeit hervorgeholt und eingeprägt werden.
Die Beziehungen in den kleinen Betrieben erleichtern es den Angestellten, sich mit dem Unternehmen zu identifizieren. Es ist leichter, die Beziehung zwischen dem, was man macht, und den Zielen des Unternehmens als Ganzes zu sehen. Auf der anderen Seite gedeiht hier auch leicht eine patriarchalische Verhaltensweise – eine Art, die in direktem Konflikt mit den demokratischen Werten in der Gesellschaft steht.
Daß Angestellte in kleinen Unternehmen dazu neigen, die Bezie-

hung zwischen dem Chef und dem Mitarbeiter positiv und harmonischer zu sehen als ihre Kollegen in Großunternehmen, ist allgemein bekannt. Körperliche Nähe in einer Arbeitsgruppe ist jedoch keine Garantie für geistige Nähe. Tägliche Kontakte zwischen Chef und Mitarbeiter können Gefühle der Einheit in einer Arbeitsgruppe oder die Vorstellung, daß man gemeinsame Interessen zu verteidigen hat, eher verhindern als fördern. Dies kann paradoxerweise die Erklärung dafür sein, daß gewerkschaftliches Bewußtsein unter den Angestellten in einem Kleinunternehmen nicht selten sehr gering ist.
Auch gibt es hier oft starke Zweifel, Leute von »außerhalb« einzustellen und so in bezug auf mehr Angestellte zu expandieren. Dies hat damit zu tun, daß Kleinunternehmer oft große Zweifel an ihren Führungsfähigkeiten haben.
Auf tieferer Ebene unterscheidet sich die Philosophie kleinerer Unternehmen in gewissem Sinne von den Ansichten und Inhalten größerer Betriebe. Was die Forschung von Mal zu Mal herausfindet, ist, daß Geld und Gewinnmaximierung auf keinen Fall das wichtigste in einem kleinen Unternehmen sind, auch wenn eine hohe Rentabilität nicht unterbewertet wird. Das Gefühl, nicht von anderen kontrolliert zu werden, also das Gefühl, etwas selbst zu machen, wird höher eingeschätzt als eine Gewinnmaximierung.

Die Grundpfeiler der schwedischen Kleinunternehmen

Ein kleines Unternehmen zu führen, das einem selbst gehört und das man aufgebaut hat, ist natürlich etwas ganz anderes, als als Vorgesetzter in einem Großunternehmen angestellt zu sein. Vergleiche zwischen großen und kleinen Unternehmen sind zwar oft gekünstelt, da Bedingungen und Voraussetzungen zu unterschiedlich sind, doch aus der speziellen Perspektive dieses Buches ist zumindest ein Vergleich interessant. Gibt es auch in der Mikrowelt, wo unsere 300 000 Kleinunternehmen ihre Geschäfte abwickeln, einen Doktrinwandel? Ist es vielleicht sogar möglich, daß bestimmte Teile der Denkweise einer neuen Doktrin ihre Wurzeln in der Art und Weise haben, wie der Kleinunternehmer in einer Symbiose mit dem Unternehmen

und den Geschäftspraktiken lebt? Gibt es Kleinunternehmer, die genau wie Konzernleiter Exponenten für die neue Art sind, Betriebe zu leiten?
In einer kürzlich durchgeführten Studie über schwedische Kleinunternehmer wurden umfassende Tiefeninterviews mit einer großen Meinungsumfrage kombiniert und Werte, Gefühle und Lebenseinstellung untersucht, die in der Arbeit als Besitzer und Leiter eines Betriebes zum Ausdruck kommen. Es kristallisierten sich hierbei zwei Gruppen von Unternehmern heraus, die in bezug auf das Unternehmen und die Tätigkeit teilweise unterschiedlich dachten und handelten, gleichzeitig aber auch eine wesentliche Grundvoraussetzung teilten: die Art, sich mit ihrer ganzen Persönlichkeit im Betrieb zu engagieren, das heißt, Geschäftspraktiken eher zu einem Lebensstil als zu einem Bereich zu machen, der vom übrigen Dasein getrennt ist. In diesem Zusammenhang kann man deshalb behaupten: Wenn die neue Doktrin Vorgesetzte voraussetzt, die sich sowohl emotional, intellektuell als auch existentiell an der Geschäftstätigkeit beteiligen, ist der Kleinunternehmer ein ausgezeichnetes Anschauungsbeispiel – und dies, wie sich zeigen wird, im positiven wie negativen Fall.
Weiterhin wollen wir diese beiden oben schon angeführten Gruppen näher betrachten. Sowohl den traditionellen Unternehmer, der eine Werkstatt, eine Boutique oder einen Handwerksbetrieb führt, als auch den neuen Kleinunternehmer, den man in stark expandierenden Zukunftsbranchen wie Computer- und Kommunikationstechnologie findet. Zugegebenermaßen sind die Unterschiede hier nicht messerscharf. Traditionelle Kleinunternehmerwerte und ein vom Unternehmen beherrschter Lebensstil sind in hohem Maße auch bei den neuen Kleinunternehmern zu finden. Aber es gibt auch wesentliche Unterschiede – in der Terminologie dieses Buches also eine neue Doktrin.

Die Vision des freien Menschen

Unabhängig von der Branche, der Persönlichkeit und des Charakters scheinen sowohl der traditionelle als auch der neue Kleinunternehmer von zwei grundlegenden Lebensbedingungen vereint zu werden, die an sich nichts mit Stereotypen wie Geschäftsbegabung und Leistungsbedürfnis zu tun haben:

- das Vorkommen eines speziellen sozialen Erbes;
- eine frühzeitig etablierte und existentiell bedingte Triebkraft, das eigene Ich als frei und ungebunden zu bewerten, wo der »Zwang«, sein Schicksal zu lenken, mehr oder weniger programmiert ist.

Die beiden Prozesse hier scheinen wenig von den Grundpfeilern des Unternehmertums zu haben, was nicht bedeutet, daß die Anwesenheit bekannter Kräfte, wie Leistungsbedürfnis und das Bedürfnis, eine Idee auf dem Markt zu realisieren, bedeutungslos ist. Vielmehr kann man es so ausdrücken: Die Zündung muß in irgendeiner Form vom Unternehmer kommen, damit es überhaupt irgendein Unternehmen wird, wobei die tragende Struktur des Unternehmens sehr wohl auf diesen Grundpfeilern beruhen kann.
Wenn Kleinunternehmer die Triebkräfte für ihr Unternehmen in eine Rangordnung bringen, werden diese beiden Grundpfeiler ein gutes Stück vor die klassischen Kräfte gesetzt, also Risikobereitschaft, Leistungsbedürfnis oder der Zwang, eine Idee oder ein Produkt auf dem Markt zu präsentieren. Diese Präferenz neigt dazu, dem Unternehmen eine starke symbolische Überdeutlichkeit zu geben, die ihre Wurzeln tief in dem Selbstbildnis des Unternehmers und den psychologischen und sozialen Prozessen hat, die seine Persönlichkeit und seinen Charakter geformt haben.
Der Arzt Gustav Jonsson entwickelte zu seiner Zeit die Theorie, daß kriminell belastete Kinder mehr oder weniger prädestiniert waren, als Erwachsene ebenfalls kriminell zu werden. Symbolisch gesehen, gibt es ein solches Erbe auch unter den Kleinunternehmern und prädestiniert sie für eine Geschäftskarriere. Eine genauere Betrachtung der Zeit des Heranwachsenden und des Verhaltens des Unternehmers zeigt ganz klar, daß es in den meisten Fällen immer einen Angehörigen oder einen Menschen im Freundeskreis gegeben hat, der ein eigenes Unternehmen gehabt hatte.
In diesem Zusammenhang kommt es darauf an, ob die Zeit des Erwachsenwerdens als Ganzes dahin neigte, die Kunst, Geschäfte zu machen, anzunehmen und hervorzuheben, um sich einen gehbaren Weg hinsichtlich einer positiven Lebensidentität zu schaffen.

Wertmäßig wird Unternehmertum als Lebensform angesehen, die der ganzen Existenz Inhalt und Möglichkeiten gibt, und diese Form frühzeitiger Richtungsangabe für das Erwachsenenleben scheint unabhängig davon zu existieren, wie das sozio-ökonomische Umfeld während des Heranwachsens ausgesehen hat.

Eine andere wichtige Beobachtung, wenn es um Triebkräfte für das Unternehmen geht: Kleinunternehmer sprechen sehr selten von selbstlosen Begriffen, das heißt, der Menschheit zu dienen oder die Firmenidee aus einer entindividualisierten Makroperspektive heraus zu sehen. Wahrscheinlich ist es so, daß sich die Möglichkeiten, Kleinunternehmer zu werden, drastisch verringern, wenn die Zeit des Heranwachsens der Identität dazu geführt hat, über seine Möglichkeiten und Schwächen hinsichtlich der Makrobilder von der Welt zu reflektieren, und wo die Identität per Definition riskiert, verkleinert und ausgedünnt zu werden. Ein eigenes Unternehmen zu besitzen und zu betreiben repräsentiert auf der anderen Seite ein Formen von Erwachsenenidentität, wo die Möglichkeiten, zu bekräftigen, wer man ist, sowohl einzigartig als auch unerschöpflich sind. Das Unternehmen bietet mit anderen Worten den Platz, wo sich die Persönlichkeit so gut wie immer ausdehnen und expandieren und Identität geschaffen werden kann.

Man kann also mit anderen Worten sagen: Die Verwandlung, die mit einem Menschen geschieht, wenn er als Besitzender sowohl über die Idee als auch über die Leitung verfügt, läßt nicht lediglich nur einen weiteren Geschäftsmann und Kleinunternehmer auf der Wirtschaftskarte werden. Darüber hinaus wird eine Persönlichkeit geschaffen, die sich klar dadurch identifiziert, daß sie eine einzigartige und wertvolle menschliche Identität besitzt, eine im psychologischen Sinne existentielle Identität, die mindestens ebenso wichtig ist wie die sichtbare eines Geschäftsmannes und Kleinunternehmers. Einer der jüngsten Computerunternehmer aus der Untersuchung beschreibt sein Suchen nach Identität via Unternehmen folgendermaßen: »Man kann es damit vergleichen, wenn man auf einem Sprungbrett steht. Gerade, wenn man springt, schreien die Leute, Salzsäure oder sonst etwas sei im Schwimmbecken. Aber trotzdem soll es ein bezaubernder Sprung werden. Ich werde nicht zögern. Erst dann habe ich eine gewisse Bedeutung. Ich bin dann ich selbst. Eine Rolle, die man für sich selbst gemacht hat. Und ein Bewußtsein, wer man ist. Man muß lernen, seine eigene Entwicklung zu steuern. Etwas in dem gegebenen Rahmen zu machen. Zu wissen, was es bedeutet, Unternehmer zu sein. Warum soll ich mich für so alberne Ziele wie diese OTC-Liste verbrauchen? Was gibt mir das? Das Ziel muß doch auf einem Bild zu finden sein und auf die Urenkel herabsehen, damit sie auf mich schauen können und wissen, daß ich Vorstellungen gehabt habe – und sie sollen fühlen, daß ich ehrlich war und etwas von und für mich selbst geschaffen habe. Dann hat man das Ziel erreicht.«

Ein Dreieck von Idee – Leitung – Besitztum

Ein Kleinunternehmer lebt sein Leben nicht in geteilten Wirklichkeiten, wobei die Arbeit »das andere« in seinem Dasein symbolisiert. Starke psychologische Kräfte binden die gesamte Lebensexistenz des Individuums an das Unternehmen, und dieses Unternehmen wird unwiderruflich zu einer symbolischen Verlängerung der Persönlichkeit des Unternehmers. Dieser Entwicklungsprozeß schafft früher oder später eine neue und kraftvolle Einheit von Mensch und Arbeit, wobei man sich nicht als neuer Mensch fühlt, sondern als etwas, das tiefer geht: Der Unternehmer hat eine existentielle Identität durch das Unternehmen bekommen. »Ich bin heute von der Persönlichkeit her ein freier Mensch«, konstatiert ein Werkstattunternehmer. »Und ein sicherer Mensch. Ich habe gemerkt, daß ich Dinge schaffe, von denen ich das früher definitiv nicht geglaubt habe. Dieses Arbeiten als Unternehmer schließt ja ein, daß man eine Form von Lebensqualität wählt. Man wählt diese undefinierbare Versuchung, sein eigener Herr zu sein.«
Die Kraft und die Stärke der Unternehmeridentität liegt darin, daß sie, im Gegensatz zu anderen psychologischen Phänomenen, so gut wie immer auf konkrete Art an den täglichen geschäftlichen Handlungen deutlich gemacht werden kann. Es sind also keine verträumten Vorstellungen darüber, was man aus sich selbst machen könnte, sondern es ist ein Prozeß konkreter, kontinuierlicher psychologischer Verstärkung dessen, »der man ist«. Dies manifestiert sich in so gut wie jedem Detail – Firmenidee, Produkt, Verkauf, Leitung, Organisation etc.
»Ich sehe das nicht als Arbeit an. Es ist etwas, was ich mache, weil ich

es interessant finde. Meine Verwirklichung ist es, andere, vor allem Kunden, zufriedenzustellen.« Dies sind typische Reflexionen, so wie folgende Art des Boutiqueninhaber, seine Einstellung zu definieren: »Es ist genau das, daß man durch die Mitarbeit etwas schafft. Ein Unternehmen zu besitzen verlangt viel Verantwortung. Gleichzeitig ist es ein Verwirklichen. Ein Traum von etwas. Eine Bestätigung, daß man mit anderen zusammen für etwas steht.«

Der kritische Punkt hier ist, den Inhalt des Begriffes existentielle Identität als etwas zu verstehen, das sowohl Mut als auch Neugierde umfaßt, sozusagen die existierenden Theorien hinsichtlich des Verständnisses von Kleinunternehmen genau zu untersuchen. Die Perspektive des Verstehens muß sowohl von Unternehmertriebkräften als auch von den speziellen Marktvoraussetzungen hin auf das starke Kraftfeld, das es im Unternehmen gibt, wenn es gebildet wird, gerichtet werden. Unter der Oberfläche wird auch ein »spin-off«-Effekt produziert in Form eines hochqualifizierten Prozesses des Herausbildens von Erwachsenenidentität. Die am meisten ins Auge fallende Auswirkung dieses Prozesses ist, daß er unbewußt den Kleinunternehmer zwingt, die Realitäten des Geschäftslebens aus einer zweidimensionalen Perspektive heraus zu bewältigen – und nicht aus einer eindimensionalen, die normalerweise mit einer gesunden Geschäftstätigkeit verknüpft wird. Gleichzeitig wie der Begriff »existentielle Identität« somit als ein integrierter Bestandteil der Geschäftstätigkeit von Kleinunternehmern an die Oberfläche geführt wird, so ist es wichtig, sich daran zu erinnern, daß der gleiche Begriff den Unternehmer auch in eine Situation zwingen kann, in der alle anderen Lebens- und Arbeitsalternativen aufgehört haben zu bestehen. »Man ist eigentlich die ganze Zeit schrecklich eingesperrt«, bemerkt ein Buchhändler erschöpft, »aber gleichzeitig gibt es da dieses Gefühl von Freiheit. Etwas, das undefinierbar ist, einen aber trotzdem festhält.«

Existentielle Werte

Das Maßband, das der Kleinunternehmer benutzt, um die Bedrohungen und Möglichkeiten der Umwelt beurteilen zu können, wird nicht nur dafür benutzt, um die Rentabilität einer Transaktion oder die Zukunft von Waren bzw. Dienstleistungen auf dem Markt zu messen. Vieles, was in diesem Meßprozeß als irrational erscheint, kann nicht durch einen vermeintlichen Mangel an Kenntnissen oder Fähigkeiten erklärt werden, sondern hat viel mehr mit einer psychologisch bedingten Rechtfertigung der Identität zu tun. Jede voraussagbare Veränderung, wie klein sie auch sein mag, wird daran gemessen, daß sie eine Bedrohung der Identität sein kann, die der Unternehmer durch seine Arbeit bekommen hat.

Geschäftsmäßig handelt man aus dieser Ganzheitsperspektive heraus, was implizieren kann, daß ein finanziell gesundes Geschäft sehr wohl aus irrationalen Gründen heraus abgelehnt werden kann, nur weil es offensichtlich eine Bedrohung für den Teil des Ganzen bedeutet, da das Unternehmen für etwas anderes steht als für handbuchmäßige Geschäfte. Diese Annahme einer Dualität bei Kleinunternehmen führt zu einer Geschäftsstrategie, die Beteiligung und Kontrolle jedes kleinen Details der Tätigkeit verlangt, damit Forderungen aus sowohl Geschäfts- wie auch Identitätsgründen auf akzeptable Weise zufriedengestellt werden können.

»Ich will viel zu tun haben, und ich habe auch das Gefühl, daß ich nicht einfach die Verantwortung abgeben und hier weggehen kann«, bemerkt ein Unternehmer. »Man weiß dann ja nicht, was geschieht. Es ist nicht so sehr der Wille, alles zu kontrollieren, als vielmehr der Zwang dazu! Wenn man nicht alles kontrolliert, sickern die Sachen einem durch die Hände.«

Es ist sogar wahrscheinlich, daß die identitätsbejahenden und verteidigenden Kräfte in diesem Kräftemessen oft als Sieger hervorgehen und somit wenig Raum für Risikobereitschaft und Experimente im rein geschäftsmäßigen Sinne lassen. Das Unternehmen ist mit anderen Worten eher fest verwurzelt als expansiv. Ein potentieller Wachstumsunternehmer drückt das Dilemma folgendermaßen aus: »Ich fürchte, daß bei einem Expandieren hier alles zu bürokratisch wird. Es gibt diese Tendenzen! Früher habe ich alles selbst gemacht; die Rechnungen gingen zur gleichen Zeit raus wie die Ware. Nun dauert alles viel länger, und das gefällt mir nicht. Ich will den Kunden den gleichen Service wie früher geben – obwohl wir jetzt größer sind.«

Generell gesehen, kann man vielleicht behaupten: Sehr wenige Menschen, ob sie nun Unternehmer sind oder nicht, sind bereit, das

Risiko einzugehen, mit einer Identität oder einem Selbstbildnis zu experimentieren, das mit schwer erreichbaren existentiellen Werten gefärbt ist wie zum Beispiel:

- einem Gefühl von Zuwachs an Persönlichkeit,
- einem Gefühl des Selbstbestimmens,
- einem starken Gefühl von Freiheit,
- einem Gefühl von Verantwortungserfüllung,
- einem Gefühl von Nützlichkeit,
- einem Gefühl von menschlicher Würde.

Wenn diese Werte Wurzeln gefaßt haben, ist es logisch, daß Vorsicht die Risikobereitschaft ersetzt, daß man sich schützt und verteidigt anstatt in etwas Unbekanntes hineinzuexpandieren, daß man die Freuden des Friedens genießt und nicht Krieg und Eroberung plant. Im übrigen bedeuten Geld und Gewinnmöglichkeiten anscheinend erstaunlich wenig in dem Strudel psychologischer Notwendigkeiten, die oft auf eine unterbewußte Ebene vorströmen und dem Unternehmer erst dann zugänglich werden, wenn Überlegung und Reflexion möglich sind. Allerdings ist anzumerken: Diese Möglichkeit besteht allzu selten, und das ist eine der Geißeln des Kleinunternehmertums.

»Eigentlich handelt es ja davon, daß man versuchen muß, sich zu zwingen, überflüssig zu werden«, meint ein Unternehmer. »Wenn man ein Unternehmen entwickeln will, darf man sich ganz einfach nicht zu erforderlich werden lassen – man fällt sonst in die Grube der Detailarbeiten. Es gilt, sich selbst so weit zu verkleinern, daß man es schafft, für die Zukunft zu planen.«

Die kleine Leitung

Die Leitung in Kleinunternehmen zeigt oft das Zeichen von Zwiespalt und Wertekompromissen. Viele Unternehmer huldigen einer Art unreflektiertem Führungshumanismus, wo man in erster Linie Kamerad, Wohltäter und Freund ist, also jemand, der versteht und hilft, es unterläßt, zu hohe Anforderungen zu stellen, Verantwortung und Aufmunterung gibt. Gleichzeitig weiß man instinktiv, daß

man vielleicht zu freundlich ist und eigentlich höhere Anforderungen stellen oder öfter mal massiv werden sollte, um die Effektivität zu erhöhen.
Viele Kleinunternehmer haben auch einen patriarchalischen bzw. matriarchalischen Führungsstil und entwickeln so ein tief psychologisch basierendes Verhalten zu ihren Mitarbeitern. Chef und Vorgesetzter zu sein ist wie die übrigen Bereiche im Kleinunternehmen auch nicht nur ein Teil der Arbeitswirklichkeit, sondern in höherem Maße ein Teil eines Lebensstils. Die reine körperliche Nähe zueinander in solchen Kleinunternehmern führt zwangsläufig zu einer gefühlsmäßigen Abhängigkeit zwischen Chef und Angestellten, die nicht nur auf die Arbeit begrenzt ist.
»Chef ist man nicht nur zwischen sieben und siebzehn Uhr«, konstatiert ein Werkstattbesitzer. »Man muß vierundzwanzig Stunden am Tag da sein. Ich bin schon in Scheidungen, Einbrüche und Gott weiß was hineingezogen worden. Man muß ja als Freund und Kamerad da sein und mit dem bißchen helfen, das man hat. Ich kann nicht alle Probleme lösen, aber ich versuche, es so gut wie möglich zu machen. Aber wir können auch schwere Auseinandersetzungen haben. Das ist kein Tanz auf Rosen. Ich betrachte sie wohl als kleine Kinder, wenn man so sagen will.«
Die Angestellten als eine erweiterte Familie zu erleben ist fast unausweichlich in einem kleinen Betrieb, jedenfalls dann, wenn es um den traditionellen Kleinunternehmer geht. Oft werden gerade die Mitarbeiter als stärkste Bundesgenossen und große Hilfsquelle bezeichnet.
Trotz dieser bewußten Strategie, eine homogene Familiengruppe mit einer starken Wertegemeinschaft und Konformität mit Hinblick auf die Firmenidee zu schaffen, erleben viele Kleinunternehmer die Kehrseite dieses Familienmodells – die Schwierigkeiten zu motivieren und die Mitarbeiter zu erhöhter Effektivität und erhöhtem Einsatz zu führen. Die Kombination eines starken familiären Bedürfnisses in der Gruppe und das Streben des Kleinunternehmers, alles selber machen zu wollen, auch das, was andere machen, führt die Arbeitsleitung zu einem großen psychologischen Problem.
»Ich gehe sehr stark ins Detail«, gibt ein Unternehmer zu. »Ich will gerne dabei sein und sehen, wie alles funktioniert, obwohl ich am liebsten sagen würde, macht das hier so und so.«

Nachdem alles, was das Unternehmen betrifft, von der eigenen Identität des Unternehmers ausgeht, ist es für ihn, psychologisch gesehen, unmöglich, die Verantwortung abzugeben, wenn etwas nicht funktioniert. Aber im großen und ganzen bleibt er bei der lediglichen Ermittlung der eigenen Unvollkommenheit stehen. An andere etwas zu delegieren ist ein hoher Preis dafür, auf die psychologische Belohnung zu verzichten, weiß man doch, das alles von einem selbst ausgeht.

»Ich glaube nicht, daß andere die Sachen genausogut machen können wie ich«, bekennt eine Unternehmerin. »Ich habe nicht die Geduld zu warten und zu schauen. Man weiß selbst so viel über die Führung und die Routine in einem Unternehmen, daß man oft den Fehler begeht, zu knappe Instruktionen zu geben. Wenn man dann merkt, daß etwas falsch läuft oder zu lange braucht, greift man schnell ins Geschehen ein und übernimmt das Ganze selbst.«

Die klassische Befehlsgebung hat in der kleinen familiären Arbeitsgruppe keinen Platz, sondern man diskutiert, berät und einigt sich. Die körperliche Nähe an sich macht größere Konflikte und Uneinigkeiten unmöglich und führt oft dazu, daß der Unternehmer selbst eine unmenschliche Arbeitsbürde auf sich nimmt, anstatt in der klassischen Führungsweise zu fordern und sich der entstandenen Konflikte anzunehmen. »Wir machen sehr wenige Überstunden, und ich sage nie: Jetzt mußt du aber am Samstag arbeiten! Statt dessen tue ich es!« ist deshalb eine sehr gebräuchliche Art, Führungsprobleme zu »lösen«.

Kleinunternehmer haben es meist sehr schwer, sich als Chefs und Vorgesetzte zu sehen. Dies hat wahrscheinlich damit zu tun, daß man keinen Ehrgeiz hatte und es keinen Bedarf gab, als man das Unternehmen gründete, in irgendeiner Form über andere zu befehlen. Also auch wenn man sich oft dazu zwingt, als Vorgesetzter zu agieren, ist die Neigung dazu sehr gering.

Im praktischen Handeln übt man seine Führungsphilosophie im Sinne »primus inter pares« aus, also als Erster unter Gleichen, und somit ist die Führungsschaft in kleinen Unternehmen sehr offen für Bildlichkeit. Es gibt nicht viel, hinter dem man sich verstecken kann, wenn es darauf ankommt, sondern man ist ständig gezwungen, mitten im Geschehen zu stehen. Sowohl die Schwierigkeiten und die Intimität in der kleinen Arbeitsgruppe als auch das Glück, in einem

Kreis von Zusammenhalt und Zugehörigkeit zu leben und zu arbeiten, sind deshalb äußerst zuverlässige und wesentliche Phänomene in dem Führungsklima eines Kleinunternehmers. Aber gerade dieses Umgebensein von Menschen, wo die Vorstellungen über gemeinsame Ziele sowohl in Krisen als auch in der Entwicklung deutlich gemacht werden, ist wahrscheinlich eine der entscheidenden Belohnungen im Leben und in der Arbeit eines Kleinunternehmers.

Eine Form der Gesamtheit

Es ist ein bekanntes wahrnehmungspsychologisches Faktum, daß Menschen Gesamtheit suchen. Betrachten wir ein Bild von an sich ungeordneten Fragmenten, suchen wir sofort nach einer Figur mit Inhalt und Sinn. Für den Kleinunternehmer ist das Unternehmen und die eigene Identität eine solche Gesamtheit, wo fremde Fragmente integriert oder verstoßen werden, je nachdem, was psychologisch und geschäftsmäßig angemessen ist – und nicht, was laut Lehrbuch geschäftsmäßig optimal oder effektiv ist. Diese Gesamtheit beeinflußt die Operationen eines kleinen Betriebes anders als die großer Unternehmen, wo besonderes Gewicht auf lehrbuchmäßig adäquates Verhalten gelegt wird.
Außerdem verhält es sich so, daß das, was ein Kleinunternehmer an konkretem Arbeitseinsatz leistet, aus rein arbeitsqualitativen Gesichtspunkten keinesfalls extrem entwickelt ist bzw. stimulierend wirkt. Deshalb ist es glaubhafter, daß ein ganzer Teil des Kleinunternehmertums – unabhängig davon, auf welchem Niveau es betrieben wird – Sinn und Inhalt aus einem subtilen Begriff wie existentieller Identität heraus hat und daß das Unternehmen dem einzelnen das Erlebnis von Gesamtheit als Mensch in einer produktiven Umgebung gibt, unabhängig davon, wie beschwerlich und schwierig die Arbeitslage ist.
Es ist anzunehmen, daß die schwer zu erreichenden existentiellen Werte, die in dem oft anstrengenden Alltagsdasein auftreten, allgemein sind, das heißt: Die Wertestruktur gibt es dort unabhängig von Branche, Persönlichkeit, Arbeitsaufgabe, Produkten oder Diensten, Marktvoraussetzungen, Rentabilität und Höhe des Gewinns. Wir finden mit anderen Worten eine Situation, wo der sechzigjährige

Künstler, der den Waschraum als zusätzlichen Reparaturraum benutzt, und der dreißigjährige Computerkomet, der hinter seinem Dreitausend-Mark-Schreibtisch sitzt, die gleiche Sprache sprechen. Eine Sprache des Zuwachses an Persönlichkeit, Selbstbestimmung, Freiheit, Verantwortung und Nutzbarkeit, eine Sprache menschlicher Würde, wo der Weg zu einer kostbaren menschlichen Identität hin schon geschehen ist– mit Gewinn und dem Schnitt des Geschäftes als Triebrad, wo aber der eigentliche Treibstoff aus anderen Quellen geholt wurde.

Das Kleinunternehmen ist wahrscheinlich menschlich sehr viel verständlicher, veränderungsschwerfälliger, risikounwilliger und verwurzelter, als das gängige Bild eines Unternehmers es vorschreibt. Psychologisch gesehen, kommt es fast immer zu einer Ausdehnung der Persönlichkeit, wenn man ein kleines Unternehmen besitzt und führt. Hier herrscht das personengebundene Dreieck von Idee, Besitz und Leitung vor, das ein Unternehmen repräsentiert und nicht notwendigerweise von der Persönlichkeit des Unternehmers abhängig ist.

Der psychologische und existentielle Identifikationsprozeß mit den Geschäften, der in solchen kleinen Unternehmen geschieht, kann deshalb jeden treffen. Daraus resultiert die einfache menschliche Reaktion, daß man seine Identität auf kontinuierliche, ehrgeizige Weise gestaltet und verstärkt, sobald man dazu Gelegenheit hat. Aber man experimentiert nicht gerne damit.

Geschäfte und Lebensanschauung

Aus dieser zweiten und verborgenen Geschäftsdimension, das heißt aus der eigenen Identität heraus, muß die Wirklichkeit in Form des Marktes, des Kundenkreises, der Produkte, der Organisation und der Arbeitsstruktur überschaubar und kontrollierbar sein. Sie konstituiert in sich eine der Bremsen für Zuwachs und Expansion in unternehmenswirtschaftlichen und volkswirtschaftlichen Termini. Die Identität kann nicht ohne weiteres über allzu große Bereiche hinweggreifen, ohne nicht riskieren zu müssen, ausgedünnt zu werden. Die Psychologie des Wachstums ist deshalb, zumindest wenn es um den herkömmlichen Kleinunternehmer geht, mindestens genauso darin verwickelt wie seine Organisation und Finanzierung. Der Unterschied zu größeren Unternehmensbildungen ist, daß es dort das Unternehmen ist, das die Identität hat, und daß das Wachstum auf eine lehrbuchartige Weise und aus mehr rein geschäftsmäßigen Gründen geschieht. Das ist kurz und bündig eindimensionaler. In den kleinen Unternehmen sind andere, etwas subtilere psychologische Prozesse eingeschlossen, vor allem solche, die an Besitz geknüpft sind. Ein Unternehmer mit einer radikalen politischen Ideologie denkt über Eigentum folgendermaßen: »Bei sehr vielen Kleinunternehmern ist es so, daß das Unternehmen sie selbst symbolisiert. Damit möchte ich brechen. Man würde sowohl gefühlsmäßig und anders daran verdienen. Es wäre gut, über Eigentum zu diskutieren, denn es führt viele auf einen falschen Weg. Es wäre gut, wenn viele Leute sich darüber etwas bewußter wären. Kleinunternehmer nehmen unerhört viel auf sich – man sollte hier unterscheiden können und es nicht persönlich nehmen, wenn es schlecht läuft. Ich mache das so! Auch wenn ich mich demokratisch anhöre, so bin ich doch jemand, der viel leitet. Da gibt es kein Rumsitzen und Zögern.«

Aber der Großteil der Unternehmer bewertet das uneingeschränkte Eigentum als eine Voraussetzung für geschäftliches Handeln. »Eigentum ist sehr, sehr wichtig. Ich hätte definitiv nicht so gearbeitet und diese Risiken auf mich genommen, wenn ich nicht die ganze Zeit gefühlt hätte, daß es dabei um meine Familie und mich geht«, ist eine ebenso repräsentative Äußerung wie die folgende: »Müßte ich mein Eigentum teilen, würde ich definitiv aufhören. Letztlich bin ich ja der jenige, der das Geld einsetzt und das Unternehmen entwikkelt.«

Der neue Kleinunternehmer

Das relativ kompakte Bild von Unternehmern, die mit ihren Unternehmen in starker Symbiose lebten und existentiell daran gebunden waren, wurde teilweise gelichtet, als es um eine spezielle Kategorie von Unternehmern ging.

In den Zukunftsbranchen wie Computer- und Kommunikationstechnologie neigt man dazu, die Lage der Ressourcen der Unternehmen

in ihrem Verhältnis sowohl zum Markt als auch der eigenen Persönlichkeit auf andere Art zu sehen. Während es bei traditionellen Branchen, wie etwa Werkstätten, Einzelhandel und Handwerk, darum geht, die Möglichkeiten des Unternehmers auf einem Gebiet kontinuierlich zu verstärken, indem er die Möglichkeiten seiner Mitarbeiter nicht in höherem Maße in Anspruch nehmen muß, kann man behaupten, daß sich die Zukunftsbranchen im großen und ganzen nach den Idealen der neuen Doktrin richten.
Während die Angestellten der traditionellen Branchen im Geiste der alten Doktrin das selbstverständliche Recht des Unternehmers legitimieren, sowohl die Firmenidee als auch übergreifende Beschlüsse völlig selbständig zu treffen, stellen die jungen, gut ausgebildeten Mitarbeiter der Zukunftsbranchen die Forderung, an übergreifenden Beschlüssen im Unternehmen beteiligt zu werden. Für diese jungen und gut ausgebildeten Techniker ist die Legitimität dieser Ein-Mann-Show kein selbstverständliches Recht des Unternehmers. Die Gelegenheit, seine Fähigkeiten und Vorstellungen anzubringen und als ebenbürtiger Mitakteur im ganzen Bereich des Unternehmens angesehen zu werden, ist eine Selbstverständlichkeit, die schwer wiegt.
Zukunftsunternehmer, die jung und in bezug auf Werte ganz anders orientiert sind als die traditionellen Kleinunternehmer, wissen, daß Geschäftsvoraussetzungen des Unternehmens von einer maximalen Mobilisierung aller Ressourcen, die es in einem Unternehmen gibt, abhängig sind. Man wird also Führungsideale in Anspruch nehmen, bei denen die ständige Anwesenheit der eigenen Identität in der Arbeitsstruktur durch eine Führungsstrategie ersetzt wird, bei der die Beteiligung der Mitarbeiter aus geschäftsmäßigen Gründen bevorzugt wird.
Beteiligung wird von diesen Unternehmern als eine produktive Hilfsquelle und nicht als Bedrohung gesehen. Und selbst eine so wichtige klassische Variable wie Besitz eines Unternehmens wird als Strategie benutzt, um eine Beteiligung zustande kommen zu lassen – etwas, das bei dem traditionellen Kleinunternehmer fast undenkbar ist.
»Daß Angestellte Teilbesitzer in einem Unternehmen sind, ist doch eine Art, sie für das Unternehmen nicht länger motivieren zu müssen«, erklärt einer der Computerunternehmer. »Auf uns hätte ver-

mutlich ein viel größerer Druck gelastet, wenn wir alleinstehende Besitzer gewesen wären. Für uns ist das mit dem Besitzen eine Strategie. Wir finden nicht, daß uns etwas fehlt. Es ist ganz einfach eine geschäftliche Notwendigkeit, daß wir untereinander teilen und nicht hier sitzen und alles für uns selbst behalten. Wir können kompetente Leute anstellen, sie motivieren und auf unsere Seite bringen. Unsere Möglichkeiten, unsere Strategie anzuwenden, werden größer statt kleiner. Aber es muß ein aktives und nahes Besitzen sein. Der Typ des institutionellen Besitzens, wie ihn die Arbeitnehmerfonds repräsentieren, ist passiv und zutiefst undemokratisch und wird zu einer Belastung werden. Er ist negativ gerichtet und nimmt menschliche und produktive Kräfte weg.«

Diese Unterschiede zwischen der alten und der neuen Blickweise führen dazu, daß Unternehmer der Zukunftsbranchen nicht die aus produktiver und geschäftsmäßiger Sicht hemmende psychologische Fixierung haben und ihr Unternehmen als »meins« betrachten, was den Bedarf von ständiger Nähe und Kontrolle von Arbeitsstrukturen vermindert. Die umfassende Verteilung von Verantwortung und Einfluß in solchen Unternehmen bekommt den Charakter einer produktiven Ausnutzung von Ressourcen, und dies hat keinen wesentlichen Identitätsverlust für den Unternehmer zur Folge. Die Mitarbeiter werden als kompetente Mitakteure geschätzt, die verantwortlich und mitbeteiligt und somit motiviert sind, ihr ganzes Können im Unternehmen anzuwenden, was die gesamten Möglichkeiten des Unternehmens erhöht und den Zeitmangel des Unternehmers vermindert.

»Damit es dem Unternehmen sehr gut geht, brauche ich ein Zugpferd für die Angestellten! Sie sollen sich mitbeteiligt fühlen«, beschreibt ein anderer Computerunternehmer. »Eine Interessenstellung zu haben ist meine Absicht. Zu wissen, hier bin ich dabei, in dieses Unternehmen hier habe ich Einsicht. Negativ ist jedoch, daß ich mein Ego verringere. In Schweden ist Besitz eine Art Egosymbol, und ein Kleinunternehmer ist für das Ganze sehr empfänglich. Sehr sogar. Aber selbst wenn ich mich und mein Haus verpfände, will ich die anderen reinlassen. Rein rationell, denn wenn sie gut sind und für ihr Geld gut arbeiten, so wird auch mein Geld mehr wert sein. Auch wenn ich am gesamten Kuchen einen kleineren Anteil bekomme, so ist zumindest der Kuchen größer geworden. Aber das ist alles

ein sehr schwerer Balanceakt ... Es ist die größte Gefahr für ein Zuwachsunternehmen wie dieses, daß man Schlüsselfiguren verliert. Mein Erfolg ist ein klares Ergebnis vom Einsatz des Personals, und wenn ich mich in dieser Branche weiter entwickeln will, muß ich rational und geschäftsmäßig vorgehen, auch mit dem Eigentum.«
Der Ehrgeiz nach Zuwachs richtet sich mehr auf Marktvoraussetzungen und Geschäftsmöglichkeiten und wird in einer Tiefenstruktur psychologischer und existentieller Voraussetzungen integriert, die in der klassischen Kleinunternehmeridentität das Unternehmen nur zu einer Verlängerung der eigenen Persönlichkeit des Unternehmers werden lassen.

Der Chef und das Unternehmen, aus einer »kleinen« Perspektive gesehen

Den Doktrinwandel, den wir bislang lediglich mit seinem Ausgangspunkt in schwedischen Großunternehmen beschrieben haben, gibt es auch auf der etwas anonymeren Ebene eines kleinen Unternehmens – vor allem in den kenntnis- und dienstleistungsintensiven Sparten. Die von Zukunftsforschern prognostizierte Strukturumwandlung impliziert einen kräftigen Zuwachs an Kleinunternehmern in den Zukunftsbranchen – wie der Computer- und Kommunikationstechnologie, der Biotechnik, der Chemie etc. – und wird wahrscheinlich die alte Doktrin zugunsten der neuen zurückweichen lassen, auch wenn es um Kleinunternehmen in einem verallgemeinerten Sinn geht. Nicht weil die Vorbilder der alten Doktrin schlecht sind, wenn es um Kleinunternehmer in Schweden geht, sondern weil die Geschäftsmöglichkeiten auch für traditionelle Kleinunternehmen eine Mobilisierung der Kenntnistiefe bei den Mitarbeitern verlangen werden, die mit den alten Idealen einfach nicht zu erreichen ist.
Die Energie, die schöpferische Kraft und die positiven existentiellen Werte, die in der Führung eines kleinen Unternehmens stecken, zeigen auch den Bedarf an Werten, Gefühlen und Lebensperspektiven bei den neuen Leitern im Wirtschaftsleben, die einer prosaischen Betätigung eine Ideenstruktur mit Inhalt und Identität für die Mitarbeiter verleihen sollen. Ein Verkoppeln also, wie es die neue Doktrin

mehr oder weniger voraussetzt, damit eine ideengegründete Führung effektiv werden kann.
Das, was im Kleinunternehmertum passiert, geschieht im allgemeinen ruhig. Nichtsdestotrotz kann wahrscheinlich gerade der kleine Unternehmensleiter dem großen etwas beibringen, wenn es um emotionales und existentielles Engagement bei den Geschäftspraktiken geht. Mit der ganzen Perspektive eines Doktrinwandels kann man auch behaupten: Die neuen Kleinunternehmer sind in vielen Punkten eher deutlichere Exponenten der neuen Ideale als die meisten Leiter von Großunternehmen.
Auch wenn das Verbindungsstück zwischen Chef und Unternehmen im kleinen Betrieb, vor allem bei den traditionellen Kleinunternehmen, viel zu wünschen übrigläßt, wenn es um elementare Kenntnisse bei der Kunst, eine Organisation mit Menschen und Maschinen zu leiten, geht, so repräsentiert er einen mindestens genauso wichtigen Bereich in der Kunst, Geschäfte abzuwickeln.
»Mit seiner ganzen Fähigkeit und Kenntnis eine Firmenidee gestalten zu können ist nicht nur eine Frage der Fachkenntnisse, sondern auch, ob man den Betrieb mit Mut, Sinn und Moral führen kann«, wie einer der neuen Kleinunternehmer seine Meinung darüber zusammenfaßte, worum es bei der Leitung eines Betriebes letzten Endes geht.

Kapitel 9

9

Der Chef – das Unternehmen und die Familie

Das Verbindungsstück zwischen Chef und Unternehmen – ein wichtiger Bereich innerhalb der neuen Unternehmensideologie – schließt natürlich nicht nur den Lebensbereich des Chefs ein, der die Arbeit betrifft. Die Familie und damit der ganze Lebenssektor, der das »Privatleben« repräsentiert, beeinflußt auch die Arbeitswirklichkeit des Vorgesetzten – sowohl in tatsächlicher, psychologischer und existentieller Hinsicht.

Die Familie ist, ebenso wie das Unternehmen, eine soziale Einheit, wo der Fortschritt neue Ideale, veränderte Verhaltensmuster und veränderte Werte geschaffen hat. Es ist eine Art »Doktrinwandel«, der wahrscheinlich deutlicher und dramatischer ausgefallen ist als der Doktrinwandel auf der Ebene der Unternehmensführung. Innerhalb weniger Generationen haben sich die Familienaufgaben und Familienstrukturen auf offensichtliche Weise verändert. Frauen sind in einem früher nicht gekannten Ausmaße erwerbstätig. Dies gilt für alle Gesellschaftsbereiche und Berufsfelder. Schweden soll heute das Land mit dem größten Anteil erwerbstätiger Frauen in Westeuropa sein. Die veränderte Arbeitsverteilung hat ein völlig neues Wertemuster geschaffen. Die männliche Identität steht nicht länger in gleicher Gegensatzstellung zu »Hausbeschäftigungen«, und ein nicht geringer Teil der täglichen Familienfunktionen werden in größerem Umfang durch öffentliche Kinderfürsorge und öffentliche Dienstleistungen wahrgenommen. Die Anzahl der Kinder ist in der Durchschnittsfamilie gesunken, und ein völlig neues Familienmuster ist aufgetaucht – die doppelte Karriere!

Auch wenn Schweden einen hohen Anteil erwerbstätiger Frauen hat, so haben wir, international gesehen, einen peinlich geringen Anteil von Frauen in Führungspositionen. Wenn nun auch die Frau-

en eine berufliche Karriere in ihre Lebensplanung einbeziehen, so werden die Anforderungen einer doppelten Karriere sowohl in der Familie als auch in den Unternehmen wohl sehr viel von dem verändern, was wir heute als gegeben hinnehmen.
In diesem Kapitel werden wir, ausgehend von einem aktuellen schwedischen Forschungsprojekt, das Verbindungsstück zwischen Vorgesetztem, seinem Privatleben und dem Unternehmen dahingehend untersuchen, inwieweit sowohl Unternehmen als auch Familien durch die Wertveränderungen beeinflußt worden sind. Dies hat den Leiter eines Unternehmens vor die Forderung gestellt, eine adäquate Anpassungsstrategie zu wählen, um die Forderungen zwischen Familie und Unternehmen auszubalancieren. Die Untersuchung umfaßt unter anderem Umfragen bei etwas zweihundert höheren Vorgesetzten der mittleren Ebene in schwedischen Unternehmen. Typisch ist, daß wenig Frauen in dieser Studie vorkommen, was auch darin zum Ausdruck kommt, daß die Anpassungsstrategien, über die wir sprechen werden, im wesentlichen auf die Art und Weise der männlichen Leiter basieren, sich zwischen den Lebensbereichen Arbeit und Familie zu orientieren.

Chefarbeit und Familienleben

Sich in einer Situation zu befinden, in der man Chef eines bestimmten Bereiches oder der Leiter eines Betriebes und gleichzeitig einer von zwei Erwachsenen in der Familie ist, bedeutet, sich jeden Tag in einer sehr komplizierten Situation zu befinden. Es ist noch nicht einmal immer klar, wie etwa beim Schach, wer der Mitspieler, der Sekundant, der Gegenspieler oder lediglich das Publikum ist. Die Fronten, an denen man kämpfen soll, sind nicht eindeutig, sondern befinden sich in verschiedenen Arenen. Anforderungen des Privatlebens sollen gegen die des Arbeitslebens ausbalanciert werden. Aber die voll durchdachte, fast etablierte Zugfolge – in der man wie beim Schach je nach Situation auch individuelle Spielzüge einbauen kann – möchten wir alle versuchen zu erreichen. Arbeitsgewohnheiten, morgendliche Routine, Versammlungsformen und Zu-Bett-gehen-Rituale für die Kleinen sind alles Beispiele für Lösungen von normalen Alltagsgeschehnissen.

Etwas zur Routine werden zu lassen, um beschwerliche Passagen zu überstehen, ist nicht Ungewöhnliches, denn wir machen es alle so, und wir haben es auch schon immer so gemacht. Aber die Formen der Routine haben sich verändert. Es ist schwer, sich vorzustellen, wie Ritter des Mittelalters ihren Nachkommen Märchen von Prinzessinnen und Drachen vorlasen. Und historisch gesehen liegt nichts Neues darin, daß Arbeit (welche Form sie auch immer in der jeweiligen Epoche gehabt hat) leicht in Konflikt mit anderen Lebensinteressen kommt. Für die meisten stellt sich die Frage, wie die 24 Stunden ausgefüllt werden, wie sie also ihr Leben strukturieren sollen: Wie gebunden ist die Arbeit, und wie frei ist die Freizeit?

Die Umstände für eine moderne Karrierefamilie mit zwei berufstätigen Erwachsenen sind in vielen Punkten anders. Sie pendeln beide zwischen einem gemeinsamen Familien- und Privatleben und unterschiedlichen Arbeitsleben in einer Form, die es in der Geschichte bis jetzt noch nicht gegeben hat.

Am Tage sind sie weder zu Hause noch bei der Familie. Die Vororte sind verlassen, und jedes Elternteil ist woanders (Kindertagesheim, Schule, unterschiedliche Arbeit oder unterwegs zu den einzelnen Schauplätzen des Tages). Auch grundsätzliche reproduktive Funktionen, die früher der Familie Inhalt und Identität gegeben haben, sind vom Umfang her zurückgegangen bzw. außen vorgeschoben (Fertiggerichte, Kleidung sowie Technologisierung oder eine weit vorangetriebene Rationalisierung der Haushaltsarbeit). Der Anteil der Kinder, die mit ihren biologischen Eltern aufwachsen, wird kleiner. Erziehung der Kinder ist eine Aufgabe für Kommunen und Tagesmütter geworden, Verpflegung und Kost ein Geschäftsbereich für mehrere Branchen etc.

Das Privatleben und die Organisation der Familie leiden oft unter den Folgen der Berufstätigkeit der beiden Erwachsenen. Die Fähigkeit der Familie, damit fertig zu werden und die Folgen unerwarteter Geschehnisse zu absorbieren, sind deutlich gesunken. Die Möglichkeiten, sich damit auseinanderzusetzen, waren gegeben, als der Vorgesetzte eine nicht berufstätige Frau hatte, die ihn auf seinem Karriereweg begleitete, und ein Kindermädchen, das sich um die kranken Kinder kümmern konnte.

Nicht selten ist das Pendeln zwischen Arbeit und zu Hause auch aus anderen Gründen heraus dramatisch. Das »Arbeitsleben« befindet

sich oft in einer Umgestaltung (manchmal befinden sich früher erfolgreiche Unternehmen bzw. sogar ganze Branchen in akuten Krisen). Dann – wenn nicht schon vorher – kann die kleine Kernfamilie vor den Aufgaben der Arbeit, der Erziehung, der täglichen Wiederholung usw. in die Knie gehen. Im Unterschied zu anderen wirtschaftlichen Größen kann die Familie Ausgaben für Arbeitskraft nicht von ihren Einkünften absetzen. Außerdem gibt es kaum noch Haushaltshilfen oder Kindermädchen. Das »Zusammenleben« der Familie wird unter der großen Bürde von Arbeit und Verantwortung leicht zu einer parallelen »Einsamkeit« zweier Erwachsener, wobei die Kinder als schwächster Teil in die Klemme geraten. Wahrscheinlich haben auch die Forderungen des Arbeitslebens nach persönlicher Effektivität und erhöhtem Arbeitstempo, um die immer stärker werdende Konkurrenz der Billiglohnländer bewältigen zu können, hierzu beigetragen. Der Arbeit soll die ungeteilte Aufmerksamkeit zukommen, und sie soll den unbestrittenen Vorzug haben.
Schließlich haben auch die Entwicklung der Gesellschaft und die Verschiebung der Werte dazu beigetragen, daß sich die Rechte des einzelnen und seine Einstellung zu bestimmten Punkten im Arbeitsleben geändert haben (siehe Umwelt-, Arbeitszeit-, Mitbestimmungsfragen). Eigene persönliche Entwicklung und Lebensqualität werden somit vielleicht sogar zu einer Voraussetzung des Arbeitseinsatzes des einzelnen. Aber gleichzeitig kommen die Forderungen an denjenigen zurück, der sie stellt: die Rechte und ein höherer Ertrag der Arbeit werden am Schluß von dem getragen, der die Arbeit nach dem Motto ausführt: Mehr Produktion pro gearbeiteter Zeiteinheit.
Es ist eine plausible Vermutung, daß die Rolle, die das Unternehmen in diesem Zusammenhang spielen wird, hervorgehoben werden wird. Aber das geschieht natürlich in ganz anderen Formen als zu der Zeit eines wachsenden Industrialismus mit seiner partriarchalischen und unternehmensvorherrschenden Organisation der örtlichen Gesellschaft. Das Einführen erweiterter Möglichkeiten bezüglich flexibler Arbeitszeit oder einem gewissen Maß an gemeinsamer Planung zwischen Unternehmen und Familie in bezug auf Karriere und dergleichen sowie eine konsequent betriebene Personalpolitik, die auch auf die Bedürfnisse der Familien der Angestellten eingeht, kann als ein Beispiel für gewisse Entwicklungen angesehen werden, die zum Teil schon in die Praxis umgesetzt werden.

In bestimmten Beziehungen ist die Familie eines Chefs gewissermaßen stärker als andere betroffen. Ein gar nicht so extremer Fall kann dies veranschaulichen: der neuernannte Chef, der seinen Aufstieg in einem neuen Unternehmen gemacht hat, das in einem dünn besiedelten Gebiet liegt, und der kürzlich zum zweiten Mal Vater geworden ist. Hier werden die individuelle Karriere, die Herausforderung des Arbeits- und Privatlebens auf die Spitze getrieben. Hier rücken fast alle Probleme in den Brennpunkt, die in diesem Kapitel behandelt werden.

Führung und Familienverhältnisse

Man kann sich vorstellen, daß eine der entscheidenden Voraussetzungen in der Beziehung eines Chefs zu seiner Familie darin liegt, wieviel Zeit und Engagement er sich für sie nimmt. Der Platz muß reichen, um die Gefühle für Ehepartner, Kind und die Familie im ganzen aufrechtzuerhalten und zu entwickeln. In der Untersuchung von zweihundert Vorgesetzten gibt es einen klaren Zusammenhang zwischen der zeitlichen Priorität für Arbeit, den verschiedenen Familienrollen und seiner Einstellung zu Frau und Kind sowie darüber, wie weit die Arbeit diese Beziehungen beeinflußt. Setzt er wenig ein, so ist auch die Ausbeute mager. Das gilt für die Arbeit im gleichen Maße wie für das Familienleben.
Für viele ist dieser Zusammenhang problematisch. Viele haben in anderem Zusammenhang als mit der Untersuchung ihrer Unruhe (und in einem Teil der Fälle auch ihrer Schuldgefühle) darüber Ausdruck verliehen. Es sind vor allem die Auswirkungen auf die jüngsten Kinder, die man hier aufgreift. Man neigt auch dazu zu sagen: Je weniger man in der Vergangenheit an Zeit investiert hat, desto schwieriger ist es jetzt, etwas nachzuholen. Man wurde in der eigenen Familie zu einem Fremden. Kind und Ehepartner haben sich in einem Prozeß, in dem man schlimmstenfalls lediglich die Rolle eines Zuschauers hatte, in die jeweilige Richtung weiterentwickelt.
Man kann sich denken, daß sich das in zwei Richtungen auswirkt. Ein einigermaßen störungsfreies Verhältnis zwischen Arbeits- und Privatleben führt dazu, daß der Chef mit sich und den unterschiedlichen Rollen, die er spielt, ganz zufrieden ist. Er kann sich vollen Her-

zens auf alle Rollen konzentrieren. Dies hat auch positive Konsequenzen, wie andere in seiner Umgebung (sowohl bei der Arbeit als auch zu Hause) ihn erleben. Aber gleichzeitig ist eine harmonische und zufriedene Einstellung oft Voraussetzung dafür, daß er ein einigermaßen störungsfreies Verhältnis zwischen Arbeits- und Privatleben bewirken kann. Das eine ergibt das andere.

Aber auch eine negative Variante kann vorkommen: Unzufriedenheit mit sich selbst in irgendeinem Lebensbereich kann sich leicht ausbreiten und dazu führen, daß man in irgendeiner anderen Beziehung strauchelt. Etwas konkreter kann dies bedeuten, daß der Chef während einer begrenzten Zeitperiode alles in seine Arbeit investiert bzw. investieren muß (wenn es die Situation erfordert) und somit seine Familienfunktionen schlecht erfüllt. Je länger dieser Zeitabschnitt dauert, desto schwerer ist es, wieder in den Familienprozeß hineinzukommen. Die Ursachen der Arbeitsbelastung können vielfältig sein: ein neuer Posten, herausfordernde Aufgaben, erheblich längere Dienstreisen, das Beenden einer Budgetarbeit usw.

Auch die täglichen Umstellungen zwischen Arbeits- und Privatleben kosten Überwindung und stellen ihre Ansprüche. Eine entscheidende Voraussetzung für diese Beziehungen liegt wohl darin, daß man ihnen Zeit zugesteht und daß diese Zeit reicht, um die Beziehung zu Ehepartner und Kind aufrechtzuerhalten und zu entwickeln. In der Hauptsache sind es die Prioritäten, die der Chef zwischen Arbeitszeit auf der einen und den verschiedenen Rollen in der Familie auf der anderen Seite (etwa Ehepartner, Eltern, usw.) setzt, die für seine Einstellung zur Zeitverteilung entscheidend sind.

Auch dies kann in zwei Richtungen wirken. Ein harmonisches Verhältnis zwischen Arbeits- und Familienleben führt dazu, daß der Chef mit den von ihm gesetzten Prioritäten zufrieden ist. Wenn man mit seiner Zeiteinteilung wirklich zufrieden ist und somit bereit ist, mitzuerleben, daß sich (die stimulierende) Chefarbeit positiv auf die Familie auswirkt, so findet man auch, daß es ziemlich angenehm ist, ein Gleichgewicht zwischen Arbeit und Privatleben herzustellen und daß es leicht ist, sich im Verhalten nach Arbeitsschluß auf das Zuhause umzustellen.

Wenn man nach den Mühen des Arbeitstages und den vielen Kontakten erschöpft ist, erschwert dies natürlich die Balance und eine

gleichmäßige Behandlung der Familienmitglieder. Ebenso wie die Chefarbeit eine Strategie und ein Überdenken von Maßnahmen voraussetzt, so muß auch die Rolle als Elternteil und Erzieher eventuell langfristig und sorgsam erwogen werden. In eine Familie mit Kleinkindern gegen achtzehn Uhr zu kommen, ist eine Herausforderung und eine scharfe Konfrontation mit unterschiedlichen Forderungen. In der Intensität ist hier ein Vergleich mit einer dynamisch leitenden Tätigkeit angebracht (auch wenn Ziele, Methoden etc. selbstverständlich anders sind).
Die negative Variante ist hier, daß der Chef unter Umständen gezwungenermaßen der Arbeit einen so hohen Stellenwert gibt, daß dies negative Auswirkung auf seine Beziehungen zu den übrigen Familienmitgliedern hat. Überstunden und Arbeit zu Hause schränken natürlich die Zeit ein, die er der Familie widmen kann. Nach Arbeitsschluß dort zu bleiben bedeutet vor allem, daß er weniger Zeit speziell mit den jüngeren Kindern verbringen kann (die am meisten formbar sind und vielleicht das größte Bedürfnis nach einem täglichen Engagement haben).
Wie lange die Familie besteht und wie alt die Kinder sind, spielt vermutlich eine große Rolle bei all diesen Varianten. Man kann annehmen, daß bei Familien, deren Kinder bereits selbständig sind, der Vorgesetzte in höherem Maße genug Zeit für sich selbst und seine Ehefrau hat. Gleichzeitig ist die Zeit, die er mit seinen erwachsenen Kindern verbringen kann, sehr begrenzt. Es ist somit leichter, diese kurzen Zeitabschnitte wahrzunehmen.

Anpassungsstrategien der Führung

Gibt es Muster in der Art, wie Vorgesetzte Arbeit und Privatleben ausbalancieren? Oder gibt es genauso viele Arten, wie es Vorgesetzte gibt? Die zweihundert an der Untersuchung Beteiligten lassen sich bei dem Abwägen zwischen Unternehmen und Familie in drei Gruppen einteilen:

- die Herausforderungen der Arbeit denen der Familie vorzuziehen (die Grenzenlosen: 36 %),
- eine scharfe Grenze zwischen den beiden Lebensbereichen zu zie-

hen und beispielsweise Arbeit nicht mit nach Hause zu nehmen (die Grenzzieher: 40 %),

- flexibel und der Situation angepaßt Zeit und Möglichkeiten optimal zu kombinieren und möglichst effektiv für die Arbeit zu nutzen (die Zeitjäger: 24 %).

Aber es gibt auch gemeinsame Züge:

- Die Arbeit hat für die meisten einen größeren Einfluß auf das Verhältnis zur Ehefrau als das zu den Kindern. Die Möglichkeiten, fehlende Zeit in einer Erwachsenenbeziehung zu kompensieren, sind größer und brauchen letztlich auch weniger Zeit. Außerdem bieten sich hier Zeiten an, in denen die Kinder nicht wach sind.
- Man nimmt allgemein an, daß man eine schärfere Grenze zwischen Arbeit und Privatleben ziehen sollte, als man es dann tatsächlich macht.
- Es ist bedeutend einfacher, sich morgens vom Privatleben auf die Arbeit umzustellen als abends von der Arbeit auf das Privatleben. Dies ist nicht nur eine Frage des Ausgeruhtseins vor der ersten Umstellung. Für viele Männer – und denen gilt die Untersuchung – ist der Arbeitsplatz ein ziemlich ruhiger, rationell gesteuerter und im Vergleich mit zu Hause ein unkomplizierter Ort. Letztlich schätzen sie alle die Priorität ihrer Arbeit hoch ein.

Die Grenzenlosen

Kennzeichnend für die erste Gruppe ist, daß sie es sehr schwer hat, sich von der Arbeit auf das Privatleben umzustellen, während ihr andererseits die entgegengesetzte Umstellung leichtfällt. Wir haben dies so interpretiert, daß bei ihnen die Arbeit vor anderen Lebensinteressen steht. Das, was ihrer Meinung nach die Umstellung erleichtert, ist, daß die Arbeit verhältnismäßig planbar ist und somit effektiv, rationell und konzentriert behandelt werden kann.
Für einige kann die Arbeit sogar als sichere Zufluchtsstätte dienen. Hier kann man Situationen und Beziehungen durch greifbare Befugnisse beeinflussen. Die gleiche Eindeutigkeit gibt es in einer Familie nicht. Dies wird auch als wichtigster Grund angeführt, daß man nicht darauf aus ist, eine Grenze zwischen Arbeits- und Privatleben zu ziehen. Dies bedeutet jedoch nicht, daß es ihnen allgemein

schwerfällt, Grenzen in ihrem Leben zu ziehen. Eher wollen sie aus unterschiedlichen Gründen ihren Arbeitseinsatz nicht begrenzen. Dahinter liegen ein oder mehrere Gründe . . .

- Die Arbeitssituation ist mehr oder weniger immer so, daß sie viel Zeit in Anspruch nimmt.
- Die Aufgaben, vor die die eigene Abteilung gestellt wurde, sind so kompliziert, daß sie nicht noch weiter delegiert werden können.
- Die eigenen Arbeitsaufgaben sind so stimulierend, motivierend, herausfordernd etc., daß man schwer von ihnen lassen kann. Am liebsten würde man (etwas übertrieben) die ganzen 24 Stunden des Tages daran arbeiten.
- Sie wollen eine Familiensituation und eine Ehefrau haben, die akzeptiert, daß viel Zeit und Engagement für Aufgaben außerhalb des Hauses zugebracht wird.
- Auf der Arbeit ihre Pflicht zu tun (und am liebsten noch etwas mehr) ist für viele eine vorherrschende Einstellung und eine zentrale Lebensbewertung.
- Der Blick auf die eigene Karrieremöglichkeit (inclusive hoher Status, bessere Möglichkeiten, interessantere Aufgaben etc.) ist für einige eine dominierende treibende Kraft.

Oft ist es dann so, daß die Überstunden der einen Woche mit dem Hinweis auf einen wichtigen Kundenbesuch erklärt werden, während die der nächsten Woche damit gerechtfertigt werden, daß »der Haushaltsplan am Freitag fertig sein muß«. Es gibt mit anderen Worten eine Art Automatik und eine Macht der Gewohnheit bei den Prioritäten, die man setzt. Viele der Vorgesetzten, die aktiv versucht haben, ihre Gewohnheiten in Zusammenhang mit Urlaub, längeren Auslandsreisen oder Kursen zu ändern, traten nach kurzer Zeit der Rückkehr ins Büro wieder in die alten Fußstapfen.
In den meisten Cheffamilien scheint es so zu sein, daß Überstunden im Betrieb leichter zu akzeptieren sind als Arbeit zu Hause. Viele der arbeitsreichen Chefs sind sich darüber nicht im klaren. Sie denken genau andersherum: Zwar sind sie von ihrer Arbeit eingenommen, sind aber zumindest zu Hause. Was sie anscheinend nicht einsehen, ist, daß ihre Arbeit zu Hause weitere Rücksichtnahme seitens der Familie verlangt. Die Konstellation der Familie besteht dann zwar

aus einer physischen Anwesenheit, aber psychisch aus nicht teilnehmenden Personen. Den jüngeren Kindern fällt das besonders schwer. Auch Jugendliche oder Erwachsene tolerieren diese Situation nicht lange, da sie stets Rücksichtnahme verlangt. Die Folge kann sein, daß sich die anderen Familienmitglieder auch in weniger arbeitsbelasteten Situationen dem Kontakt entziehen.
Für die Vorgesetzten, die sich keine Grenzen für ihren Arbeitseinsatz setzen, gilt auch, daß sie oft meinen, ihnen fehle die Zeit, sich um die Ehefrau bzw. um mehr alltägliche, praktische Dinge zu kümmern (etwa Probleme des Zusammenlebens und die Entwicklungsmöglichkeiten der Familie). Das Risiko besteht und wächst, daß man sich im Laufe der Ehe auseinanderlebt. Diese Gruppe der Vorgesetzten nimmt selten wichtige und persönliche Probleme von der Arbeit auf und diskutiert sie mit der Familie. Die vielberedete Einsamkeit der Chefarbeit droht damit, in der Familie reproduziert zu werden.

Die Grenzzieher

Hier treffen wir eine andere Strategie der Lösung des Zeitdilemmas der jeder für sich genommen wichtigen, aber gegensätzlichen Lebensinteressen an. Arbeits- und Privatleben werden getrennt. Hinter dieser Einstellung ahnt man einen mehr oder weniger bewußten Beschluß, eine klare Grenze zwischen den Ansprüchen der beiden Lebensbereiche zu ziehen. Am Arbeitsplatz soll man arbeiten, zu Hause sich der Familie widmen und, wenn es Zeit und Gelegenheit zulassen, dem Entspannen und den Freizeitinteressen.
Es kann darüber gestritten werden, und es ist wohl auch von Person zu Person anders, wie bewußt diese Grenzziehung eigentlich ist. Für einige ist es etwas, das sie sich erkämpfen mußten und das schwerfällt, aufrechterhalten zu werden. Ständig müssen sie »nein« zu interessanten und motivierenden Projekten und Aufgaben (sowohl zu Hause als auch bei der Arbeit) sagen. Die Konsequenz solcher Stellungnahme kann nicht jedesmal durchschaut werden. Es könnte drohende Konsequenzen haben, wenn man »nein« sagt. Möglicherweise könnte das als ein Zeichen von Unwillen empfunden werden. Für andere kann eine solche Aufteilung der Lebensbereiche ganz natürlich sein, etwas, über das man nicht nachdenken oder sich anstrengen muß, es aufrechtzuerhalten.

Man kann sich vorstellen, daß die Stellungnahme der Grenzzieher von einer wohlgeordneten und nicht allzu hektischen Arbeits- und Unternehmenssituation erleichtert wird. Verschiedene Aufgabenverteilung und die Organisation zu Hause können eine solche Grenzziehung sowohl erleichtern als auch erschweren. Schließlich kann man hinter dem Beschluß auch tiefere, persönlichkeitsbezogene Züge ahnen. Der wichtige unterscheidende Zug sind nicht die Gewohnheiten derer, die wir hier Grenzzieher nennen, sondern es ist der, wie und mit welcher Bereitschaft oder Eigenmotivation sie die Grenzlinie zwischen Arbeit und anderen Interessen ziehen.
Der Entschluß, genau zu trennen, hat auch für andere Bereiche interessante Auswirkungen. Der Inhalt und die Bedeutung einer solchen Trennung ist es ja, die Umstellung zwischen den verschiedenen Lebensbereichen zu erleichtern. Aus dieser Konsequenz heraus können die Grenzzieher auch leichter zwischen beiden Bereichen wechseln, zumindest wenn man ihre Antworten in der Untersuchung beurteilt. Für sie hat das Privatleben eine selbständigere und bedeutendere Stellung an der Seite des Arbeitslebens.
Konkret kann das bedeuten, daß die Grenzzieher öfter, spontaner und williger die Zeit der Umstellung von der Arbeit (Fahrzeit nach Hause, die letzten Minuten auf der Arbeit bzw. die ersten zu Hause) für die Vorbereitung auf das Privatleben nutzen. Einige von ihnen können sogar einen ganz bestimmten Abschnitt des Nachhauseweges oder eine ganz bestimmte Handlung als den konkreten Punkt angeben, von dem ab »sie jetzt zu Hause sind«. Andere deuten dies dadurch an, daß sie als letzte Amtshandlung zu Hause anrufen und etwa fragen, ob sie von unterwegs noch etwas mitbringen können.
Diese Art, zwischen Arbeit und Privatem zu balancieren, kann zusammenfassend als ein Ausdruck einer erhöhten Bevorzugung des Familien- und Privatlebens gedeutet werden. Es ist somit auch nicht verwunderlich, daß Grenzzieher in höherem Maße als andere dafür sorgen, daß sie genügend Zeit für Ehefrau und Kinder zur Verfügung haben.

Die Zeitjäger

Dieser Gruppe scheint es wiederum weniger angelegen zu sein, zwischen Arbeit und Privatleben zu unterscheiden. Wie bei der ersten Gruppe steht die Arbeit als dominierendes Interesse im Vorder-

grund. Doch man löst das Zeitdilemma auf eine ganz andere Art: Indem man zu Hause (ebenso wie bei der Arbeit) bewußt jedem freien Augenblick nachjagt, um ihn effektiv zu nutzen. Diese Gruppe hat jedenfalls nicht so verwurzelte Gewohnheiten oder klare Strategien wie die Grenzzieher. Der Übergang zwischen den Lebensbereichen scheint nicht weiter bedeutend zu sein.
Ebenso wie die Grenzenlosen haben die Zeitjäger es schwer, sich nach der Arbeit umzustellen, aber hingegen nicht genauso leicht, die Privatssphäre zu verlassen. Es dauert mit anderen Worten lange, bis sie den Lebensbereich verlassen. So wird beispielsweise die Fahrt nach Hause mit fortgesetzten Überlegungen über die Aufgaben des Arbeitstages zugebracht. In besonderen Fällen können sie, ebenso wie die Grenzenlosen, als ziemlich abwesend und gedankenversunken wirken, wenn sie nach Hause kommen. Aber das vergeht schnell. Die Fahrt zur Arbeit hingegen wird mehr den Gedanken an Ehefrau, Kinder oder den Freizeitinteressen gewidmet.
Dies soll nicht unbedingt so interpretiert werden, als wären sie gehetzter und stärker unter Zeitdruck als ihre Kollegen. Eher scheinen einige von ihnen die Fähigkeit zu haben, schnell und problemlos zwischen unterschiedlichen Interessen wechseln zu können und ihre Aufmerksamkeit dem anzupassen, was gerade gemacht werden muß (normale, unterschiedliche Aufgabenbereiche), und anderen, langfristigeren Aktivitäten. Eine Beschäftigung abzubrechen und mit etwas ganz anderem anzufangen fällt ihnen relativ leicht.
Aber auch diese scheinbar optimale Strategie hat ihre Konsequenzen. Die Zeit reicht nicht aus für die Ambitionen, die man hat, vor allem dann nicht, wenn es um die Kontakte mit den Kindern oder der Frau geht. Vor allem fehlt der Kontakt zu Erwachsenen (mit seinem reiferen und variierenderen Inhalt). Trotz alledem glaubt man, daß die eigene Chefarbeit einen verhältnismäßig positiven Einfluß vor allem auf die Kinder hat. Vielleicht ist es so, daß Kinder mit ihrer größeren Spontaneität es leichter haben, auf ihre ihnen rechtmäßig zustehende Aufmerksamkeit zu pochen.

Da es in dieser Untersuchung viel zu wenig Frauen gibt, ist es nicht möglich zu sagen, ob die Ausgleichsstrategien geschlechtsbezogen sind. Es ist wahrscheinlich sehr schwer, als Frau, Mutter und Ehefrau ausschließlich auf die Arbeit zu setzen.

Aber die Bedeutung, zwischen Arbeit und den übrigen Lebensinteressen Grenzen zu ziehen, sowie die Strategie, Zeit zu jagen, kann für weibliche respektive männliche Vorgesetzte sehr verschieden sein. Eine weniger vereinfachte, oft vielmehr tiefere Beteiligung an Familieninteressen verlangt eine noch striktere Grenzziehung, die ein allzu expansives Arbeitsinteresse eindämmen kann. Der Zeit hinterher zu jagen und auf kurze freie Augenblicke zu achten, ist vielleicht für eine weibliche Vorgesetzte eine noch wichtigere Aufgabe, um irgendwie die doppelte Herausforderung, sowohl gleichzeitig Vorgesetzte als auch Mutter bzw. Ehefrau zu sein, zu erfüllen.

Hintergrund und Konsequenzen von Anpassungsstrategien

Die Zeitjäger machen schneller Karriere als die beiden anderen Gruppen. Möglicherweise ist es ihre Flexibilität, ist es vielleicht auch ihre größere Ungeduld, die die Aufmerksamkeit schneller auf ihre Kapazität lenkt. Vielleicht ist es auch so, daß wir hier die Gruppe der mittleren Vorgesetzten haben, die ziemlich schnell einen weiteren Schritt in der Karriere machen. Eine Simultankapazität, die ihre Aufmerksamkeit auf mehrere Aufgaben gleichzeitig verteilen kann, ist in diesem Zusammenhang ein Gewinn. Die Art der anderen beiden Gruppen kann weniger ins Auge springen und attraktiv sein.
Diejenigen, die eine Grenze ziehen, haben nicht unerwarteterweise kürzere Wochenarbeitszeiten und weniger Reisetage pro Jahr als die beiden anderen Gruppen. Diejenigen, die keine solche Grenze ziehen, arbeiten wesentlich mehr zu Hause. Auf diese Weise haben sie noch einen Extraarbeitstag pro Woche über die 50 Wochenstunden hinaus, die sie sowieso schon im Büro verbringen. Dies betont nochmals die Schwierigkeiten dieser Gruppe, die beiden Lebensbereiche auseinanderzuhalten. Wie wir erneut sehen, neigen sie dazu, ihr Arbeitsinteresse jedes andere Engagement überflügeln zu lassen.
In anderen Beziehungen, über die wir in der Untersuchung auch Fragen stellten, zeigte sich indessen, daß sich die drei Gruppen auffallend ähnelten. Es gibt so gut wie keine Unterschiede in bezug auf Ausbildungsniveau oder Ausbildungsziele. Auch nicht hinsichtlich der Hauptzielrichtung der eigenen Arbeit (Markt, Produktion etc.).

Im großen und ganzen verteilt man auch seine Arbeitszeit gleichmäßig zwischen eigenem Handeln und dem Handeln mit verschiedenen Akteuren zusammen (Kollegen im Unternehmen respektive externe Kontakte). Eventuell neigen die Grenzenlosen leicht dazu, etwas weniger mit ihren Arbeitskollegen zusammenzuarbeiten. Ferner sind sie, als Gruppe gesehen, weniger zufrieden damit, wie sie ihre Arbeitszeit verteilen. Aber vielleicht ist das eher die Frage eines zeitbedingten allgemeinen Mangels: Die Zeit ist so begrenzt, daß sie einfach nicht für alles reicht.
Weiterhin gibt es keine Unterschiede zwischen den Gruppen hinsichtlich durchgreifender Ereignisse im Unternehmen, bei denen man in den letzten Jahren beteiligt war (Krisen, schlechte Erfahrungen in der eigenen Arbeit etc.), welche Anstrengungen und Anregungen man bei der Arbeit miterlebt hat oder bei der generellen Einstellung zu der Art von Arbeit, die man ausführt.
Der Einsatz auf der Arbeit ist also bei allen gleich, sowohl beim Engagement als auch zeitlich. Eventuell sind die Grenzzieher der Arbeit etwas positiver gegenüber eingestellt. Auch sehen sie die Anforderungen, die die Arbeit ihnen stellt, realistischer. Und vielleicht ist gerade das ein Spiegelbild dessen, daß es ihnen am besten geglückt ist, zwei Interessen, die sich sonst gegenseitig bedrohen, unter einen Hut zu bringen.
Die Familiensituation ist, praktisch genommen, bei allen von uns untersuchten Punkten gleichgeartet. Man hat gleich viele Kinder, die Altersstruktur der Kinder ist dieselbe, die Betreuung der Kinder wird auf die gleiche Art gelöst etc. Man ist gleichlang verheiratet, der Umfang der Berufsarbeit ihrer Frauen (meistens Vollzeit) und ihre Einstellung dazu ist bei keiner Gruppe anders.

Was bestimmt die Wahl der Strategie?

Die Unterschiede in der Strategie bei den drei Gruppen kann kaum mit dem Hinweis auf die Ungleichheiten in deren tatsächlicher Arbeits- oder Familiensituation erklärt werden. Die Ursachen müssen an anderer Stelle gesucht werden.
Wie Vorgesetzte zwischen Engagement in den verschiedenen

Lebensbereichen balancieren, wird also nicht zwangsweise vorgeschrieben, sondern wird als plausible Entscheidung einer mehr oder weniger gewollten Einteilung unterschiedlicher Lebensinteressen gesehen. Dahinter können durchaus mehrere Ursachen stecken. Zum einen sind da die Erfahrungen des Vorgesetzten, wie zwingend die Arbeit ist (im Unterschied dazu, wie zwingend sie tatsächlich ist). Teilweise auch, welchen Gewinn er aus seinem Privat- und Familienleben zieht, verglichen mit dem, was er von seiner Arbeit hat. Teilweise, wie sehr die Familie und deren Organisation flexibel ist und sich anpaßt, das heißt, welche Freiheit der Vorgesetzte nun wirklich für eigene Entscheidungen hat. Offensichtlich ist dies in erster Linie und für die allermeisten Familien eine Frage, in welchem Ausmaß die Ehefrau das Arbeitsengagement ihres Mannes kompensieren kann und will.
Und aus dieser Perspektive heraus kann man auch die Unterschiede in den Strategien sehen. Für die Grenzenlosen ist dieses Balancieren in erster Linie eine Frage der Bevorzugung der Arbeit und erst dann der Versuch, so gut wie irgendwie möglich die Familienorganisation und die Aufgabenverteilung zu Hause daran anpassen. Die Grenzzieher und Zeitjäger lassen beide zumindest eine formelle Gleichberechtigung zwischen Arbeits- und Familienengagement bestehen. Aber das machen sie auf unterschiedliche Weise: die Grenzzieher durch Planung und zeitliche Trennung der beiden Gebiete, die Zeitjäger durch eine rationelle Zeitnutzung sowohl zu Hause als auch am Arbeitsplatz.

Konsequenzen für das Arbeitsleben

Die drei Gruppen unterscheiden sich im großen und ganzen auch nicht bei der Beurteilung, was in ihrer Umgebung am meisten ihre Arbeit beeinflußt. Eine interessante Ausnahme gibt es indessen doch . . .
Die Grenzzieher sind eher bereit, Handlungen und Beschlüssen auf höherer Ebene im Unternehmen eine bedeutsamere Rolle zuzumessen. Dies kann ein Fingerzeig für eine ihrer Methoden der Grenzziehung sein. Vielleicht akzeptieren sie leichter und suchen auch aktiv

genaue Direktiven und Rahmen von oben als eine (begrenzende) Steuerung ihrer eigenen Arbeit. Gleichzeitig mit dem Versuch, ihre Zeitplanung nach den Wünschen der Familie einzurichten, sind sie bereit, die präzisen Beschlüsse und gut definierten Ziele der Organisation seitens des eigenen Vorgesetzten zu akzeptieren. Insofern wären also sowohl die Grenzenlosen als auch die Zeitjäger eher expansiv, vielleicht sogar von der Veranlagung her »schwer zu steuern«. Die Arbeit ist für sie unbegrenzt, und die eigenen Chefaufgaben sind endlos. Man kann und sollte immer etwas mehr tun, würden die Grenzenlosen sagen. Man tut, was man tun kann, in jeder Lage, wäre das Motto der Zeitjäger.
Die Grenzzieher neigen auch dazu, häufiger mit ihren Vorgesetzten, der eigenen Abteilung und anderen Personen im Unternehmen zu diskutieren. Aber wichtiger sind vielleicht die klaren Unterschiede zwischen den Grenzziehern und den anderen bei der Häufigkeit der Kontakte zur Ehefrau. Diskussionen zu Hause über Arbeit ereignen sich hier täglich. Die Konsequenzen daraus können groß sein. Durch diese Art von Gesprächen über Arbeit wird teilweise die Unterlage für den Beschluß einer Grenzziehung, teilweise ein Verständnis für Vorgesetztenarbeit geschaffen und dafür, daß zu bestimmten Zeiten auch deutliche Überstunden und Arbeiten zu Hause anfallen. Durch eine solche Verankerung zusätzlichen Arbeitseinsatzes zu Hause wird auch eine gewisse Garantie gegeben, daß die zufällige Mehrbelastung auch wirklich zufällig bleibt.
Die Grenzenlosen nehmen das Verständnis anderer für das Primat der eigenen Arbeit eher als gegeben hin. Sie ist existentiell (die Arbeit als Lebensnotwendigkeit), sozial und vom Status her unbestreitbar. Aus diesen Gründen liegt ihnen auch meist nichts daran, Pläne und Strategien mit ihren Vorgesetzten und Kollegen zu besprechen. Es ist so, als ob die eigene Arbeitssituation gegeben ist oder in sich schon selbst ein hinreichend großes Problem ist, ohne daß sich andere da noch einzumischen haben. Ihre eigene Linie zu formulieren und diese auch durchzuführen ist die hauptsächliche Aufgabe. Die Zeitjäger und Grenzzieher hingegen erkennen auf eine ganz andere Art Kollegen und Familienmitglieder als wichtige Bezugspersonen ihrer eigenen Arbeit als Vorgesetzter an.
Den größten Unterschied zwischen den Gruppen gibt es nicht ganz unerwartet bei ihrer Auffassung, wie gut die Arbeitszeit bei verschie-

denen Angelegenheiten reicht. Die Grenzzieher haben hier das kleinste Problem. Dies gilt vor allem für die Kontakte mit den Untergebenen, dem Verfolgen von Beschlüssen und für die eigene ungestörte Arbeit. Vor allem hier kommen bei diesen Vorgesetzten die größere Planmäßigkeit und Selbstdisziplin zu ihrem Recht. Sie scheinen in höherem Maße ihre Befugnisse als Vorgesetzte auf eine Weise auszunutzen, die eine optimale Zeitverteilung zwischen den Aufgaben als Chef erleichtert.
Außerdem scheinen die Grenzzieher darauf zu achten, daß das Arbeitsklima in ihren Abteilungen bessere Möglichkeiten zu ungestörter Arbeit zuläßt und daß man, generell gesehen, nicht daran interessiert ist, Risiken sowohl hinsichtlich Klima als auch rein geschäftsmäßig einzugehen. Markierte Grenzen zu ziehen kann selbstverständlich als eine verhältnismäßig vorsichtige Strategie angesehen werden. Und die Grenzziehung zwischen Lebensbereichen unterscheidet sich bei dieser Gruppe im Prinzip nicht von der etwas begrenzteren Aufgabe, unterschiedliche Aktivitäten am Arbeitsplatz auseinanderzuhalten.
Schließlich gibt es keine größeren Unterschiede zwischen den Gruppen, was den Stil betrifft, mit dem man bei der Arbeit als Vorgesetzer Probleme löst und Beschlüsse faßt bzw. wie oft man in Konflikte am Arbeitsplatz gerät.

Konsequenzen für das Privatleben

Wenn es jedoch um Fragen geht, wie man die Zeit zwischen den verschiedenen Aktivitäten im Privatleben verteilt, gibt es interessante Gruppenunterschiede. Sie treten völlig unabhängig davon auf, ob die Zeitverteilung nun für die ganze Woche, nur für Wochentagsabende oder nur für Wochenenden gilt. Die Grenzenlosen legen wie erwartet die meisten Zeitanteile auf ihre Arbeit. Im Gegensatz zu den beiden anderen Gruppen nehmen sie die Zeit hauptsächlich von der, die ihnen für den Umgang mit der Familie bleibt. Die Grenzzieher nehmen die wenigste Zeit für Arbeit, aber bevorzugen das Zuzweitsein eher, als die ganze Familie auf einmal zu treffen. Die Zeitjäger haben ihre ganz spezielle Strategie der Zeitverteilung zu

Hause. Sie arbeiten etwas weniger als die Grenzenlosen und nehmen diese Zeit vor allem von dem Umgang mit den einzelnen Familienmitgliedern. Sie bevorzugen es in hohem Maße (mehr als die anderen), die ganze Familie zusammen zu treffen. Vielleicht ist auch dies ein Streben nach rationeller Nutzung der Zeit. Auf diese Weise kann man nette Beziehungen mit allen in der gleichen Zeiteinheit pflegen, was gleichzeitig auch allen und jedem klar ist.

Doch trotz allem sind die Grenzzieher mit ihrer Zeiteinteilung am zufriedensten. Sie setzen ja konzentrierter und mit ganzem Herzen auf ihr Familieninteresse. Vielleicht kann man auch deshalb annehmen, daß sie den größten Gewinn haben. Die Zeitjäger nehmen hier eine Zwischenposition ein, während die Grenzenlosen selbst am unzufriedensten sind und darüber hinaus ahnen, daß andere in der Familie sehr enttäuscht über ihre Zeiteinteilung sind.

Außerdem haben die Grenzzieher im Vergleich zu den anderen Gruppen am seltensten Konflikte zu Hause (die sich darin ziemlich gleichen). Die Grenzzieher engagieren sich mehr und intensiver für die Beziehungen zu Ehefrau und Kindern und für familiengemeinsame Haushaltsarbeiten. Die Grenzenlosen und oft, wenn auch in abgeschwächter Form, die Zeitjäger investieren bedeutend weniger Zeit und Energie für Ehefrau, Kinder und Haushaltsarbeiten.

Wir stellten schon weiter oben fest, daß die Grenzzieher wesentlich öfter zu Hause über Arbeitsplatzfragen sprechen, vor allem über Pläne und Strategien, die mit der Arbeit zu tun haben. Dies bedeutet, daß sich Konflikte, die vom Arbeitsplatz herrühren, oft erst gar nicht entwickeln. Außerdem schafft diese Art der Gespräche eine Veränderungs- und Handlungsbereitschaft in der Familie, die die Fähigkeit erhöht, sich an Unterschiede der Arbeitsintensität, an veränderte Arbeitsplatzverhältnisse etc. anzupassen und diese zu kompensieren. Die Verwundbarkeit in den Familien der anderen Gruppen ist gegebenermaßen größer, da hier die Chefs ihre Zeit einseitig auf die Arbeit konzentrieren.

Durch die Umfrage haben wir auch die Möglichkeit, etwas Detaillierteres über das Verhalten der drei Gruppen zu ihren Kindern zu erfahren. Die Grenzenlosen sind sich zumeist darüber im klaren, daß ihr Verhalten nicht zufriedenstellend ist und ihr Austausch von Beziehungen begrenzt ist. Außerdem sind sie selbst mit ihrem Einsatz unzufrieden und geben an, daß sie mehr Kontakte mit den Kindern hätten, wenn ihnen die Zeit zur Verfügung stünde. Sie sehen auch ein, daß weder die Kinder noch die Ehefrau besonders zufrieden sind mit dem Stand der Dinge. Hier haben wir einen der Konfliktgründe dieser Familien aus einer anderen Perspektive. Der Grenzlose kann also die Berechtigung der Kritik an sich einsehen. Sie läuft normalerweise darauf hinaus, daß er die Kinder wegen seines Arbeitseinsatzes vernachlässigt. Daß er ihnen, mit dem Rücken zur Wand, Recht geben muß, stärkt seine Position nicht gerade. Seine Argumente können leicht unsachlich statt konstruktiv werden und im schlimmsten Fall eine Pro-forma-Verteidigung einer unhaltbaren Position sein. Der Konflikt zwischen den beiden Eheleuten wird ein Faktum.

Und so scheint der Preis, den man für seinen maßlosen Arbeitseinsatz im Extremfall zahlen muß, sehr hoch zu sein.

Die Balance zwischen Arbeit und Privatleben

Die verschiedenen Balancestrategien bekommen also ihren Ausdruck in der Verschiedenheit, wie die zu Verfügung stehende Zeit verteilt wird. Die Unterschiede zwischen den Strategien sind vielfach beträchtlich. Und die Wahl einer Strategie scheint überraschenderweise ziemlich unabhängig von den tatsächlichen Forderungen zu sein, die die Arbeits- und Familiensituation stellt. Eher scheinen die soziale Situation und die grundlegenden existentiellen Werte, die tief in der Persönlichkeit verwurzelt sind, zu entscheiden, welche Anpassungsstrategie man nimmt, um Arbeit und Privatleben auszubalancieren. Eine ähnliche Durchschlagskraft von Grundwerten auf einen scheinbar rationellen Arbeitsalltag konnten wir schon in der Studie über Arbeits- und Lebenssituation von Kleinunternehmern sehen (siehe Kapitel 8).

Das Besondere an solchen Grundwerten ist, daß sie viele zentrale Punkte im Ich-Bewußtsein und in der sozialen Funktion des einzelnen berühren. Da diese so fest im Gesellschaftsverhalten und in im Gange befindlichen Veränderungsprozessen auf dieser Ebene verankert sind, kann ein Unternehmen vermutlich wenig an der spontanen Strategiewahl seiner Mitarbeiter ändern. Möglicherweise kann man selektiv versuchen, zu befördern und einzustellen, ganz bestimmte Arten von Balancestrategien und Kompensationsverhalten speziell zu fördern sowie Kritik gegen die Vorgesetzten zu richten, die sich offenbar selbst und ihren Verbindungen durch ein allzu einseitiges Engagement bei der Arbeit schaden. Auf der positiven Seite gilt es, hellhörig zu sein und durch eine aktive Personalpolitik zu versuchen, eine Gemeinschaft aufzubauen, die nicht nur dem Angestellten, sondern auch die ihm Nahestehenden umfaßt.

Es gibt in unserer Untersuchung nichts, was auf einen Zusammenhang zwischen einer bestimmten Strategie und einer hohen persönlichen Effektivität bei der Arbeit als Vorgesetzter hindeutet. Zum Beispiel zu behaupten, ein Vorgesetzter, der sich von seiner Arbeit »aufzehren« läßt, sei für das Unternehmen effektiver und lohnender, ist offensichtlich kurzsichtig. Mit der Richtung der Veränderung, die sowohl auf Unternehmens- als auch auf Gesellschaftsebene bemerkbar ist, werden wahrscheinlich Effektivität, Produktivität und Rentabilität anderen Normen als bei einem einseitigen Glorifizieren unterworfen.

Die Frage der Balance ist etwas komplizierter. Fähige Vorgesetzte gibt es in allen drei Gruppen, und es sind eher die Vorgesetzten, die »extrem« ihren Standpunkt vertreten, die sich hier in der Risikozone befinden.

Die Art der Zeitjäger, die beiden Lebensbereiche Arbeit und Familie durch eine emotionale und intellektuelle »Brücke« miteinander zu verbinden, obwohl sie räumlich getrennt sind, ist in gewissem Sinne ein Beispiel dafür, wie der moderne Vorgesetzte in der Zukunft sein Engagement und seine Lebenshaltung mit dem Blick auf das Ganze in sich und in dem Wesen der anderen verteilen muß. Andererseits gibt es natürlich das Risiko, daß der kontinuierliche Balanceakt der Zeitjäger sowohl zu einer Verflachung beider Lebensbereiche führen kann als auch zu einem Mangel an Bereitschaft und tieferem Engagement. Das Balancieren wird zur Hauptsache, nicht das Engagieren.

Fazit: Die neue Integration wird von der notwendigen Einsicht über die Abhängigkeit der beiden wichtigsten Bereiche des menschlichen Lebens bestimmt sein, da ein Mangel an solcher Integration negative Auswirkungen auf alle Gebiete haben wird.

Kapitel 10

Das Unternehmen und die Gesellschaft in neuen Positionen

10

Ein Doktrinwandel ist ein evolutionärer Prozeß, der durch die Voraussetzungen und die Umwelt seiner Zeitepoche geformt wird. Nachdem wir nun die Auswirkungen der neuen Doktrin auf Unternehmensebene untersucht haben, gibt es Gründe, die Bedeutungen und Voraussetzungen der neuen Ideale mit Blick auf die Gesellschaft etwas näher zu betrachten.

Es ist noch gar nicht so lange her, daß Unternehmertum mit autoritären Führungsformen, schlechten Arbeitsbedingungen und einer gefühllosen Betrachtungsweise der Gesellschaft gegenüber verknüpft wurde. Aber seitdem sind Rolle und Stellung des Unternehmertums andere geworden. Im Schweden von heute wird die Wirtschaft, vor allem die private, mit Entwicklung und Erneuerung sowie Beschäftigung verbunden. Sie wird immer mehr als stärkster Garant für einen weiterhin hohen Lebensstandard angesehen. Vor allem erregten die Fortschritte und die Fähigkeiten zu Überprüfungen der großen internationalen Unternehmen Aufsehen. Es gibt wohl kaum jemanden, der bezweifelt, daß die Konkurrenzkraft der Wirtschaft ein gesellschaftliches Interesse und eine der Voraussetzungen für unsere Art des Wohlfahrtsstaates ist. Unternehmertum ist in der heutigen Gesellschaft ganz anders für die Gesellschaft von Nutzen als früher.

Außerdem ist auf der politischen Ebene die Einsicht gewachsen, daß der Staat die Probleme der Unternehmen nicht durch Eingriffe oder Regulierungen lösen kann. Ernste Unternehmens- bzw. Struktur- und Beschäftigungsprobleme können nur durch diejenigen gelöst werden, die gute Einsicht in die Voraussetzungen der Betriebe und Kenntnisse über Geschäfte, Produktentwicklung, Produktion und Marktführung haben und somit mehr Platz und Vertrauen geben, mit den Problemen umzugehen. Das kann bis zu einem gewissen Grad als dieselbe Aufwertung von menschlicher Kompetenz und Erfahrung gesehen werden, die jetzt die Unternehmen prägt.

Das Unternehmertum wird umbewertet

Ein deutliches Zeichen für eine Umbewertung ist die erhöhte Aufmerksamkeit, die den Unternehmen in den Medien und öffentlichen Debatten entgegengebracht wird. Besonders die Krisen und Entwicklungen von Großunternehmen sind zu Angelegenheiten geworden, die die ganze Gesellschaft betreffen. Unternehmensleiter, die es »geschafft« haben, sind »Helden«, zumindest Vorbilder geworden, die in den Massenmedien an exponierter Stelle stehen und selbst die Massenmedien nutzen, um Firmenstrategie und Ideale des Unternehmens zu verbreiten. Die Bilder sind selbstverständlich nicht so schwarzweiß, wie man leicht den Eindruck haben kann, wenn neue Vorbilder eine extreme Hervorhebung in den Massenmedien erhalten und ihre Rolle vor dem grauen Hintergrund normaler Betriebsamkeit überschätzt wird.
Die dramatischen Veränderungen und Krisen verdecken die Tatsache, daß alles eigentlich eine Frage vieler kleiner Veränderungen ist. Einige aufsehenerregende Beispiele können das Bild einer allgemeineren und breiteren Veränderung überdecken. Doch die Helden und die Beispiele sind es, die inspirieren und anregen, so daß andere auch so handeln. Die Umwandlung der Wirtschaft wird von verändernden Kräften betrieben, die dafür sorgen, daß Tätigkeiten, Verhaltensweisen und Lösungen kritisiert, überprüft und mit Blick auf neue Anforderungen und Voraussetzungen verändert werden. Neue Leiter auf vielen Ebenen können solche Überprüfungen stimulieren und rechtfertigen.
Es sind diese Dynamik, Überprüfungen, Spannungen, Dramatik und die Möglichkeiten, die vor dem dunklen Hintergrund von Umschulung, potentieller Arbeitslosigkeit, verlorenem Markt und vermindertem Lebensstandard hervorleuchten. Der dunkle Hintergrund trägt dazu bei, daß das Unternehmen auf längere Sicht hin eifrig und wichtig und ein Korrektiv gegen den Mythos leichterkaufter Siege ist.

Mit erhöhter Aufmerksamkeit folgen auch kritische Untersuchungen, in denen vor allem die großen Unternehmen aus einer Vielzahl von Blickwinkeln her beleuchtet und bewertet werden. Die Massenmedien schaffen und halten eine Debatte aufrecht, die die Legitimität des Unternehmers als Machthaber untersuchen. Dies zwingt und verleitet das Unternehmen dazu, das Bild, das die Umwelt von dem eigenen Unternehmen hat, zu pflegen. Eine positive Beurteilung kann Konsumenten, Angestellte, Arbeitsuchende und Investoren beeinflussen. Je nachdem wie diese Proben ausfallen, kann dies auch Auswirkungen über das einzelne Unternehmen hinaus haben, wenn es um die Rolle und Attraktivität der Unternehmen in der Gesellschaft geht.

Es kann sich auch zeigen, daß Unternehmensbeschlüsse durch die öffentliche Meinung herausgefordert werden, die sich über die Medien eine Stimme verschafft hat. Ein Unternehmen kann deshalb nicht lediglich darauf verweisen, daß man den Bestimmungen genügt, die von den Behörden für Umwelt, Arbeitsfragen oder Geschäftsethik aufgestellt wurden, und vor allem dann nicht, wenn das Unternehmen eine starke Stellung auf dem Markt hat. Das Unternehmen muß in bestimmten Bereichen eine eigene Politik betreiben und diese vor der öffentlichen Meinung vertreten. Die öffentliche Diskussion über Unternehmertum führt zur Politisierung von Unternehmen in dem Sinne, daß sie der öffentlichen Meinung sensibler gegenüberstehen. Dies kann im besten Falle ein Korrektiv bezüglich der Verflechtung von Unternehmen, Staatsmacht und Interessenorganisationen sein, die in Schweden traditionell stark ist.

Durch die Vitalisierung des Anlagenmarktes ist auch die Macht des Besitzers aktiviert worden. Die Konkurrenz um die Kontrolle über das Unternehmen ist durch das erhöhte flüssige Kapital in vielen Unternehmen, die Emissionsmöglichkeiten und die Möglichkeiten einer Umbewertung des Unternehmens über die Börse stimuliert worden. Die finanzielle Kreativität ist gewuchert und in erster Linie für die Unternehmen zu einer Bedrohung geworden, die in ihrer Strukturumwandlung bedächtig waren.

Ein erweiterter Aktienbesitz durch Fondssysteme unterschiedlicher Art hat eine breitere Allgemeinheit von Kleinaktionären an den Werten des Unternehmens interessiert gemacht. In einzelnen Fällen hat

sich auch eine breite Meinung von Aktienbesitzer gegen eine Unternehmensleitung bzw. einen Aufsichtsrat mobilisiert. Die Börsenentwicklung, die auch auf internationale Einflüsse reagiert, bedeutet ein immer bedeutenderes Instrument bei der Bewertung von Unternehmen.
Die Medien und die Börse sind zu lebensnotwendigen Arenen der Bewertung von Unternehmen geworden. Dies führte zu dem Risiko eines kurzsichtigen Handelns, um sich an die Spitze einer schnellbeweglichen Meinung stellen zu können. Andererseits kann das aber auch eine brauchbare externe Kontrolle des Handelns eines Unternehmens sein. Dies gilt nicht nur für große Unternehmen, sondern in zunehmendem Maße auch für kleinere. Die Unternehmen werden somit beeinflußbarer und dazu angeregt, sich eine Einstellung zu sich selbst zu geben. Die Leitung hat eine neue Dimension, die ihren Grund darin hat, daß das Unternehmen als ein wichtiger Faktor in der Umwandlung der Gesellschaft aufmerksam betrachtet wird.

Unternehmertum als Lebensstil

Eine Umwandlung dessen, was Teilnahme an »Unternehmertum« bedeutet, kann, auf längere Zeit gesehen, tiefgreifende Veränderungen nach sich ziehen. Anna Christensen hat den Gedanken über Lohnarbeit als Lebensform entwickelt. Die Lohnarbeit kennzeichnet den Alltag, die soziale Wohlfahrt, Ausbildung und Macht und gibt dem einzelnen Menschen eine Bedeutung und Identität. In der Zukunftsstudie »Im Kielwasser der Zukunft« wird der Zerfall der Lohnarbeit vorhergesehen. Auch wenn dies lange Zeit dauern kann, kann man sich fragen, ob nicht Unternehmertum als Lebensstil eine schlagkräftige Alternative sei, was auch kürzlich in der Studie »Geschäfte als Lebensstil«, die ihren Ausgangspunkt in den existentiellen Triebkräften und Gewinnen im Unternehmertum hat, beleuchtet wurde.
Aber es sind jedoch nicht nur Eigen- und Neuunternehmertum, auf die wir uns hier beziehen, sondern auch das Unternehmertum im Unternehmen. Die einzelne Produktionseinheit, das strategische

Entwicklungsprojekt werden immer mehr im Lichte von Unternehmen bzw. Auftrag gesehen. Unternehmen bedeutet ja, etwas zu schaffen oder etwas zu bewirken. Vor allem bei den jungen Leuten gibt es eine Anziehungskraft zum Unternehmen hin, die sich in starker Entwicklung dahin befindet, wo es eine Möglichkeit gibt, dabeizusein und etwas Neues und Sinnvolles zu erschaffen.

Außerdem erkennen wir ein Streben, das dahin ausgerichtet ist, Arbeitsaufgaben als zeitlich begrenzten Auftrag anstatt als permanente Rolle zu sehen. Vergütungen werden immer mehr an das Ergebnis des Auftrages oder der Tätigkeit geknüpft. Die Macht und der Einfluß des einzelnen werden abhängiger von seinen Kenntnissen und seiner Fähigkeit als »Unternehmer« in dieser etwas erweiterten Bedeutung.

Gleichzeitig, wie dieses Unternehmertum als Lebensform attraktiver wird, wird es schwerer, Menschen für traditionelle Industriearbeit und vor allem für Akkordarbeit zu gewinnen. Dies kann als Ergebnis der Erfahrungen früherer Generationen gesehen werden, die nun an die nächste weitergegeben werden. Arbeit wird geschätzt, aber eben nicht nur irgendeine beliebige. Das Einführen neuer Technik kann bedeuten, daß Industriearbeit eine Umbewertung durchmacht. Neue Produktionsphilosophien können Möglichkeiten zur Entwicklung und Gemeinschaftsarbeit geben, die mit denen des Unternehmens übereinstimmen.

Der öffentliche Sektor hat darüber hinaus Schwierigkeiten gehabt, einen Teil seines qualifizierten Personals zu behalten, und hat auch nicht die gleiche Attraktivität als Arbeitgeber für junge Menschen. Offensichtlich spielen die Gehaltsunterschiede eine wesentliche Rolle, aber es stellt sich dennoch die Frage, ob nicht die formalisierte Arbeitsweise ein »Unternehmertum« in öffentlicher Regie hemmt. Ein Doktrinwandel braucht im öffentlichen Bereich länger, kann ihn dann aber trotzdem auch merklich beeinflussen.

Die neuen Unternehmen, vor allem die des Dienstleistungsbereiches, werden vielleicht am deutlichsten vor die Problematik des Unternehmertums als Lebensstil gestellt. Sie sind stark von den Fähigkeiten und den Kundenkontakten der einzelnen Mitarbeiter abhängig, aber tüchtige Leute haben die Alternative, für sich selbst etwas Eigenes aufzubauen. Wir haben auch eine große Anzahl von Verselbständigungen in Branchen wie Unternehmensberatung, Wer-

beagenturen und Computerunternehmen gesehen. Viele versuchen, den Schritt von eigenen Aufträgen zu eigenem Unternehmen zu tun. Doch ist Unternehmertum nicht immer das Ergebnis einer freiwilligen Wahl. Sie ist nämlich ebenso eine Alternative für den Arbeitslosen und Entlassenen, die dann selbst unter eigener Regie Kleinunternehmer, Handwerker oder selbstständiger Berater werden können.
In dem Gesellschaftsmilieu des Doktrinwandels ist das Unternehmen mehr zu einem Arbeitskäufer und Steuerbezahler geworden. Die gesellschaftliche Position der Unternehmer wird nun in erster Linie von ihren innovativen Fähigkeiten, Ideen und Lösungen zu entwickeln, bestimmt, die in neuen oder bestehenden Unternehmen zur Anwendung kommen. Dazu gesellt sich noch deren Fähigkeit, neue Lebensstile und Ideale zu erschaffen. Das Unternehmen macht eine ganz neue Gesamtheit in der Gesellschaft aus, mit teilweise neuen wirtschaftlichen, sozialen und psychologischen Dimensionen.

Unternehmertum als Gesellschaftsform

Es gab eine schablonenmäßige Grenzziehung an dem Punkt, wo das Unternehmen und wo die Gesellschaft beginnt. Eine solche Denkweise wird immer unhaltbarer und ist außerdem geschäftsmäßig verwerflich. Es ist so, als ob man Unternehmertum zu bloßen Konkurrenzerwägungen, wirtschaftlichen Kalkulationen und der Wahl von Organisations- und Leistungsformen reduzieren würde. Man tut so, als ob Erwägungen im Unternehmen ganz einfach nur ihrer eigenen Logik folgten, ohne Werte, Vorbilder oder Normen zu prägen, die sie mit Menschen anderer Aktivitäten vereinigten. Statt dessen gibt es durchaus einige Parallelen zwischen Unternehmen und anderen Organisationen.
Das Unternehmen ist lediglich eine Form dessen, was wir Gesellschaft nennen könnten. Die Gesellschaft gibt es im Unternehmen ebenso, wie es das Unternehmen in der Gesellschaft gibt. Es ist sicherlich wahr, daß Unternehmen unterschiedlich wichtige Aspekte der Gesellschaft widerspiegeln können und in unterschiedlichen Zeitabschnitten auch verschiedene Zentren für die Gesellschaft, als

Gesamtheit gesehen, sein können. Es ist auch wahr, daß diese Aspekte der Gesellschaft Varianten enthalten und Unternehmen bewußt Eigenheiten formen können. Das kann sogar dazu führen, daß ein Unternehmen, in dem Bewußtsein, ein Abbild der Gesellschaft zu sein, sich größere geschäftliche Vorteile innerhalb der Möglichkeiten, die die Gesellschaft insgesamt gibt, verschafft, und seine »eigene« Gesellschaft aufbaut, die auf ihre starken Seiten achtet und mit Blick auf das Konkurrenzspiel den schwachen Seiten ausweicht. Dies kann beispielsweise durch Anwerbung und Zusammenarbeit geschehen.

Auch aus einem anderen Blickwinkel heraus ist es indessen widersinnig, einen Unterschied zwischen Unternehmen und Gesellschaft zu machen, wenn es um Aktivitäten geht, die traditionell von öffentlichen Organisationen bzw. Unternehmen ausgeführt werden. Es geschehen die ganze Zeit Verschiebungen in den Rollen und Veränderungen in der Arbeitsverteilung. Bereich nach Bereich können wir beobachten, daß Unternehmen entweder alles in eigener Regie übernehmen, oder mit öffentlichen Organen zusammenarbeiten, um die beste Infrastruktur für geschäftliches Handeln zu schaffen.

Selbständig oder mit Hilfe außenstehender Institutionen oder Unternehmen betreiben sie eine umfassende Ausbildung, die als Ergänzung zu der steht, die auf Gymnasien und Universitäten geboten wird. Personal- und Vorgesetztenausbildung sowie technische Weiterbildung sind für die einzelnen Bereiche des Betriebes immer wichtiger geworden, um die Menschen dahingehend zu bilden. Unterstützung für die Gymnasialzweige, Vertragsausbildung und Vertragsforschung sind Formen der Zusammenarbeit zwischen privaten Unternehmen und öffentlichen Institutionen, die immer weiter zunehmen.

Innerhalb der Kultur und des Sports findet man ein zunehmendes Sponsorentum der Unternehmen, teils, um Ausdruck für Werte und Ideale zu geben, teils, um für die eigenen Angestellten ein besseres kulturelles Milieu zu schaffen. Auf dem Gebiet der Kommunikation schaffen bestimmte Unternehmen eigene weltumspannende Kommunikationssysteme, die auf dem Netz aufbauen, das von der schwedischen Fernmeldeverwaltung angeboten wird.

Es wird immer widersinniger, die Stärke der Geschäftsposition eines

Unternehmens lediglich aus den in eigener Regie geführten Aktivitäten heraus zu verstehen. Die Infrastruktur in Form von Zulieferern, Beratern, Ausbildungs- und Forschungsorganisation, die Zusammenarbeit mit anderen Firmen und staatliche Aufträge spielen eine wichtige Rolle. Einige Vorteile liegen in der Schaffung einer Infrastruktur durch Zusammenarbeit, häufigen Transaktionen, die eine Flexibilität und die Möglichkeit gestatten, die eigenen Fähigkeiten zu vervollkommnen.

In der Gesellschaft kann man nicht an der Tatsache vorbeisehen, daß das Unternehmen ein Platz der Selbstverwirklichung von Menschen ist. In dieser Beziehung gibt es Konkurrenz zu anderen Lebensbereichen, die Kopplungen schaffen, die zu verstehen immer wichtiger wird. Dies unterminiert weiter die Unterscheidungen zwischen Unternehmen und Gesellschaft. Lebensstile von einzelnen werden geformt, und ihr Engagement wird von ihren Grundwerten her bestimmt. Anstrengungen des Unternehmens, Menschen zu engagieren und zu motivieren, fordern einen Einblick in die Rolle, die die Arbeit im gesamten Leben der unterschiedlichen Gruppen von Individuen hat.

Im Bereich der Hüttenindustrie wurden Gemeinschaft und Familienleben um die Produktion herum aufgebaut. Die Hütte gab Arbeit und Versorgung, betrieb den Handel, die Kirche und das Sozialwesen. Ging es der Hütte schlecht, war die ganze Gemeinschaft bedroht. Während der fortschreitenden Industrialisierung begann das Arbeitsleben, sich deutlicher von der restlichen Gemeinschaft abzusondern, wo vor allem die politische Macht für den Aufbau einer Infrastruktur mit Verkehrsverbindungen, Energieversorgung, Schule, Gesundheits- und Krankenwesen und vielem anderen tonangebend war. Wohnung und Arbeitsplatz wurden ebenso wie Arbeit und Privatsphäre immer mehr voneinander getrennt. Die Gemeinschaft wurde von Forderungen der Massenproduktion und in Zusammenarbeit zwischen Großunternehmen, zentralen gewerkschaftlichen Organisationen und der Sozialdemokratie geformt.

In der heutigen Welt wird die Gesellschaft nach internationalen Konkurrenzfragen geformt, wobei Flexibilität, technologische Entwicklung und einzigartige Fähigkeiten entscheidend sind. Das Interese von Großunternehmen wird sukzessiv von einer eher strikten Geschäftsstrategie erweitert, die oft lokal an die Orte gebunden ist,

wo das Unternehmen tätig ist. Es gilt, eine örtliche Gemeinschaft aufzubauen, die für die Angestellten attraktiv ist und die die Entwicklung des Unternehmens unterstützt.
Die neue Integration zwischen Unternehmen und Gesellschaft baut auf eine größere Offenheit, wobei die Gemeinschaft in sich so stimulierend, facettenreich, kompetent und kulturell lebendig sein sollte, um die Lebensstile und Werte, die Entwicklung, Risikobereitschaft und Kreativität bejahen, zu unterstützen. Die Unternehmen unterstützen die Erscheinungen im Gesellschaftsleben, die direkt mit den Unternehmenswerten, die man selbst fördern und entwickeln will, übereinstimmen. Sehr große Unternehmen wie Volvo, Electrolux und ASEA können als Staaten im Staate betrachtet werden.
Oft sammeln sich kleinere und neuere Unternehmen der gehobenen Dienstleistung und Hochtechnologie um Großunternehmen herum an, die dann die Umgebung für neue Werte werden. Diese werden dann sukzessiv ins Großunternehmen hineingepflanzt. Dieses Netzwerk ist ideen- und stimulanzmäßig für das Großunternehmen sehr wichtig.
In einer Welt, in der unverfälschte Beziehungen in der Familie hinter Arbeits- und lockeren sozialen Strukturen hinten anstehen, in einer Zeit, in der es wichtiger geworden ist, sich eher in der Arbeit als im Familien- bzw. im Verwandtschaftsband zu realisieren – in solch einer Zeit kann das Unternehmen ein wichtiger Ort der Selbstverwirklichung für viele Menschen sein. Damit dies möglich ist, ist es erforderlich, daß das Unternehmen selbst Ideale und Werte deutlich macht und daß diese an die Menschen appellieren. Ethik und Moral werden wichtig, damit die Angestellten einen gewissen Stolz fühlen können. Auch stehen die Unternehmen untereinander in einer gewissen wertbezogenen Konkurrenz. Hohes Ansehen kann einen niedrigeren Lohn kompensieren. Des weiteren gibt es Konkurrenz auch zwischen den Unternehmen, Gewerkschaften und politischen Parteien. Sie wollen sich alle auf menschliche Art verständlich machen, und dies ruft einen Kampf zwischen den institutionellen Kulturen hervor.
Wir können feststellen, daß materielle Bindungen in Form von Besitz, Zusammenarbeit und geschäftlichen Transaktionen immer noch von großer Bedeutung dafür sind, wie Unternehmen mit der Gesellschaft im übrigen verflochten sind. Diese Bindungen reichen

indessen nicht für einen Zustrom und ein Engagement aus. Hier kommt die gesteigerte Bedeutung von Werten und Idealen ins Spiel, die das grundlegende Rohmaterial darstellen, mit dem man einen Inhalt in die Arbeit bringt – und nicht nur einen Ertrag.
Inhalt und Ideal sind aber nicht frei von einer geschäftsmäßigen Logik, sondern werden von ihr in einem ständig im Gange befindlichen dialektischen Prozeß geformt. Durch ein Netzwerk von Zulieferern, Beratungsunternehmen und Zusammenarbeit kann ein Unternehmen Können und Qualifikation mobilisieren. In gemeinsamer Problemlösung, Geschäftsaustausch und gemeinsamer Entwicklungsarbeit gibt es Platz für eine schöpferische Betätigung, in der das Ideal und die Werte wichtige Steuerungsmittel werden.

Umbewertung mit politischer Unterstützung

In unserem Land gibt es seit langem eine pragmatische Einstellung hinsichtlich einer beiderseitigen Abhängigkeit zwischen Wirtschaft und politischer Macht. Diese Einstellung war nur vorübergehend von Gedankengängen unterbrochen, die sich vorstellten, daß eine dynamische Wirtschaft durch dynamische Interessen entweder innerhalb oder außerhalb der Wirtschaft gesteuert werden kann. Statt dessen zeigen die Erfahrungen, daß es unerhört viel kostet, der Dynamik und den Umständen gegenüber unempfindlich zu sein.
Die Mittel, die durch die Wirtschaft erzeugt wurden, konnten den Aufbau einer Infrastruktur von öffentlichen Diensten finanzieren, während gleichzeitig ein großer Teil mit der Absicht, Einkommensunterschiede auszugleichen, durch Transfers umverteilt wurde. In den späten siebziger und anfangs der achtziger Jahre führte die Strukturumwandlung der Wirtschaft zu einer Krise bei der Finanzierung öffentlicher Dienste und Transfers. Die Beschäftigung innerhalb der traditionellen Industrie ging zurück, während sich die des Dienstleistungsbereiches erhöhte. Durch Finanzprobleme verminderten sich auch die Möglichkeiten, die Beschäftigung im öffentlichen Bereich zu erhöhen.
Expansion, Einstellung und Überprüfung der öffentlichen Tätigkeiten folgen zum Teil anderen Spielregeln, als das Konkurrenzspiel in

den Unternehmen mitzumachen. Wenn politisch bestimmte Ideale auf neue Voraussetzungen treffen, entstehen leicht Spannungen zwischen ihnen und den Interessen der Unternehmen. Öffentliche Dienste sind oft zu teuer und an die Bedürfnisse zu schlecht angepaßt, und staatliche Regelungen können in vielen Fällen wünschenswerte Strukturumwandlung oder eine Nutzung neuer Technologien behindern. Vor allem innerhalb der staatlichen Unternehmen, aber auch bei öffentlichen Behörden ist eine Umstellung im Gange, bei der man auf eine bessere Rücksichtnahme der Bedürfnisse der Wirtschaft achtet. Die Umstellung beim Amt für Arbeitsmarkt, der Post und der schwedischen Reichsbahn illustrieren dies.

Durch eine günstige Unternehmensbesteuerung durften die Unternehmen beträchtliches Kapital behalten. Als trotzdem die Wirtschaftlichkeit in den siebziger Jahren sank, wurde die Wirtschaftspolitik dahingehend eingerichtet, die Wirtschaftlichkeit der Unternehmen zu erhöhen – und somit deren Handlungsfreiheit erhöht. In bestimmten Großunternehmen wie Volvo, ASEA und Skanska erhöhte sich die Liquidität beträchtlich, und die Finanzverwaltung war somit für sehr wichtige Teile des Unternehmengewinns verantwortlich. Die Entwicklung zeigte, daß Wirtschaftlichkeit nur einen Teil der Problematik ausmacht. Entscheidend sind Ideen und kommerzielle Projekte.

Die Investitionsmuster der Unternehmer schwenkten zu einem bedeutend höheren Anteil für den Aufbau einer Marktorganisation, für Produktentwicklung und Personalausbildung hin. Investitionen für Ausbildung und Fähigkeiten der Menschen haben an Bedeutung im Verhältnis zum Realkapital zugenommen. Dies spiegelt die komplexe Natur der Geschäftstätigkeit wider. Die Wissensfülle steigt an, und das motiviert Personalinvestitionen. Gleichzeitig sind die Geschäftsrisiken groß, was durch finanzielle Investitionen ausbalanciert werden kann. Die neuen Investitionsmuster erhöhen die Anforderungen an die Ausbildungs- und Forschungsorganisation der Gesellschaft. Die Bedeutung des Finanzkapitals ist sowohl eine Folge der staatlichen Finanzpolitik, des schrittweisen Ausgleichs des Kapital- und Geldmarktes als auch einer treibenden Kraft für weitere Umstrukturierung dieser Märkte.

Die Einsicht, daß die Leistungsfähigkeit der Wirtschaft von zentraler Bedeutung für die öffentlichen Dienste in einer Gesellschaft wie der

unseren ist, hat zu einer Umbewertung dessen geführt, was die wirtschaftliche Sicherheit ausmacht. »Der Kuchen des Staates ist zwar klein, aber sicher« hat nach den Rationalisierungen und Beschneidungen innerhalb des öffentlichen Sektors nicht länger die gleiche Durchschlagskraft. Auch die großen industriepolitischen Bemühungen konnten nichts anderes als eine Verzögerung von Strukturrationalisierungen bringen, die jedoch unwiderruflich mit dem Ausscheiden von Kapazität als einem Bestandteil kam. Die Abhängigkeit von der Wirtschaft steigt mit der Einsicht ihrer fundamentalen Rolle in einer Wohlfahrtsgesellschaft.
Auch das Verhalten der Politiker zur Wirtschaft hat sich verändert. Man findet eine erhöhte Betonung von infrastrukturellen Maßnahmen und weniger eine direkte Unterstützung oder Intervention. Man kann in einigen Bereichen eine vorsichtige Regulierung erkennen, wo öffentliche Monopole aufgelockert und ausländische Anlagen möglich werden.

Umbewertung aus gewerkschaftlicher Sicht

Die gewerkschaftliche Bewegung hat mit der Entstehung des Entwicklungsabkommens im Bereich des Zentralverbandes schwedischer Arbeitgeber (SAF) die Mitbestimmung vom politischen Kampfplatz gestrichen, um statt dessen auf eine Lösung bei der Zusammenarbeit der verschiedenen Seiten des Arbeitsmarktes zu setzen. Entwicklungsfragen, wie etwa das Einführen neuer Techniken, veränderter Arbeitsorganisation und neuer Verwaltungssysteme, sollen nun lokal und in Zusammenarbeit zwischen den gewerkschaftlichen Organisationen und den Unternehmen gelöst werden.
Eine Übereinstimmung unter den Betroffenen ist ein weiteres Zeichen dafür geworden, daß Energie und Kraft dafür genutzt werden, um Herausforderungen wie Konkurrenz, Internationalisierung, technologische Entwicklung, neue Werte und Fragen der Rentabilität zu bewältigen. In vielen Dingen gibt es eine gemeinsame Auffassung über den Veränderungsbedarf in Unternehmen, auch wenn die Prioritäten hier etwas anders verteilt sind. Leif Blomberg, Vorsitzen-

der der Gewerkschaft Metall, sagte zum Beispiel in einem Interview: »Wir sind an der Arbeit beteiligt, die Produktivität und die Information über die Faktoren, die diese auf Betriebsebene beeinflussen, zu erhöhen. Ich finde, daß Vorgesetzte und Unternehmensleiter sich daran auch etwas mehr beteiligen sollten.«
Es gibt bei den Gewerkschaften ein aktives Interesse, die Unternehmen dahin zu bringen, den Einsatz in bezug auf Ausbildung der Mitglieder zu erhöhen. Wieder Blomberg: »Es gibt viel an Konkurrenzkraft zu gewinnen, wenn man die Arbeiter ausbildet. Wir meinen, daß ein Ausnutzen neuer Technologie einen wichtigen Konkurrenzvorteil mit sich bringen kann und es auch wichtig ist, die Sicherheit des Angestelltenverhältnisses zu erhöhen.«
Auch wenn es in vielen Bereichen eine gemeinsame Problemauffassung gibt, schaffen lokale Entwicklungen große Spannungen nicht nur bei den Unternehmen, sondern auch in der gewerkschaftlichen Struktur. In der erhärteten Konkurrenz um Kunden und qualifizierte Arbeitskräfte setzen die Unternehmen auf eine Beteiligung ihrer Mitarbeiter bei der Entwicklung der Unternehmen. Durch Teilhaberschaft, Lohndifferenzierung, interessante Arbeitsaufgaben, Weiterbildung und Information versucht man zu erreichen, daß die Angestellten sich stärker mit dem Unternehmen identifizieren. Hier entstehen leicht Spannungen zwischen Loyalität zum Unternehmen und der Solidarität zur Gemeinschaft.
Da die Geschäftstätigkeit lokal und unternehmensspezifisch ist, schafft sie eine starke Betonung eines geschäftsmäßigen Bedarfs, die zentrale Leitung sowohl in Unternehmen als auch in gewerkschaftlichen Organisationen zu überprüfen. Dies ist schon in einer traditionell gewerkschaftlichen Frage wie Lohnbildung zum Ausdruck gekommen und wird noch mehr gekennzeichnet, wenn es um Entwicklungsfragen geht. Sowohl den einzelnen Mitgliedern als auch den örtlichen Gewerkschaftsvereinen muß mehr Freiheit und Vertrauen entgegengebracht werden, wenn es darum geht, Verantwortung bei lokaler Entwicklungsarbeit zu übernehmen. Die Frage lautet, wie die zentralen Organisationen eine neue Rolle finden sollen, die garantiert, daß übergreifende gewerkschaftliche Ziele berücksichtigt werden. Bis auf weiteres hat dieses Dilemma die Zusammenarbeit zwischen Gewerkschaft und Unternehmen noch nicht beeinflußt.

Vorbilder und Abhängigkeit

Unternehmertum war immer ein Abbild der Gesellschaft und schuf Vorbilder für diese. Die dominierenden Vorbilder geben nur ein vereinfachtes Bild von den Veränderungen, die es in der Wirtschaft gibt. Gegenbilder gibt es immer, wenn man sie sucht. Was während einer bestimmten Epoche ein Vorbild ist, wird in einer anderen Zeit das Gegenteil davon. Vor allem mit dem Aufkommen von Großunternehmen und Massenproduktion schuf das Unternehmertum Ideale für rationelle Produktion, Produktivität und Effektivität.

Die Vorstellungen von rationeller Produktion wurden durchdrungen von Gesundheitswesen, Wohnungsbau, Schulen, Strafvollzug etc. Großrahmigkeit und Standardisierung wurden vom öffentlichen Dienst aus der Wirtschaft übernommen. Man fragt sich nach dem Warum. Vermutlich hängt dies davon ab, daß diese Vorstellungen zuerst die praktische Arbeit in der Wirtschaft formten, und außerdem waren die Großunternehmen schon früh wichtige Machtzentren in Schweden. Das Vorbild erwies sich als konkret und zuverlässig, und es zeigte sich in vielen Dingen als erfolgreich. Ideen und praktische Realisierung gaben den Einfluß.

Der Erfolg der Massenproduktion rief allmählich Gegenbilder hinsichtlich menschenwürdiger Arbeit und Qualität in Pflege und Schule hervor. Durch die Demonstrationen 1968 wurden diese Bilder zu politischem Sprengstoff. Allmählich zeigte es sich auch, daß diese Gegenbilder eine geschäftsmäßige Umgestaltung, weg von der Standardisierung, hin zu größerer Kundenanpassung, störten. In der Wirtschaft wurden neue Vorbilder für Service und Kundenanpassung geschaffen. Diese werden nun sukzessiv in die öffentlichen Dienste übernommen. Unternehmen entwickeln jetzt wieder Vorbilder, bis neue, starke Gegenbilder aufkommen.

Es können sogar neue Arten von Unternehmen sein, die Vorbilder schaffen, aber diese werden erst dann schlagkräftig, wenn sie Aufmerksamkeit bei den Medien erwecken. Der Erfolg der Medien hat auch zu einer erhöhten Personenfixierung geführt. Vorgesetzte oder Leiter dürfen die neuen Ideale symbolisieren. Die Vorbilder werden zu wichtigen Zügen in der eigentlichen Entwicklung und Veränderung im Unternehmen. Sie können Enthusiasmus, Interesse und Engagement schaffen. Die Vorbilder verschaffen den Unternehmen

Aufmerksamkeit und Prestige, das, wenn es richtig verwaltet wird, ein symbolisches Kapital, welches zu beträchtlichen geschäftlichen Vorteilen führen kann.

Paradoxerweise scheint die erhöhte Kommerzialisierung der Unternehmen zu einer »Vergesellschaftung« zu führen. Sie werden abhängiger von Mitteln, Kompetenz und Engagement, um die Geschäftsstrategien zu meistern. Die Grenzen zwischen Unternehmen und Öffentlichkeit und zwischen Unternehmen und Privatsphäre werden aufgelockert, wenn das Bewußtsein der gegenseitigen Abhängigkeit wächst. Dies führt wahrscheinlich zu neuen Formen der Integration, die Bedeutung und Inhalt für den einzelnen und für den geschäftlichen Erfolg des Unternehmens haben. Aber es geschieht nicht aus Idealismus, sondern weil dies von einzelnen gefordert wird, die in erhöhtem Maße ihre eigene Entwicklung nicht nur hinsichtlich Karriere und Arbeit sehen.

Die Auflockerung der Grenzen führt zu einer neuen Integration zwischen Unternehmen und Gesellschaft auf einer mehr geschäftlichen Grundlage. Die Unternehmen bezahlen in höherem Maße für die Mittel und Dienste, die die Gesellschaft anbietet. Die Bedeutung des Unternehmens wird aus der gesellschaftlichen Perspektive nicht nur nach rein wirtschaftlichen Kriterien beurteilt, sondern auch nach Geschäftsmäßigkeit, die bedeutend mehr Qualität und Entwicklungsfähigkeit umfaßt.

Die Umgebung des Doktrinwandels hat eine Doktrin geschaffen, die ihre Voraussetzungen nicht in erhöhten Gegensätzen zwischen Unternehmen und Gesellschaft hat. Eher befinden wir uns in einem Stadium, in dem Unternehmen und Staatsmacht neue Positionen und beidseitige Verbindungen suchen, die Konflikte und Spannungen nicht ausschließen.

Zusammenfassend läßt sich sagen, daß die Entwicklung in Richtung auf eine Dezentralisierung von Verantwortung und Befugnissen zuläuft. Wie wir schon feststellten, ist hier die Frage, ob man aus der Notwendigkeit eine Tugend macht. Das Unternehmen verschafft sich – und es wird ihm zugestanden – eine erhöhte Handlungsfreiheit im Verhalten zu Politikern und Interessenorganisationen. Dies bedeutet gleichzeitig eine erhöhte Verantwortung der Unternehmensleitung, Rücksicht auf gesellschaftliche Forderungen nach Moral, Umwelt und Solidarität zu nehmen.

Kapitel 11

11

Aus der Perspektive des Doktrinwandels

Die Forschungsergebnisse, die wir dem Leser hier vorgestellt haben, sollten als eine Anzahl von Referenzpunkten gesehen werden, die hoffentlich ein gutes Bild des neuen Gesichtes der schwedischen Führungsschaft zeigen konnten. Die Anzahl der Punkte ist zu gering, um eine gute Auflösung des Bildes zu garantieren, und so ist die Bildqualität ein Kompromiß zwischen empirischen Wahrnehmungen und theoretischen Annahmen, die sich auf diese Wahrnehmungen beziehen.

Dieses abschließende Kapitel wollen wir einer zusammenfassenden Diskussion über die Verbindung zwischen Theorie und Empirik widmen, was im großen und ganzen die Perspektive des (theoretischen) Doktrinwandels einschließt. Auch wollen wir näher auf die Möglichkeiten der neuen Doktrin, ihre Widersprüche und Risiken, wie wir sie sehen, eingehen. Am Schluß wollen wir mit Hilfe der Sichtweise des Doktrinwandels wichtige praktische Probleme neu beleuchten.

Die Doktrin erkennen

Es ist möglich, den Doktrinwandel mit einer allgemeinen kulturellen Strömung gleichzusetzen, die stark in die schwedische Gesellschaft hineingewachsen ist und sowohl Politik, Wirtschaft, Verwaltung und Interessenorganisationen beeinflußt. Deshalb ist es wichtig, hier klarzustellen, daß wir mit dem Begriff »Doktrinwandel« auf etwas mehr als diese allgemeine Kulturveränderung hinweisen wollen, von der der Doktrinwandel ein Teil ist, der sie aktiv beeinflußt. Unser Hauptinteresse liegt nicht bei den neuen kulturellen Werten an sich,

sondern es orientiert sich eher daran, wie diese in einem neuen Gedanken- und Handlungsrepertoire im Unternehmen zum Ausdruck kommen.
Auch in der Forschung treffen wir auf das Problem, zwischen dem zu unterscheiden, was getan wird, getan werden sollte oder vielleicht getan werden wird. Die ausgesprochenen Ideale führen ihr eigenes Leben, das nur zu einem begrenzten Umfang mit der praktischen Arbeit im Unternehmen gekoppelt ist. Dies liegt nicht in erster Linie an einem bewußten Interesse, zu manipulieren, sondern an einem begrenzten Vermögen, die Wirklichkeit in einer komplexen Organisation zu fassen. Man muß sich nur vorstellen, mit wie vielen Mitarbeitern wir regelmäßigen Kontakt haben, deren Arbeitssituation wir durch eigene Erlebnisse kennen. Es liegt auch an unseren eigenen Wertvorstellungen, die unsere Wirklichkeit auf eine Weise definieren, die uns selbst nicht bewußt ist. Wir sehen das, was wir sehen wollen. Wir als Forscher sind versucht zu glauben, daß die bekannte 80-zu-20-Regel auch für unseren Doktrinwandel anwendbar wäre. Das heißt: Von denen, die sich zu den neuen Idealen bekennen, haben lediglich 20 Prozent sie in die Tat umgesetzt.
Ideale haben oft ihren Ursprung in echten Innovationen, die auf eine Problemlösung hindeuten, die für viele wichtig ist. Das gute Beispiel kommt dann durch Weitervermittlung zu denen, die keine direkte eigene Erfahrung in der Situation haben. Dadurch, daß Ideale teilweise von ihrem konkreten Zusammenhang losgelöst sind, werden sie zum Gegenstand einer Idealisierung, die mehr über denjenigen sagt, der das Ideal interpretiert, als daß sie zu einer Lösung des Problems beitragen.
Die Ideale werden von einem organisatorischen Netzwerk von Beraterfirmen, Weiterentwicklungsinstituten für leitende Angestellte, Managementschulen und professionalen Organisationen verwaltet. Sie haben Interesse daran, das Ideal aufrechtzuerhalten – nicht nur, um zu lernen, sondern auch, um zu zeigen, daß man dabei ist und Einsicht in eine Problematik hat, die für die Mitglieder oder Kunden wesentlich ist. Das Ideal kann eher zu einem Surrogat für die eigene Lösung von Problemen werden als zu einer Inspiration zur kritischen Reflexion der eigenen Erfahrungen.

Einstellung des Unternehmens in einer dynamischen Umgebung

In einer Umgebung, wo die Konkurrenz auf einem immer internationaler werdenden oder sogar globalen Markt immer stärker wird, wo die technologische Entwicklung ständig das Konkurrenzvermögen herausfordert und neue Werte und Hoffnungen Forderungen an Arbeit und Produkte stellen, wird die Einstellung des Betriebes problematisch. Diese Einstellung jedoch muß klar, aber flexibel sein. Sie soll von allen gedeckt, aber mit Gefühl auch für lokale Variationen angewandt werden. Durch ein Zusammenarbeiten der unterschiedlichen Kompetenzen soll sie kontinuierlich entwickelt werden. Vor diesem Hintergrund soll die neue Doktrin verstanden werden.

Für viele Unternehmer bedeutete das den Zwang, sich näher am Endkunden in der Veredelungskette orientieren zu müssen. Die Entwicklung von Produkten und Dienstleistungen und die interne Organisationsstruktur haben ihren Ausgangspunkt eher in dem Bedarf und den Bewertungen des Kunden als in den Möglichkeiten der Technologie und der Produktion. Für die Unternehmen, die diesen Weg einschlagen, bedeutet dies ein großes Umlernen. Die Konsequenz: Die Kenntnisse vom Bedarf des Kunden und die Kontrolle über die Kundenbeziehungen sind relativ gesehen wichtiger als technisches Können.

Wie die Studien in Kapitel 2 bei SAS, Ericsson, Volvo, Eka Nobel und anderen zeigten, wurden einzelne Kunden oder Kundengruppen deutlicher identifiziert und abgegrenzt. Außerdem gibt es eine stärkere Konzentration auf fortschrittlichere und anspruchsvollere Kunden. Produkte und Service werden weiterentwickelt, um die ganzen Bedürfnisse des Kunden zufriedenzustellen. Auf diese Art wird das kaufmännische Potential voll ausgenutzt. Das fordert indessen sowohl organisatorisch als auch beruflich erhöhte Kompetenz. Kommunikation mit Kunden und Interaktionen sind äußerst wichtig für Information, Lernprozesse und zuweilen gemeinsame Problemlösung. Die eigentliche Produktion wird in einem qualifizierten Netzwerk organisiert, das sich weit über traditionelle Unternehmensgrenzen hinaus auf Zulieferer, Institutionen, Beraterfirmen und Universitätsinstitutionen erstreckt.

Der Inhalt der Geschäfte wird immer mehr zu einer Kombination von Produkten und Dienstleistungen – das Unternehmen wird verdienstlicht. Die reine Ware wird in komplexe Systeme eingeordnet, die außerdem an das einzelne Kundenunternehmen angepaßt werden soll, wie beispielsweise bei Ericsson. Die Ausformung dieses komplexen Systems und die Kenntnis darüber sind wichtiger als die Kenntnis über jede Komponente. Das wiederum schafft den Raum, um die Entwicklung und die Produktion an Zulieferer weiterzugeben.

Im Prinzip hat ein Teil der Voraussetzungen der Dienstproduktion einen Schritt in den Bereich der Warenproduktion getan, was den Geschäftsbeziehungen ein mehr interaktives Muster gegeben hat, wo die Kenntnisse der Menschen, ihre Werte und sozialen Qualifikationen größere Bedeutung und mehr Platz finden als bei Voraussetzungen einer reinen Warenproduktion. Das System des Unternehmens, die Fähigkeiten zu mobilisieren, erstreckt sich außerhalb des Wirtschaftslebens darauf, mit den anderen Teilen der Gesellschaft mehr zusammenzuarbeiten. In Kapitel 9 haben wir über die Vergesellschaftung der Unternehmen gesprochen. Diese sind abhängiger von Diensten wie Ausbildung, Forschung und Kommunikation und versuchen deshalb, deren Ausformung zu beeinflussen. Der Staat wiederum wird abhängiger von der Betriebsamkeit des Unternehmens, da dieses ja öffentliche Dienste finanziert. Führung, vor allem in großen Unternehmen, ist nicht ohne Hinblick auf die Dimensionen der Gesellschaft möglich. Dies führt eine große Verantwortung und Forderung nach weiterem Verständnis mit sich.

Bei einer herkömmlichen Warenherstellung spielte die technologische Entwicklung eine große Rolle als treibende Kraft und führte zur standardisierten Massenproduktion für einen mehr oder weniger anonymen Kundenkreis. Wir dürfen die Augen davor nicht verschließen, daß es immer noch eine beträchtliche Produktion von Standardprodukten sowie eine durch Regeln und Instruktionen standardisierte Dienstleistungsproduktion gibt.

Trotz der Veränderungen in und zwischen den Unternehmen zeichnet sich ein ziemlich deutliches Muster bei dem Geschäfts- bzw. Firmendenken ab. Dies bewirkt eine Art zusammenhängendes Gedanken- und Handlungsrepertoir hinsichtlich der Leitung von Unternehmen.

Philosophie der Gesamtheit

Ein Firmendenken, das seinen Ausgangspunkt darin hat, das gesamte Unternehmen zu mobilisieren, um den Anforderungen des Marktes zu entsprechen, scheint große Aufmerksamkeit der Bildung einer gemeinsamen Idee und Wertegemeinschaft im gesamten Unternehmen entgegenzubringen. Jeder Angestellte muß die Geschäftsidee des Unternehmens »verstehen«, ebenso seinen eigenen Teil in der Gesamtheit, so wie es das Beispiel bei SAS zeigte.

Die Unterstützung dieser Ideen und Werte ist dann eine Grundvoraussetzung dafür, daß das Unternehmen geschlossen und effektiv am Markt auftreten kann. Instruktionen und Befehle können nicht länger ein Handeln regulieren, das örtliche Anpassung verlangt. Ideen und Werte werden von Menschen getragen, und der Leiter ist der vorderste Träger dieser Werte.

Durch einen kontinuierlichen Dialog über Firmenidee und Werte wird eine artikuliertere Kodifizierung von Zielen und Strategien im Unternehmen geschaffen. Sie werden explizit ausgedrückt, nachdem sie früher unverstanden oder sogar unterbewußt gewesen waren. Führung wird immer mehr zu einer Frage des Entwickelns, Veränderns und Verteidigens gemeinsamer Ideen, Werte und Strategien in der Beziehung zu Kunden und Mitarbeitern.

Eine Beteiligung und Engagement an der Einstellung des Unternehmens zu erreichen ist natürlich ein Problem unterschiedlicher Wertigkeit für ein kleines bzw. ein großes Unternehmen. In der kleinen Einheit gibt es eine Nähe und Flexibilität, die das Schaffen von Beteiligung und Engagement erleichtert, während es in einem Großunternehmen ahnenreiche Riesen mit tief verwurzelten Traditionen gibt. Deren Betätigung ist differenziert und hat oft internationale Verbreitung. Dies bedeutet, daß grundlegende Veränderungen in der Praxis lange Zeit brauchen und auf einem komplexen Muster von Abhängigkeitszuständen beruhen. Auf der anderen Seite hat die kleine Einheit den Vorteil, daß das Gesamtbild im Maßstab 1:1 studiert werden kann, wie wir bei der Zeitungsredaktion in Kapitel 6 gesehen haben.

Die kleine Redaktion ist zweifellos ein vereinzeltes Beispiel von dem Firmendenken, der Sicht vom Menschen und der Leitung durch die neue Doktrin, aber durch seine Einfachheit trotzdem illustrierend.

Diese Redaktion schuf in der schwedischen Tagespresse etwas Neues. Dadurch, daß man über zwischenmenschliche und existenzielle Fragen schrieb, die an das Bedürfnis des Menschen nach Inhalt und Perspektive des Daseins appellierten, zog die Redaktion viele Leser an sich. Durch ein einzigartiges Produkt schuf man eine »Zeitung in der Zeitung« mit einem klaren Profil und deutlicher Identität.

Die betroffene Zeitung hatte traditionell einen politisch konservativen Stempel, aber durch ihre fortwährende Betonung von Qualität und Professionalität versucht sie, Menschen im Wirtschaftsleben, der Verwaltung und der Kultur zu erreichen, die ein Interesse an den menschlichen Verhältnissen in der heutigen Gesellschaft haben. Es sind auch die Verhältnisse und Bedürfnisse der Menschen, die die betroffene Seite in erster Linie aufgreift und deutlich macht. Oft geschieht das in Konflikt mit der konservativen politischen Ideologie.

Die von uns beobachtete »Geschäftsidee« der Redaktion baut auf eine reflektierende, humanistische und selbständige Sichtweise des Lesers. Diese Werte kommen oft in den Artikeln zum Ausdruck, die häufig als Serien aufgebaut sind und ein Gebiet aus verschiedenen Perspektiven beleuchten. Dadurch wird ein Gesamtbild geschaffen, das zur Reflexion anregt und Möglichkeiten und Alternativen einer persönlichen Stellungnahme bietet. Jeder Artikel bzw. jede Serie ist Ausdruck einer gemeinsamen Firmenidee. Durch den Dialog zwischen Redaktionschefin und Journalistinnen hinsichtlich ihrer Artikel und Serien wächst ein gemeinsames Verständnis über die Arbeit heran. Die Journalistinnen werden als selbständig und verantwortlich behandelt, und sie erhalten Unterstützung und Anregung zu eigenen Initiativen. Ein offenes Klima regt die interne Diskussion an.

Ideen und Werte kommen auch in Normen und Handlungsregeln zum Ausdruck. So werden den Interviewgästen die Artikel vor der Veröffentlichung vorgelesen, was normalerweise nicht der Fall ist. Dies spiegelt den Respekt vor den Befragten und auch seriöse Absichten wider. Die Journalistinnen helfen Bilder und Überschriften der Artikel auszuwählen, und kein Artikel wird ohne ihr Wissen geändert. Diese etablierten Normen sorgen für Sicherheit und wirken Willkür entgegen.

Die Redaktionschefin ist diejenige gewesen, die diese Zeitungsseite in Streit mit anderen, konventionelleren Auffassungen über das, was eine Frauenseite denn enthalten sollte, durchgesetzt hat. Die Unterstützung, die diese Seite erfahren hat, zeigt, daß sie sowohl den Lesern als auch den Mitarbeiterinnen zuspricht. Die Leiterin ist zu einem Symbol und Garanten für die Einstellung und die Werte dieser Seite geworden. Ideen und Werte mußten auch gegen andere Redaktionen innerhalb der Zeitung verteidigt werden, wo sie Debatten und manchmal auch Kritik erweckte.

Wesentlich undeutlicher und komplizierter wird das Bild, wenn man sich einem Großunternehmen mit dem Ehrgeiz nähert, Beteiligung, Engagement und Bewegung vor dem Gesamtbild der Einstellung eines Betriebes zu verdeutlichen. Die Analyse muß in diesem Fall auf einer ganz anderen Vergrößerungsebene im Vergleich zu der kleinen Einheit ablaufen – und mit einem wesentlich geringeren Grad an etwas Konkretem.

Bei Volvo Komponenter (Kapitel 3) hat, um damit zu beginnen, die Forderung nach Flexibilität bei Volumen und Produktvarianten zu einer neuen organisatorischen Struktur geführt, in dem die Produktion in Personenwagen und Nutzfahrzeuge aufgeteilt wurde, um so den Forderungen der einzelnen Märkte besser entgegentreten zu können. Die verschiedenen Fabriken sind in einem Netz, das auch Zulieferer umfaßt, zusammengezogen. Jede Einheit in diesem Netzwerk hat eine deutliche wirtschaftliche Verantwortung erhalten. Von seiten der Geschäftsleitung hat man den Begriff »Fabrikant« lanciert, um die Bedeutung von Selbständigkeit, geschäftlicher Orientierung und Initiativkraft zu kennzeichnen. Durch den Beginn einer besonderen Ausbildung für Vorarbeiter, der sogenannten Fabrikantenschule, machte man den Versuch, das neue Gedankengut an breite Gruppen heranzutragen. Die unternehmensinterne Ausbildung wird somit zu einem wichtigen Zug in einer Indoktrinierung mit neuen Werten. Da sich die Unternehmensleitung in diesem und in anderem Zusammenhang für Dialoge über die Zielsetzung zur Verfügung stellte, wurde die Tendenz zu einer Einbahnstraßenkommunikation gemindert.

Die Forderung nach Flexibilität führt dazu, daß Standardisierung und zentrale Planung nicht die gleiche dominierende Rolle bekommen, um die Tätigkeiten zu koordinieren. Statt dessen hat die Unternehmensleitung die neuen Werte gekennzeichnet und formuliert,

um Personalpolitik, Organisationsentwicklung, Ausbildung und Führung zu koordinieren. Erneut sehen wir, auf einer anderen Vergrößerungsebene, wie Veränderungen des Firmendenkens logischerweise auch zu Veränderungen in der Leitung führen.
Bei Volvo Komponenter steht der Geschäftsführer als ein Symbol und als ein Garant für die neue Einstellung und die meisten Werte. Im Prinzip ist das nichts anderes, als aus der Not eine Tugend zu machen, da die internationale Konkurrenz, die Volvo hat, die Wahlmöglichkeiten der Unternehmensleitung begrenzt. Eine Ausrichtung auf den wohlhabenden und qualitätsbewußten Autokäufer übt einen Druck auf Qualität und Weiterentwicklung aus. Durch seine Ideen und Werte kann der Geschäftsführer in diesem Fall die neue Einstellung entwickeln.
Bei SAS (Kapitel 2) baut die Geschäftsrichtung auf eine Anpassung und Entwicklung von Serviceleistungen für Geschäftsreisende bei einer höheren Servicequalität. Offenheit, Flexibilität und Initiative wurden hier zu wichtigen Werten, die in grellem Kontrast zu der früheren Betonung von Sorgfalt, Systematik und Kontrolle stehen. Die neuen Werte wurden in der internen Führung hervorgehoben. Auf Grundlage der übergreifenden Geschäftsidee und Strategie wurde so von den verschiedenen Abteilungen und Bereichen erwartet, eigene Ziele und Strategien zu entwickeln. Auf fast allen Ebenen diskutierte man über interne Kunden, Produkte, Serviceniveau und Kosten.
Die neuen Werte kamen in der Arbeit und in den Beziehungen innerhalb der Führungsgruppe bei SAS zum Ausdruck. Gekennzeichnet waren sie von der intensiven und engagierten Arbeit unter leicht chaotischen Umständen. Ideen und Werte durchdrangen Information, Ausbildung, Organisations- und Produktentwicklung. All das hatte seinen Grund im veränderten Geschäftsdenken, das eine neue Führungsqualität und eine andere Bewertung der menschlichen Möglichkeiten und Grenzen verlangte.
Der Vorgesetzte stand hier für eine neue Zielsetzung, die die Weiterentwicklung des Handelns in Richtung Geschäftsreisenden im Gegensatz zu der früheren technisch und operativ gerichteten Entwicklung betonte. Hier galt es, wie auch in den übrigen Fällen, die neue Zielsetzung und die neuen Werte vor alternativen Blickweisen zu verteidigen. Da viele der anderen Werte tief verwurzelt und

immer noch für die Tätigkeit relevant waren, gab es Konflikte. Diese waren der Ursprung einer deutlichen Präzisierung in der Zielsetzung des Unternehmens.
Bei Verkstadsföretaget (Kapitel 4) und Konsultföretaget (Kapitel 5) fanden wir Leiter, die sich zur neuen Doktrin bekannten, aber keine Unterstützung bzw. kein Engagement für eine neue Einstellung erfuhren. Dies schuf beträchtliche Spannungen im betreffenden Unternehmen und Unsicherheit darüber, was nun eigentlich gelten sollte.

Die Werte werden aufgewertet

Veränderungen in den Zielen eines Unternehmens sind ohne ein starkes persönliches Engagement bei einer Vielzahl von Leuten nicht möglich. Keiner kann konsequent und ausdauernd für eine neue Zielsetzung arbeiten, die mit den Grundwerten der Betroffenen nicht übereinstimmt. Die persönlichen Vorstellungen beeinflussen deshalb die Zielsetzung des Unternehmens.
Viele unserer Studien beleuchten, wie grundlegende Werte, die die Existenz und die Lebenseinstellung des einzelnen berühren, eine sehr große Rolle in Unternehmen und Organisationen spielen können. Sowohl die Analyse von Konsultföretaget als auch der Strafvollzugsbehörde in Kapitel 5 zeigen, wie grundlegende Werte teilweise erklären können, wie Menschen sich in zielgesteuertem Zusammenhang verhalten. Ein anderes und vielleicht auch deutlicheres Beispiel sind die Studien des Verhaltens von Kleinunternehmern zu ihren Betrieben (Kapitel 7), das heißt im großen und ganzen ihre Arbeitssituation. Die existentiellen Motive der Unternehmer – grundlegende Werte also, die mit der ganzen Lebenssituation verbunden sind – haben ihre Bedeutung darin, wie das Unternehmen aus rein geschäftlichen und betriebswirtschaftlichen Aspekten heraus geführt wird. Das Unternehmertum ist zweidimensional, das heißt, sowohl geschäftliche als auch existenzielle Bedürfnisse spielen mit hinein. Die Arbeit gibt sowohl Inhalt als auch Identität, und die Studie kann als Beispiel dienen, wie der Arbeit ein neuer Inhalt gegeben wird, wenn dieser mit grundlegenden Werten verbunden wird.

Offenbar gibt es große Unterschiede zwischen dem traditionellen Kleinunternehmer und dem in technologischen Zukunftsbranchen, wenn es um Lebensanschauung und Werte geht (vor allem Unterschiede bei der Art, wie das Unternehmen zu führen ist). Wie aus vielen Studien hervorgeht, gibt es nun auch starke Tendenzen, die unternehmerischen Werte im Großunternehmen zu stärken. Das große Interesse für Unternehmer, Fabrikanten und Geschäftsleute ist Ausdruck des Strebens, Engagement, Selbständigkeit und Risikobereitschaft zu stärken, aber gleichzeitig dem Konservatismus und der Abneigung, das Unternehmen weiterzuentwickeln, was ja den traditionellen Kleinunternehmer kennzeichnet, aus dem Wege zu gehen.

Die Chefs in Großunternehmen zeigen sogar untereinander beträchtliche Unterschiede bei den Werten auf. Analysen von Führungsgruppen weisen teils auf Unterschiede hin und teilweise darauf, wie Wertemuster und das Zusammenspiel die Gruppen beeinflussen. Frühere Erfahrungen und Werte aus den Familien werden im Arbeitsleben wieder hergestellt. Dies hat wichtige Konsequenzen für die Wahl der Strategie der Veränderungen zur Folge (und wie Beziehungen strukturiert und Menschen angeregt werden).

Bei Strategien,das Unternehmen zu verändern, muß – im Lichte der neuen Doktrin – mehr Rücksicht auf die Werte der Menschen genommen werden. In den Veränderungsprozessen, die wir untersucht haben (Kapitel 2 und 4), finden wir umfassende Versuche, durch eine Ausbildung die Ideen und Werte auszuführen. Auf sehr breiter Front werden bei SAS Angestellte im Servicve und bei Volvo Angestellte in der Produktion im eigenen Unternehmen ausgebildet. Die Führungsphilosophie wird explizit formuliert und durch Gespräche, Konferenzen und Seminare verbreitet. Sie werden zu wichtigen Foren einer gemeinsamen Ideenbildung. In erster Linie gilt das den Werten der Geschäftstätigkeit. Diese werden dann, je nach individuellen Varianten der Grundwerte, neu gestaltet.

Wir haben die Bedeutung einer Ideen- und Wertegemeinschaft betont. Damit ist noch nicht einmal in der neuen Doktrin zum Ausdruck gebracht, daß nur dies alleine zählt. Ohne Analyse, Erfahrungen und Fähigkeit werden Ideen- und Wertegemeinschaft leicht utopisch und wirklichkeitsfremd. Ohne stützende Strukturen und Regeln kann eine Leitung mit Ideen durch Willkür und Egoismus

degenerieren. Ohne gute persönliche Beziehungen und soziale Unterstützung wird persönlichge Risikobereitschaft gehemmt.
Die Analyse der Beispiele von Unternehmen zeigt, daß ein Durchbruch einer neuen Doktrin auch mit bedeutenden Abweichungen zwischen den einzelnen Teilen eines Unternehmens verknüpft ist. Unterschiedliche Fabriken bei Volvo unterscheiden sich ebenso voneinander wie die einzelnen Instandhaltungsbasen bei SAS. Außerdem wechseln Zeiten mit deutlichen Veränderungen mit Zeiten ohne wahrnehmbare Veränderungen ab. Und es dauert lange, bis Veränderungen in der Doktrin in der Praxis auf breiter Front nach vorne drängen.
Es braucht lange Zeit, Beteiligung zu entwickeln, Arbeitsaufgaben, Organisation und administrative Systeme zu formen. Vieles bleibt stecken. Die praktische Anwendung zeigt nicht unerwartet sowohl die Möglichkeiten als auch die Grenzen auf. Im weiteren wollen wir beleuchten, was in diesem Sinne die Doktrin implizieren kann.

Möglichkeiten der Doktrin

Die neue Doktrin ist ein Glauben an Entwicklung und Veränderung. Ihre Möglichkeiten liegen darin, bessere Voraussetzungen für die Entwicklung von Fähigkeiten zu schaffen, so daß das Unternehmen mit den neuen Geschäftsbedingungen fertig wird. Durch Vorbilder und gute Beispiele der Anwendbarkeit der neuen Doktrin werden die Voraussetzungen für eine konkretere und variierendere Diskussion über Firmenstrategien, Organisationsformen und Leitung geschaffen.
Es ist nicht richtig zu behaupten, Entwicklung sei nicht auch schon früher aktuell gewesen. Eher wird jetzt Entwicklung auf eine neue Art geschaffen und vorangetrieben. Früher war sie durch Instruktionen und Resultatskontrollen zentralgesteuert und den Anforderungen technischer Rationalität unterworfen. Nun wird sie durch Ideen und Werte gesteuert, die die örtliche Entwicklung leiten sollen. Entwicklung ist nun den Anforderungen an Werterationalität unterworfen.
Man kann sagen, daß im Doktrinwandel die Entwicklung nun von einer Idee oder Vorstellung vorangetrieben wird. Visionen drücken

ein Zukunftsbild aus, das Ideen und Werte konkreter werden läßt. Der eigene feste Glauben von Vorgesetzten an Vorstellungen und die Identifikation damit sind eine Voraussetzung, um bei anderen Energie und Engagement freisetzen zu können. Die Möglichkeit, an etwas Neuem mitwirken zu können, hat eine große potentielle Kraft. Diese Kraft kennzeichnet die Pionierzeit der meisten Einrichtungen. Sowohl in der Privatwirtschaft als auch in der öffentlichen Verwaltung finden wir Beispiele für den gleichen Mechanismus.

Die Vision drückt eine wesentliche Aufgabe, einen Wert, den man anstrebt, und gleichzeitig eine Herausforderung aus. Eine umfassende Beteiligung schafft einen Enthusiasmus, der hilft, die Unsicherheit zu überwinden, die immer mit etwas Neuem verknüpft ist. In der Zeitungsredaktion bemerken wir, daß die Mitarbeiterinnen von der Möglichkeit, innerhalb der Tagespresse etwas Neues zu schaffen und gleichzeitig für die Leser einen neuen Wert darstellt, ausgefüllt sind. Innerhalb der SAS wurden die Angestellten von der Aufgabe begeistert, das Überleben des Unternehmens zu sichern, indem man ein hochleistungsfähiges Dienstleistungsunternehmen mit Hauptrichtung auf Geschäftsreisende aufbaut. Dieser bestehende Enthusiasmus wurde durch die positiven Reaktionen der Reisenden noch verstärkt.

Die Visionen appellieren sowohl an den Verstand als auch an die Gefühle. Im Falle der SAS gibt die Analyse der Situation des Unternehmens ziemlich eindeutige Ergebnisse hinsichtlich der allgemeinen Einstellung. Strategien werden definiert, und die Unternehmensleitung wendet sich durch das Vorstellen der Analyse an die Rationalität der Angestellten, appelliert an die Verantwortung und die Fähigkeiten der Angestellten, selbst einzusehen, was getan werden muß, um die Idee der Gesellschaft zu verwirklichen. Wenn Menschen Probleme, die sie selbst erfahren, durch Ideen gelöst sehen und wenn diese Ideen mit ihren eigenen Werten übereinstimmen, dann gibt es einen guten Nährboden für Engagement.

Die neue Doktrin hat auch die Möglichkeit, ein größeres strategisches Bewußtsein und damit eine erhöhte Bereitschaft, mit neuen Situationen umzugehen, zu schaffen. Das ist der eigentliche Kernpunkt in dem Gedanken, daß Angestellte dazu gebracht werden sollen, als »eigene Unternehmer« zu denken und zu handeln. Die Einsicht in die übergreifende Strategie des Unternehmens, also in das

Geschäftsdenken, soll es ermöglichen, örtliche Strategien mit Rücksicht auf die örtlichen Voraussetzungen zu formulieren. Bewußtsein wird durch Diskussionen und Informationen über Geschäftsvoraussetzungen und die Wahl der Strategie geschaffen. Beteiligung am Gespräch schafft gleichzeitig den Halt für neue Ideen innerhalb der Organisation. Das strategische Bewußtsein bekommt sein Ausdrucksmittel in der Sprache und den Symbolen, die die Ideen und Werte ausdrücken.

Das strategische Bewußtsein kann durch Beschlüsse und Maßnahmen motiviert und in Form grundlegender Ideen und Werte dargestellt werden. Es wird auch dadurch aufrechterhalten, indem Neueinstellungen und Beförderungen an die neuen Forderungen, die die Firmenidee stellt, angepaßt werden. Kontinuierliche strategische Dialoge auf den verschiedenen Ebenen des Unternehmens, wo die Entwicklung des Ganzen debattiert wird, schaffen eine wichtige Voraussetzung für erhöhtes Bewußtsein innerhalb des ganzen Unternehmens.

Die neue Doktrin setzt eine veränderte organisatorische Struktur voraus. In der traditionellen Hierarchie waren Strategie und Entwicklung auf die Unternehmensleitung konzentriert. In groben Zügen schließt die neue Struktur eine Betonung der Linienorganisation ein. Die vornehmlichsten Ideenträger sind somit die Leiter der Arbeitsgruppen, der Werkstätten, der Fabriken, der Abteilungen, der Geschäftszweige und des Konzerns. Dic großen Stabseinheiten, die wichtige Mittel der Zentralisierung und Bürokratisierung waren, werden nun aufgebrochen. Die Spezialkenntnisse dieser Stäbe werden zu den verschiedenen operativen Einheiten hin dezentralisiert oder in Dienstleistungseinheiten organisiert, die eher unterstützend als steuernd arbeiten.

Das Unternehmen wird von selbständigeren Einheiten gebildet, die jede für sich ihre eigene Rolle innerhalb des Rahmens einer übergreifenden Firmeneinstellung haben. Dialoge über die Einstellung werden nicht nur zentral, sondern an vielen Stellen dieses Netzwerkes geführt. Dies schafft die Voraussetzungen für lokale Entwicklung und für eine reelle Verbreitung von Beschlüssen und der Entwicklung von Kompetenzen.

Damit die Dezentralisierung auch Wirklichkeit werden kann, wird eine Beteiligung bei der Formung örtlicher Anpassungen gefordert.

Anderenfalls hätte dies den Charakter eines Befehls ohne einen offensichtlichen Grad an Freiheit. Hier ist eine Sichtweise von einem aktiven, verantwortungsbewußten und selbständigeren Menschen erforderlich. Der Vorgesetzte kann dadurch Raum für Kreativität schaffen, indem er die Freiheit innerhalb der Firmenidee und im Rahmen übergreifender Strategien legitimiert. Die Zeitungsredaktion weist ebenso wie viele andere Beispiele auf diese Möglichkeit hin.

Die Betonung von Entwicklung, die in der neuen Doktrin liegt, schafft Erwartungen an und Voraussetzungen für individuelle Entwicklung. Man kann sogar sagen, daß individuelle Entwicklung eine Voraussetzung dafür ist, daß die Doktrin Wirklichkeit wird. Wären einzelne Personen nicht bereit, Risiken einzugehen und sich weiterzuentwickeln, wäre die Doktrin wirkungslos. Die Veränderung, die eine dezentralisierte Entwicklung schafft, ermöglicht es mehr Angestellten, sich aktiv zu beteiligen.

Laut der Grundannahmen der neuen Doktrin wird eine individuelle Entwicklung nicht in erster Linie durch ökonomische Vergütungen oder Status angeregt, sondern von der Bedeutung der Aufgabe für die Entwicklung des Unternehmens. Der einzelne wird durch den größeren Zusammenhang, in den er eingeht, angeregt, sowie durch die Möglichkeiten, die die Aufgabe für sein eigenes Lernen und seine eigene Entwicklung gibt. Unterstützung übergreifender Ideen und Werte gibt auch der eigenen Entwicklung Unterstützung und Berechtigung.

Allerdings führt eine persönliche Entwicklung dann zu einem nicht wünschenswerten Resultat, wenn sie nicht zu einer erhöhten Kapazität im Unternehmen oder im organisatorischen Ganzen beiträgt, das heißt zu einer kollektiven Entwicklung. Diese kollektive Entwicklung verlangt, daß das Problem der Qualifikation und der Kenntnisentwicklung gehört wird. Vor allem in großen Unternehmen kann man sich nicht nur auf persönliche Initiative verlassen. Gemeinsame Normen und Regeln stellen eine kollektive Entwicklung sicher. Die strategischen Dialoge sind für eine solche Normbildung wichtig.

Das Dilemma der Doktrin

Im Ganzen gesehen können wir sagen, daß das Dilemma in dem Aufeinandertreffen der neuen Doktrin mit den grundlegenden Werten der Menschen entsteht. Wir sind nicht alle selbständig, verantwortungstragend und denken nicht über alle Voraussetzungen nach. Auch werden wir von Eigeninteressen, dem Wunsch nach Abhängigkeit und Egozentrik beeinflußt. Das hat unter anderem dazu geführt, daß neue Kontrollsysteme entwickelt wurden, um Arbeitsmotivation und Engagement der Menschen ablesen zu können. Es gibt ein Interesse, das organisatorische Klima genauer zu untersuchen – dies ist eine Ergänzung zu der traditionellen Beobachtung von Kosten, Einkünften und operativen Daten mit dem Ziel, zu sehen, ob die Absichten und Werte, die in der offiziellen Doktrin ausgedrückt sind, erfüllt werden. Die Kontrolle kann leicht auf eine Art gestaltet und durchgeführt werden, die den Werten, von denen die Führung sagt, daß sie diese unterstützen will, entgegenwirkt. Dies kann in erster Linie dann geschehen, wenn die Ergebnisse von Übergeordneten als Anlaß genommen werden, Kritik zu üben, anstatt von den direkt in der eigenen Entwicklung Betroffenen. Dies ist nur ein Beispiel für Gegensätze und widersprüchliche Behauptungen, die leicht entstehen. Es gibt deshalb Grund genug, auch die Folgen der Doktrin zu behandeln, die ihren eigenen Zielen entgegenwirkt oder negative Verhältnisse für die Geschäftspolitik, die Menschen und die Leitung schafft.

Eine Doktrin kann nie das ganze Bild der Wirklichkeit wiedergeben. Wesentliche Seiten der Realität landen auf der Schattenseite. Deshalb ist es nötig, auch zu untersuchen, auf welche verborgenen Botschaften oder unausgesprochenen Voraussetzungen die Doktrin aufbaut, sowie zu untersuchen, welche Risiken es gibt, daß bestehende Möglichkeiten nicht realisiert werden. Ansonsten kann die Doktrin auf unterschiedliche Weise degenerieren.

Eine Doktrin, die die Einstellung und Entwicklung des Betriebes hervorhebt, kann sehr leicht den Bedarf an Routine, Voraussagbarkeit und Stabilität unterschätzen. Zwischen Entwicklung und Stabilität, Vorstellung und Praxis und zwischen kurzer und langer Sichtweise wird eine Spannung eingebaut. Im großen und ganzen handelt

es sich dabei um eine produktive Spannung, die für eine weitere Entwicklung Energie schafft. Voraussetzung ist indessen, daß es einen grundsätzichen Respekt vor den Bedingungen gibt, die tatsächlich für die Tätigkeit gelten. Eine Doktrin kann, wenn sie sich nicht um die Werte der Produktion kümmert, degenerieren.
Die Produktion muß unter Berücksichtigung hoher Produktivität und Qualität reibungslos laufen. Viele der traditionellen Werte wie Genauigkeit, Kontrolle und Expertenkenntnisse sind immer noch produktiv und notwendig. Sieht man einmal hiervon ab, so besteht die Gefahr, daß die neue Doktrin nicht nur bei denjenigen, die durch Befehle und Transaktionen stark gelenkt werden, falsch klingt, sondern daß ihr direkt entgegengearbeitet wird. Außerdem besteht die Gefahr, daß die Bedeutung einer langsamen Rationalisierungsarbeit im Vergleich zu einem spektakulären Entwicklungsprojekt unterbewertet wird.
Die Doktrin kann zu einem Spiel verkommen, wenn sie als irrelevant empfunden wird oder wenn es den Menschen an Fähigkeit oder Möglichkeit fehlt, sich an ihr zu orientieren. Machtverhältnisse muntern dann zu Pseudoaktivitäten anstatt zu echter Entwicklung auf. Der Chef schafft zum Beispiel eine Vorstellung angesichts der Forderungen der Umwelt, aber es fehlt ihm an der Einsicht in die Werte und Betrachtungsweisen der eigenen Leute. Das Personal will den Chef nicht enttäuschen, sondern engagiert sich bei einer Vielzahl von Pseudoaktivitäten, die grundlegende Gegebenheiten jedoch nicht verändern. Somit wird gemeinsam die Fiktion einer Veränderung aufrechterhalten, von der beide Seiten Interesse daran haben, sie aufrechtzuerhalten.
Da es oft sehr schwierig ist, Auswirkungen von Entwicklungen auf kurze Sicht zu messen, können solche Pseudoaktivitäten lange Zeit aufrechterhalten werden, wobei beträchtliche Mittel und Energie verlorengehen. Das kann der Preis für das Bewahren eines Bildes der Umwelt gegenüber sein. Auf diese Art kann das Unternehmen oder die Abteilung den Eindruck vermitteln, daß Aktivitäten im Gange sind.
Wie schon vorher erwähnt, kann eine Doktrin auch durch Kontrolle entarten. Wenn es an Platz mangelt, die Doktrin im Lichte eigener Erfahrungen und örtlicher Voraussetzungen herauszustellen, verringert sich die Flexibilität und Qualität bei der Problemlösung. Da die

Doktrin die Entwicklung in den Brennpunkt stellt, entsteht ein grundlegender Gegensatz zwischen Botschaft und Wirklichkeit. Initiative wird kritisiert oder bestraft, wenn sie gegen das Kontrollbedürfnis des Chefs verstößt. Auch wenn Menschen stark autoritätsgläubig sind und anstatt zu versuchen, die Doktrin zu interpretieren, lieber versuchen, andere zu imitieren oder buchstabengetreu zu handeln, kann eine Doktrin verkümmern. Mangelnde Selbständigkeit und übertriebene Kontrolle sind beide gleich gefährlich.

Fortschritt kann dazu führen, daß Unternehmen an den Lehrsätzen festhalten, die man mit guten Ergebnissen verknüpft. Aussagen der Doktrin können zu Dogmen verhärten, die eine Erneuerung eher verhindern oder ihr entgegenarbeiten als sie zu unterstützen. Der eigene Fortschritt führt leicht dazu, daß das Unternehmen in dem Ehrgeiz, die Fortschritte zu schützen, sich von externen Einflüssen isoliert. Auf lange Sicht führt diese selbstgewählte Isolation zur Krise.

Die Doktrin kann auch dadurch unterminiert werden, indem der Vorgesetzte persönliche Bedürfnisse vor die gemeinsame Aufgabe setzt. Wir haben schon früher auf das starke psychologische Band hingewiesen, das zwischen dem Unternehmer und dem Unternehmen bestehen kann. Darin kann durchaus eine Stärke liegen, wenn es ein starkes Engagement hervorruft. Allerdings kann darin auch eine Gefahr bestehen, da die Bedürfnisse anderer enttäuscht werden und die gemeinsame Aufgabe aufs Spiel gesetzt wird. Der Chef kann in der Vision gefangen werden, die er selbst symbolisiert. Der Bedarf des Unternehmens an Flexibilität kann in Konflikt mit dem Selbstbild und der existentiellen Sicherheit des Unternehmers geraten. Führt dies dann dazu, daß er sich von der Wirklichkeit isoliert, kann es dazu kommen, daß die Doktrin von einer gemeinsamen zu einer persönlichen wird.

Die Ideen- und Wertegemeinschaft müssen miteinander in Verbindung stehen, um sich zu engagieren. Die Versuchung, zu dramatisieren und übertriebene Erwartungen zu schaffen, ist offensichtlich. Werden die Erwartungen dann nicht erfüllt, können Vertrauen und Engagement verlorengehen und sich in Enttäuschung und Aggression verwandeln. Veränderungen im Verhalten sind ein langsamer und geduldsprüfender Prozeß. Es kann möglicherweise paradox klingen, aber die neue Doktrin wird nicht überleben, wenn sie nicht in Normen und Handlungsregeln kodifiziert wird. Dies ist ein Schutz vor übertriebener Abhängigkeit von Personen. Der Vorgesetzte fungiert als Garant für die gemeinsamen Ideen und Werte. Werden diese nicht kodifiziert, ist das Feld für persönliches Gutdünken geöffnet.

Im Lichte des Doktrinwandels

Nun fehlt nur noch, aufzuzeigen daß unsere Theorie eines Doktrinwandels dazu beiträgt, wichtige praktische Probleme neu zu beleuchten und somit zu neuen Angriffsweisen anzuregen. Dies ist an und für sich eine sehr umfassende Aufgabe, und wir müssen uns damit begnügen, auf einige Hauptpunkte hinzuweisen.

Zum ersten gibt uns die Theorie eines Doktrinwandels Grund, darüber nachzudenken, was die Veränderung der Geschäftseinstellung eines Unternehmens impliziert und welche Art von Führung sie braucht. Wir können feststellen, daß etwas durchgreifendere Veränderungen nicht aufgrund einer allgemeinen humanistischeren Einstellung geschehen, auch wenn dies durchaus mit dazu beitragen kann. Eher sind es strukturelle Veränderungen, die bei den verändernden Kräften zum Ausdruck kommen und die von zwingender Natur sind. Mit ihrer Hilfe kann eine durchgreifende Veränderung angeregt und auch akzeptiert werden, da schon so viele in ihrer eigenen Arbeit beeinflußt sind. Es gibt also eine Einsicht im Unternehmen, und die Organisation ist mit anderen Worten reif für eine Veränderung.

Die geschäftlichen Grundannahmen sind ein Produkt langer Erfahrung und Tradition. Sie sind sukzessiv durch eine Reihe wichtiger Beschlüsse, durch Ausformung der Organisation, durch Normen und Regeln, die sich das Unternehmen angeeignet hat, durch selektives Anwerben mittels Personalpolitik und durch Beförderung in das Unternehmen aufgenommen worden. Durch Erfahrungen war das Denken so geprägt, daß Vermutungen als gegeben hingenommen und nicht überprüft wurden. Diese Grundsätze prägen also nicht nur unser Denken, sondern sind in der Ausformung, den Normen und den Regeln usw. impliziert. Ein Doktrinwandel, der neue Grundsät-

ze aufweist, wird aus diesem Grunde zu einem langwierigen und teilweise schmerzlichen Prozeß.
Generell gesehen, scheint ein Doktrinwandel ohne einen Führungswechsel schwer erreichbar zu sein. Eine neue Führung kann eine neue Zielsetzung, die mit der alten bricht, zum Ausdruck bringen und auf eine glaubwürdige Art für etwas Neues stehen und so eine neue Doktrin entwickeln. Durch eine neue Führung können neue Ideale Dominanz und Legitimität erreichen. Wie wir schon an anderer Stelle sahen, können wir nicht mit einem Schlag Traditionen und Grundsätze brechen. Statt dessen beginnt ein Aufbauprozeß für neue Erfahrungen und Fähigkeiten, in dem man Organisationsformen, das administrative System, Normen, Regeln und die Personalpolitik verändert.
Hierbei besteht die Rolle der Leitung darin, zu verändern und die Grundsätze der Organisation zu verwalten, was sowohl Anforderungen an das Bild der Gesamtheit als auch Einsicht in das System fordert, aber auch gleichzeitig an die Fähigkeit, die starken Gefühle und gefühlsmäßigen Reaktionen zu handhaben, die immer mit grundlegenden Werten verknüpft sind. Die Vorgesetzten brauchen deshalb keine Übermenschen zu sein, aber es verlangt eine Einsicht in die Grundvoraussetzungen sowohl des Betriebes als auch der Menschen. Führung erinnert deshalb in erhöhtem Maße an die Rolle politischer Führer.
Zum zweiten gibt uns der Doktrinwandel einen Anlaß, über die Möglichkeiten des einzelnen, sich zu entwickeln, nachzudenken. Sowohl unsere als auch die Forschung anderer zeigten uns, daß Individuen ihre Grundwerte bzw. Grundannahmen nicht ändern, wenn es sich nicht um eine tiefe persönliche Krise oder intensive Therapie handelt. Es ist zwecklos und unmoralisch, zu versuchen, sie zu verändern. Statt dessen ist es wichtig, die Unterschiede der Werte zu respektieren und Aufgaben und Rollen zu finden, wo sie zu einem positiven Ausdruck kommen können. Gerade aus diesem Grunde ist die Kenntnis von Wertungen aus der Sicht des Doktrinwandels so wichtig. Das, was wir oft als Trägheit oder Widerstand gegen Veränderungen bezeichnen, kann seinen Grund in mangelnder Kenntnis haben, aber es kann auch von den Grundwerten des einzelnen abhängen.
Zum dritten sollten wir über die Möglichkeiten der Intervention

nachdenken, wenn es um das Möglichmachen eines Doktrinwandels geht. Wir können feststellen, daß neue Ideale durch Macht legitimiert werden müssen, ob sie nun auf demokratischen oder auf anderen Prozessen basiert. Deshalb sind der Leiter und die Führungsqualität so wichtig. Sicherlich enthält die neue Doktrin eine erhöhte lokale Handlungsfreiheit und sicherlich auch eine Machtverschiebung. Aber wie wir gesehen haben, liegt die Kenntnis vom System immer noch zentralisiert bei der Unternehmensführung, was eine Voraussetzung für die Verbreitung von Macht über die einzelnen Teile ist.

Um die Ideale und Werte des Unternehmens zu verstehen und zu verändern, reicht es jedoch nicht aus, den Leiter zu verstehen, sondern das Zusammenspiel der gesamten Leitungsgruppe wird wesentlich. Es reicht auch nicht aus, nur die Unternehmensleitung zu verstehen, wie die Erfahrungen bei Konsultföretaget (Kapitel 5) zeigen. Auch Führungsgruppen auf anderen Ebenen sind wichtig, um die Ungleichheiten, die es in jedem größeren Unternehmen geben muß, zu verstehen. Führungsgruppen sind deshalb Vermittlungspunkte, um die Doktrin zu verstehen und zu beeinflussen.

Zum vierten gibt uns die Theorie eines Doktrinwandels Anlaß, über den Begriff Kompetenz sowohl auf Individuums- als auch auf Unternehmensebene nachzudenken. Wie wir zeigen konnten, ist die Handlungsfähigkeit des einzelnen nicht nur von Kenntnissen und Erfahrungen abhängig, sondern auch von den Grundwerten des Betroffenen. Wir können beispielsweise von einem stark kontrollbezogenen Individuum nicht erwarten, daß es für innovative Veränderungen, die bei anderen starke Gefühle erweckt, einsteht. Der Kompetenzbegriff muß deshalb erweitert werden und auch grundlegende emotionelle Werte umfassen.

Wie wir schon zeigen konnten, liegt die Kompetenz des Unternehmens genausosehr in der Organisation und Führung wie bei einzelnen Menschen und in gut behüteten Rezepten, Konstruktionen oder Computerprogrammen. Die Kompetenz eines Unternehmens liegt in einem Netzwerk, das mobilisiert und entwickelt werden kann, um den Bedürfnissen des Marktes zu genügen. Es kann ausreichen, gewisse strategische Teile dieses Netzwerkes zu kontrollieren und im übrigen zusammenzuarbeiten. Was strategisch ist, wird von den geschäftlichen Grundannahmen bestimmt. Geschäftsdenken ist die

Basis, Kompetenz zu definieren, und Führungsqualität dafür, sie zu mobilisieren und weiterzuentwickeln.
Schließlich wollen wir feststellen, daß ein Doktrinwandel nicht in Konflikt mit Besitzerinteressen oder gewerkschaftlichen Interessen geschehen kann. Oft ist ein Führungswechsel eine Möglichkeit, für die Besitzer Probleme zu lösen, so daß ihre Macht direkt miteinbezogen ist. Dies impliziert dann fortgesetzten Einfluß des Besitzers mit laufenden Forderungen an die Wirtschaftlichkeit.
Wenn ein Doktrinwandel stattfindet, stellt die mehr ideenbezogene Leitung auch Forderungen an die Direktion, die oft sehr dramatischen Forderungen nach Veränderungen zu durchschauen und zu kontrollieren, so daß diese mit konkreten Maßnahmen befolgt werden. Die Erfahrungen zeigen, daß auch die Direktion von ihrem geschäftsführenden Direktor verführt werden kann. Die Direktion wird vor die Forderung gestellt, das Unternehmen mit Hilfe der Sicht des Ganzen verstehen zu lernen, was letztlich das Adelszeichen einer ideengegründeten Führung ist. Eine Direktion kann auch Anlaß haben zu kontrollieren, ob Ideen und Vorstellungen auch bei anderen Schlüsselfiguren als dem Geschäftsführer eine Verankerung haben.
Die gewerkschaftlichen Organisationen haben in den Unternehmen, die wir studiert haben, im großen und ganzen die Veränderungen in der Einstellung der Firmen unterstützt, jedoch nicht aktiv daran teilgenommen. Da ja die geschäftliche Umorientierung auf Vorstellungen aufbaut, müssen auch die gewerkschaftlichen Repräsentanten die Maßnahmen aus einer Gesamtsicht beurteilen können. Dies hat zur Folge: Wenn das gewerkschaftliche Handeln eher auf Entwicklung als auf Verteilung des Überschusses des Betriebes ausgerichtet ist, müssen auch die gewerkschaftlich Beteiligten beurteilen können, ob die vorgeschlagenen Maßnahmen mit der Geschäftsidee übereinstimmen. Dies ist ein sehr großer Schritt, der mit der gewerkschaftlichen Tradition im Widerspruch steht. Damit die Gewerkschaftsorganisationen einen aktiven Anteil an Entwicklungsfragen nehmen können, müssen sie auf systematische und engagierte Art dazu gebracht werden. Für die Gewerkschaft gibt es ebenso wie für eine Direktion Anlaß, ständig mit dem zu ringen, was nur Ideologie ist und was wirklich die praktische Handlung beeinflußt.

Eine neue Bedeutung

Die neue Doktrin, die wir versucht haben, in diesem Buch zu formen, steht für eine Führungslehre, in der die grundlegende Geschäftsidee des Unternehmens und dessen Werte Organisationsformen, Beschlußfassung, Kontrollsystem, Personalpolitik und das Arbeitsklima durchdringen und beeinflussen müssen – eine Art »positive« Kollektivierung, wobei alle an einer gemeinsamen Idee beteiligt und abhängig davon sind. Durch ein fehlendes Gesamtbild können Probleme dadurch entstehen, daß man von einigen der Voraussetzungen oder von irgendwelchen Grundannahmen absieht, die jedoch dazugehören müssen, damit die neue Doktrin zu einer wirksamen Doktrin werden soll.

Das von der Doktrin vorgeschriebene Gesamtbild des Unternehmens setzt einen breiten Zustrom und ein Engagement voraus, das in einer Beteiligung verankert ist. Dies verlangt sowohl ein Kontrollsystem als auch Sanktionsmöglichkeiten. Leider besteht die Gefahr, daß ein umfassendes Delegieren viele Leiter dazu bringt, die Kontrolle zu erhöhen statt sie zu vermindern, um eine Steuerungsfähigkeit zu behalten. Führung hat zu allen Zeiten ein Kontrollsystem als Werkzeug gehabt, um unter anderem Macht und Sicherheit zu gewährleisten. Auch wenn die neue Doktrin dies in Frage stellt, liegt es in der Natur der Sache, daß das Bedürfnis der Leitung nach Detailkontrolle bestehen bleibt. Aber – und das ist wichtig: Die Effektivität einer solchen Kontrolle wird von den neuen Idealen herausgefordert. Wir sind deshalb der Auffassung, daß die Leitung vieler schwedischer Unternehmen nun versucht, die wichtige Kontrollproblematik so zu handhaben, daß der nötige Grad an Freiheit, der für die Entwicklung eines Unternehmens nötig ist, nicht unnötigerweise von der Kontrolle, die die Stabilität des Betriebes voraussetzt, erdrückt wird.

Entwicklung zu leiten und sie gleichzeitig zu kontrollieren ist schon immer problematisch gewesen. Und mit diesem Entwicklungstempo, das nun das Wirtschaftsleben charakterisiert, ist es noch problematischer als früher geworden. Die neue Doktrin materialisiert in dieser Beziehung »eine Gestalt« mit neuen Inhalten, wobei eine erhöhte Rücksicht auf Ungleichheiten, im Rahmen eines fortschreitenden Dialoges über Geschäftsideen, Ziele und Strategien voraus-

gesetzt, stimulierend wirkt, anstatt eine kontinuierliche Entwicklung von Fähigkeit und Geschäften zu begrenzen. Der kreative, verantwortungsübernehmende und selbständig reflektierende Mensch, der in seiner Arbeitsrolle Inhalt und Identität sieht – und seine Beteiligung an der Geschäftsidee des Unternehmers –, ist deshalb ein Ideal, das immer mehr Unternehmen haben, wenn es darum geht, Geschäftsdenken zu entwickeln.
Prinzipiell kann man sagen, daß das Ideal ein neues Bild von der Organisation verlangt, in der der Mensch von der Leitung nicht lediglich als größte Ressource des Unternehmens »betrachtet« wird. Der Mensch selbst muß auch ein »Betrachter« sein und das Unternehmen als eine Möglichkeit sehen, die sich wesentlich weiter als nur bis zu einer etwaigen wirtschaftlichen Sicherheit und einem wohlwollenden patriarchalischen Aufmuntern erstreckt.
Daß Veränderungsprozesse in dieser Richtung existieren und sich im schwedischen Wirtschaftsleben ausbreiten, ist aus unserer Sicht der Beginn eines Doktrinwandels, wenn es um Art und Weise geht, Unternehmen zu leiten. Gleichzeitig besteht das »effektive« Kontroll- und Steuerungssystem weiter. Sowohl das erhöhte Rentabilitätsdenken als auch die erhöhte Kurzsichtigkeit hinsichtlich einer Kapitalverzinsung können sehr wohl die Veränderungsprozesse stocken und eine ganz andere Richtung einschlagen lassen, als wir uns vorgestellt haben. Deshalb haben wir bewußt nur angedeutet, was heute sichtbare Voraussetzungen, Veränderungsprozesse und Konfliktgebiete für die Zukunft implizieren können. Aber es ist natürlich unsere Hoffnung, daß die Perspektive für Leitung, auf die wir hingewiesen haben, den Leser dazu anregt, selbst weiter nachzudenken. Dies sowohl aus seinen eigenen – und unseren – Erfahrungen, die auf dem heutigen schwedischen Wirtschaftsleben beruhen, als auch deren Art, mit Geschäftsinhalten, Menschen und Führung umzugehen.

Auswahlbibliographie

Bennis, W./Nanus, B.: Führungskräfte. Die vier Schlüsselstrategien erfolgreichen Führens. Frankfurt am Main/New York 3/1987

Burke, K.: A grammar of motives and rethoric of motives. New York 1962

Chandler, A.: Strategy and structure. Cambridge (Mass.) 1962

Cyert, R./March, J.: The behavioral theory of the firm. Englewood Cliffs (N.J.) 1963

Follett, M. P.: Dynamic Administration. New York 1941

Forslin, J./Sarapata A./Whitehill, A. (Hrsg.): Automation and industrial work – a 15 nation perspective. 2 Bde., London 1979

Fromm, E.: Man for himself: An inquiry into the psychology of ethics. New York 1947

Fromm, E./Maccoby, M.: Social character in a Mexican Village. Englewood Cliffs (N. J.) 1970

Gasse, Y.: The cognitive function of small firm owners-managers. Sasketchewan 1979

Håkansson, H. (Hrsg.): Industrial technological development – a network approach. London 1987

Hirschhorn, L.: Beyond mechanization. Cambridge (Mass.) 1984

Kakar, S. F. T.: A Study in personality an innovation. Cambridge (Mass.) 1970

Leavitt, H. J.: Der Manager als Pionier im Unternehmen. Landsberg 1986

McClelland, D. C.: Macht als Motiv. Entwicklungswandel und Ausdrucksformen. Stuttgart 1978

Maccoby, M.: Why work. Leading the new generation. New York 1988

Peters, T./Waterman, R.: In search of excellence. New York 1982

Ronen, E. (Hrsg.): Entrepreneurship. Lexington 1983
Walton, R.: Establishing and maintaining high commitment work systems. In: Kimberly und Miles (Hrsg.): The organizational life cycle. San Franciso 1980
Wiggens, J./Renner, K./Clore, G./Rose, R.: The psychology of personality. Reading (Mass.) 1971

Der FA-Rat

Der Rat für Unternehmensleitungs- und Arbeitslebensfragen (FA-Rat) ist eine selbständige Forschungseinrichtung, die 1981 gegründet wurde. Der größte Teil der Leitung besteht aus Forschern, jedoch sind auch Repräsentanten der Wirtschaft sowie der Organisationen des Arbeitsmarktes mitbeteiligt.

Die in dem Rat tätigen Forscher vertreten viele verschiedene Forschungsrichtungen im Feld der Verhaltens- und Gesellschaftswissenschaft. Damit sind die Voraussetzungen geschaffen, die gewählten Untersuchungsgebiete aus verschiedenen Blickwinkeln heraus zu beleuchten. Außerdem ist man bestrebt, die Forschung in enger Zusammenarbeit mit Vertretern von Unternehmen, Behörden und Organisationen zu betreiben. Die Forschung wird in übergreifenden Programmen koordiniert und die Einstellung nachträglich überprüft. Im Augenblick aktuell sind das Führungsprogramm (Ledningsprogrammet) und das Gesellschaftsprogramm (Samhällsprogrammet).

In dem Programm »Führungsphilosophie – Führung – Führungsentwicklung« (Ledningsprogrammet) werden Voraussetzungen und Forderungen an die Führungsschaft untersucht, die das private schwedische Unternehmertum und die Verwaltung in einer immer kenntnisintensiveren und hochtechnologisierteren Gesellschaft entwickeln soll. Wie können Führung und Organisation geformt, damit Menschen engagiert und motiviert werden, sich um ihre Weiterbildung zu kümmern, damit Unternehmen und Behörden effektive und attraktive Arbeitsplätze anbieten können?

In dem Programm »Organisation der Gesellschaft und Erneuerung des Unternehmens« (Samhällsprogrammet) wird die Wechselwirkung zwischen Unternehmen auf der einen Seite und den politischen

Entscheidungsträgern sowie der Verwaltung auf der anderen Seite untersucht. Welche Voraussetzungen in Form von Stimulanz bzw. Hindernissen schaffen die Organisationen und Werte der Gesellschaft für eine notwendige Erneuerung im Wirtschaftsleben?
Der FA-Rat wird hauptsächlich von der Schwedischen Arbeitgebervereinigung finanziert. Außerdem wird die Forschung in hohem Maße mit Unterstützung von allgemeinen und privaten Fonds betrieben, wie etwa dem Arbetsmiljöfond sowie dem Riksbanken Jubileumsfond.

FA-Rat – Rat für Unternehmensleitungs- und Arbeitslebensfragen
Postfach 5042
102 41 Stockholm
Besucheradresse: Sturegatan 58
Telephon: 08 / 6 67 97 35